KB179307

TSMC
반도체 제국

초격차를
뛰어넘는
초일류
기업의 비밀

상업주간 지음 | 차혜정 옮김 | 정인성 감수

TSMC

Taiwan-Semiconductor-Manufacturing-Company

반도체 제국

| 반도체 업계의 패러다임을 바꾼 모리스 창의 힘 |

이레미디어

추천사

반도체의 새로운 역사를 쓰는 TSMC와 모리스 창

길지 않은 인생이었지만, 사회생활도 하고 글을 쓰고 읽으며 자료 조사를 하다 보면 개성 있는 사람들에 대한 이야기를 많이 보고 듣게 된다. 그중 흥미로운 몇 가지 사례를 늘어놓으면 아래와 같다.

- 은퇴를 고민할 56세에 전자기업을 창업한 사람
- 거대 재벌 총수의 스카우트 제의를 거절한 사람
- 나이 78세에 다시 취업한 사람
- 세계 2위 패권국을 벌벌 떨게 할 수 있는 사람

참 독특한 사람이 많다는 생각이 들지 않는가? 대화를 크게 즐기지 않는 사람들이라 하더라도 한 번쯤은 저런 사람들을 만나서 이야기를 해보고 싶은 마음이 들 것이다. 하지만 참 다행스럽게도, 우리는 한 사람만 만나면 저 네 사람(?)의 이야기를 다 들을 수 있다. 저 이야기는 한 사람, TSMC Taiwan Semi-conductor Manufacturing Company Limited, 대만적체전로제조공사 台灣積體電路製造公司 창업자, 모리스 창張忠謀, 장중머우의 이야기이기 때문이다.

그가 세운 기업인 TSMC 역시 그 창업자를 닮은 대기만성의 기업이다. 창업한 지 30년이 넘은 글로벌 기업이지만, 사람들이 그 이름을 듣기 시작하게 된 것은 비교적 최근의 일이다. 2010년 초반에 스마트폰 열풍이 불면서 사람들에게 이름이 슬쩍 들려오기 시작했고, 2016년 머신 러닝이 유행하며 엔비디아NVIDIA와 함께 그 이름을 같이 듣게 되었다.

작년에는 미중 무역분쟁 한가운데서 거래를 끊는 것만으로 중국 최대의 전자기업인 화웨이Huawei 자체를 바꾸어 버렸다. 그러더니 이젠 뜬금없이 TSMC의 생산량 부족으로 차량을 만들 수 없다는 이야기가 나오고 있다. 놀랍지 않은가? 창업자가 느지막한 나이 56세에 새로이 시작하였듯, TSMC의 이름이 알려지기 시작한 것도 최근의 일이었다. 더 놀라운 것은 TSMC가 영위하는 사업의 의미를 일반인들이 제대로 이해하기도 전에 현대사회의 필수품 중 하나인 자동차를 들었다 놨다 할 수 있는 위치까지 왔다는 것이다.

모리스 창 역시 매우 흥미로운 인물이다. 만약 지금 사회에서 어느 정도 성공한 50대의 누군가를 붙잡고, “시키는 대로 물건만 만드는 비즈니스를 개업하라”고 하면, 과연 몇 명이나 “을로 살아가는 삶”의 제안을 받아들일까? 대부분의 사람이 투자하고 싶지 않은 사업을 하면서, 삼성 이건희 회장의 영입 제안을 거절할 수 있을까? 나아가서, 이러한 사업 한 가지만을 이끌며 세계 최대, 최강의 종합전자기업과의 패권 다툼에서 이긴 다음 이제는 세계 1, 2위 최강대국 싸움에서 승패를 결정하는 위치에 설 수 있겠는가?

이 책은 살아있는 반도체의 역사서이자, 위대한 멘토의 책이다. 그는 56세의 늦은 나이에 창업하여 수많은 종합 반도체 기업IDM들이 외면하는 사업을 창업하였고, 결국 그가 세운 기업은 세계를 호령하게 되었다. 그는 그 긴 여정을 거치며 수많은 기록을 남겼고, 대학에서 강연도 하였다. 이 책에는 그가 경영 일선에서 느끼고 겪었던 경험과, 스승으로서의 그가 젊은 사람들에게 하였던 말이 고스란히 담겨 있다. 그렇기에 이 책은 남녀노소 그 누구에게 추천해도 부족함이 없다. 젊은 학생들은 이 책을 통해 위대한 여정을 시작하고 싶을 것이다. 중년의 관리자라면 그의 관리비법과 선견지명을 보며 감탄하게 될 것이다. 은퇴를 앞둔 사람이라면 그의 도전정신을 보면 다시 가슴이 뛸 것이다. 그가 말하는 열두 가지의 비법은 기업뿐만 아니라 한 개인의 삶에서도 매번 되새겨 봄 직하다. 효율성, 책임, 성장, 우위 등의 요소는 개인의 삶을 성공으로 바꿔 놓기에 충분하지 않던가. 그리고 그러한 경영철학의 결과를 이미 앞에서 알아보지 않았는가.

우리는 이 책을 통해서 모리스 창의 경영관을 살펴볼 수 있고, 그의 경영관이 이 위대한 기업에 어떤 영향을 끼쳐 최종적으로 세상에 어떤 변화를 주었는지도 알 수 있다. 이 책은 기술에 관심이 없어도 세계 패권을 조금이나마 이해하기 위해 읽어야 할 책이다.

그리고 이 책을 읽다 보면 앞으로의 반도체 사업의 미래도 사뭇 궁금해진다. 2017년 이후 파운드리 시장은 두 회사만이 첨단 공정으로 나아가는 산업 답지 않게 격동 그 자체였다. 삼성전자는 파운드리 사업의 기술적 우위를 따라잡기 위해 세계 최초로 EUV를 도입한 7나노(nm, 나노미터) 공정을 시도하였으나 우위를 얻는 데 실패하고 말았다. 반면 TSMC는 비슷한 성능의 제품을 EUV 없이 구현해 냄으로써 기존의 우위를 더 공고히 하는 데 성공하였다.

이젠 한국의 반도체 거인이 영면에 들었고, 모리스 창은 회사를 떠난지 3년이 지났다. 이제 두 거인이 각 회사에 미친 영향은 서서히 사라지고, 그들이 남기고 간 후계자들의 싸움이 시작될 것이다. 7나노 싸움에서 밀린 뒤 삼성전자는 5나노를 과감하게 중간다리로만 사용하고, 3나노에서 첨단 게이트 올 어라운드 FET GAAFET이라는 새로운 기술을 도입하기로 하였다. TSMC는 기존의 우위를 가지고 가며 3나노까지 기존의 FinFET(물고기 지느러미 모양의 3차원 트랜지스터)를 사용하기로 하였다. 후계자들만의 첫 싸움의 결과는 삼성전자의 절치부심 3나노가 알 수 있을 것이다.

2021년 현재 TSMC는 사상 최대 규모의 투자를 집행하기 시작하였다. 주문을 받아 발주하는 파운드리 사업 특성상, 이는 이미 전방산업의 수요가 심상치 않다는 의미일 것이다. 어쩌면 이는 앞으로 일어날 기나긴 로직 반도체 호황의 전조일지도 모르기에 이 싸움의 승자가 누가 될지 숨죽여 살펴보는 일도 재미있을 것이다.

삼성전자의 역사는 기흥에서 시작되었고, 모리스 창의 일대기는 《기식器識[1]》이란 책을 통해 마무리되었다. 다르면서도 비슷한

---

1. 편집자주 - 한국어판과 달리 이 책 원서의 제목은 《기식》이다.

이 두 회사의 특징을 잘 말해 주는 것 같지 않은가? 이런 영광스러운 기업들과 만나볼 수 있는 시기에 태어나서 정말 다행이다. 그리고 이런 멋진 책을 출판해 주신 출판사 분들에게 감사의 말씀을 전하고 싶다.

정인성

《반도체 제국의 미래》 저자,

전 SK하이닉스 검증 분야 연구원

추천사

TSMC와 모리스 창

모리스 창 선생을 처음 만난 건 1986년 비공개로 진행되는 한 경제포럼에서였다. 정부의 부장급과 명성이 자자한 기업가들로 가득 찬 회의장에서 모리스 창은 단연 눈에 띄는 인물이었다. 당시 나는 해외에서 돌아온 지 얼마 되지 않아 대만 내부 사정에 어두웠다. 과연 어떤 인물이기에 사람들에 둘러싸여 있을까? 궁금해 하는 내게 옆에 있던 분이 "저분은 공업연구원장"이라고 귀띔해주었다. 공업연구원장이 정부 부장보다 높은 자리냐고 묻는 내게 돌아온 대답은 이랬다. "공업연구원장이 대단해서가 아니라 저 분은 모리스 창이니까요!"

그 후 어떤 연회석에서 모리스 창 선생을 다시 만났다. 서로 정중히 인사를 나눈 뒤에 그가 불쑥 이렇게 말했다. "선생이 〈상업주간商業周刊〉 칼럼에 쓴 글은 전부 읽어 봤습니다. 선생의 관점에 99퍼센트 동감합니다." 곧이어 우리는 각자 다른 참석자들과 인사를 나누느라 바빴다. 5분쯤 지나자 모리스 선생이 내 쪽으로 다가왔다. "아무래도 100퍼센트 동의하는 걸로 바꿔야겠네요."

그런 일이 있고 얼마 지나지 않아 나는 TSMC 이사회에 강연자로 초대되었다. 그날 나는 세계적으로 명성을 떨치는 인사들과 어깨를 겨루는 그의 위상을 직접 목격했다. 그중에는 매사추세츠공과대학MIT 학장과 세계 500대 기업의 CEO 같은 쟁쟁한 인사들이 많았는데 그들 사이에서도 모리스 창은 단연 빛났다.

가까운 거리에서 이 대만 사업가 모리스 창 선생을 바라보니 그의 넘치는 기백과 수준 높은 경지에 경탄을 금할 수 없었다. 그는 그 자리에서 단연 빛나는 존재였다!

진웨이춘金惟純

상저우 그룹商周集團 설립자

차 례

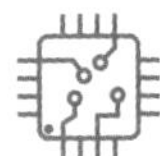

Taiwan-Semiconductor
Manufacturing-Company

제2장 세계가 주목하는 TSMC : 거장 모리스 창은 말한다

제3장

TSMC를 세계 1위로 만든 12가지 비법

제4장

TSMC, 세계 1위 반도체 제국의 미래

프롤로그

TSMC는 어떻게 세계 1위 반도체 기업이 되었을까?

대만에서 TSMC의 수장이었던 모리스 창의 중요성과 영향력은 지대하다. 그는 대만 최대 잡지 매체 〈상업주간商業周刊〉에서 가장 주목하는 인물이기도 하다. 모리스 창 회장이 경영권 승계를 선포한 중요한 시기에 〈상업주간〉은 지난 30년의 보도와 관련 기록을 정리해서 이 책을 엮었다. 대만 반도체 산업의 걸음마 단계부터 지금까지 발전해온 역사를 돌아보는 의미도 있지만, 무엇보다 '대만 반도체의 대부' 모리스 창 회장에 대한 존경을 담았다.

책의 제목을《기식器識》으로 정한 것은 모리스 창 회장의 인생 역정을 대변하기에 이 표현이 가장 적합하다는 판단에서다. 그는 후계자를 선정하면서 세계적 기업을 이끄는 리더는 반드시 '기식'이 있어야 함을 여러 번 천명한 바 있다. 기식이라는 말에는 도

량과 식견이 포함되며, 기업을 이끄는 수장이 제시하는 비전과 전략 능력도 포함된다. 모리스 창이 생각하는 리더의 기식은 이와 같을 터다. 그리고 그는 이 덕목을 가장 훌륭하게 실천했다.

이 책은 크게 다섯 부분으로 구성되어 있다. 프롤로그에서는 TSMC가 어떻게 세계 1위 반도체 기업이 되었는지 살펴보았다. 특히 TSMC의 성공 비법이 궁금하다면 먼저 모리스 창이 어떤 사람인지 알아야 한다. 〈상업주간〉은 그가 이끄는 TSMC가 반도체 제조 분야에서 인텔, 삼성을 제치고 세계 정상에 우뚝 서는 모습과 그가 세계 정상급 리더의 반열에 오르는 모습을 지켜봤다. '모리스 창은 누구인가?'에서는 그에 대해 기자가 다각도로 관찰한 내용을 정리했다. 공적인 부분과 사적인 부분, 학문의 추구와 기업 관리를 막론하고 모리스 창의 일관된 진지함과 깊은 생각, 자율성, 진리를 추구하는 인격적 특성을 엿볼 수 있다.

제1장에서는 반도체 업계의 패러다임을 바꾼 모리스 창의 힘을 살펴본다. 대만 최초로 12인치 웨이퍼 팹을 과감하게 밀어붙여 대만 웨이퍼 제조산업의 일대 약진을 몰고 온 성과부터, 모리스 창 특유의 혜안으로 필립스와 협력하여 당시 최대 외국 자본 주주였던 필립스의 TSMC 주식 매각을 유도하면서도 TSMC의 주가에는 타격이 미치지 않게 한 지혜, 그리고 2009년 CEO에 복귀해 3대 개혁을 실시함으로써 세계적 금융위기의 여파 속에서도 TSMC의 빠른 회복을 이끈 성과까지 하나하나 짚어본다. 또한

모리스 창은 연구개발 정예팀을 가동하여 삼성의 손에서 애플 스마트폰 수주를 가져온 것으로 그의 지혜와 전략을 다시 한 번 입증했다.

제2장에서는 세계가 주목하는 TSMC에 관하여 전한다. 특히 포럼이나 취재에 응하여 발언한 관점을 종합하여 소개한다. 2007년과 2015년 제너럴 일렉트릭GE, General Electric 그룹의 전 회장 잭 웰치Jack Welch, 당시 미국 연방준비제도이사회 의장 벤 버냉키Ben Shalom Bernanke와 진행한 두 차례의 대담도 함께 보여준다. 〈상업주간〉과의 인터뷰에서 모리스 창은 성실함의 가치, 독립적 사고의 중요성과 기업 리더의 과제에 관해 논했으며 이는 그가 늘 중시해온 논제였다.

제3장은 TSMC를 세계 1위로 만든 12가지 비법에 관하여 이야기한다. 1998년 9월부터 1999년 1월까지 모리스 창은 대만 자오퉁대학交通大學 관리학원管理學院의 요청에 응해 해당 대학에서 '경영관리'를 주제로 특강을 진행했다. 이 강좌에서 그는 세계경제 추세부터 초일류 기업의 경영철학과 슈퍼 리더의 자세 등을 소개했다. 중간중간 시사에 관한 논평을 덧붙이거나 개인적 심경의 변화를 토로하기도 했다. 〈상업주간〉은 전 강좌에 동행했으며, 담당했던 기자의 이해와 느낌을 바탕으로 정수精髓를 추려 소개한다. TSMC에서 30년간 리더로서 보여온 모리스 창의 굳은 신념도 볼 수 있다. "내 길은 한가지로 일관되어 있다吳道一以貫之, 오

도일이관지"라고 말했던 그는 구체적으로 자신의 신념을 실현시키기 위해 노력했고, 그 부분 역시 함께 살펴볼 수 있다.

마지막 4장에서는 TSMC, 세계 1위 반도체 제국의 미래를 살펴본다. 이를 위해 모리스 창은 2005년에 CEO 자리를 넘겨줬다가 2009년에 복귀했다. 2012년부터는 완전한 승계를 위한 3단계 절차에 본격적으로 돌입했다. 승계와 관련한 중대 결정을 할 때마다 모리스 창은 〈상업주간〉의 단독 인터뷰 요청에 응했다. 그는 "돌다리도 두드려 보고 건넌다"며 조심스러운 심정을 숨기지 않았다. 지금은 승계 임무를 원만히 완료했지만 몇 차례에 걸친 인터뷰 기록을 살펴보면 대기업 리더의 승계에 얼마나 큰 책임이 따르는지 더욱 구체적으로 느낄 수 있다. 승계 문제를 놓고 심사숙고하는 모리스 창의 관점과 태도는 승계를 앞둔 다른 기업들에 큰 시사점을 던져준다.

TSMC와 같은 해에 출범한 〈상업주간〉이 30년간 그와 궤적을 함께 하며 기록하고 보도한 내용을 살펴보면 모리스 창 회장은 TSMC를 세계적 기업으로 만들겠다는 목표를 오래전부터 세워 놓았으며 목표를 향해 시종일관 매진한 끝에 마침내 이를 실현했음을 알 수 있다.

'시종일관', 그저 말로 하기는 쉽다. 하지만 그 과정에서 얼마나 많은 시련을 겪었는지 그간의 사정을 당사자가 아니면 알 수 없는 일이다. 이 책을 통해 모리스 창 선생에게 경의를 표하며, 또한 이

책이 하나의 계기가 되어 TSMC가 세계 정상의 기업으로 성장하기까지의 비전과 의지를 많은 사람이 본받기를 기대한다.

반도체 제국의 건설

모리스 창, 세계 최고의 반도체 기업 TSMC를 탄생시키다

2017년 10월 2일, TSMC는 모리스 창 회장이 2018년 6월에 정식으로 사임한다고 발표했다. 사임 발표를 앞두고 모리스 창은 TSMC의 향후 10년을 이끌 3대 기둥 구조를 세웠다. 이러한 전략은 반도체 대부 모리스 창의 치밀한 전략적 사고이자, 대만 반도체 산업의 세계적 영향력을 지키겠다는 심오하고 원대한 고려에서 비롯되었다.

이 책에서는 모리스 창 회장이 30년 동안 어떻게 TSMC를 이끌어왔으며, 공업연구원 한 구석의 작은 생산라인을 어떻게 하여 시총 5조 대만 달러(이하 NTD, 한화 약 197조 원)의 세계적 기업으로 키울 수 있었는지 그 비결을 분석해본다.

향후 10년을 내다볼 때, 모리스 창이 없는 TSMC는 삼성, 인텔의 추격과 호시탐탐 그 자리를 노리는 중국에 어떻게 대응해야 할까? 어떻게 해야 시총 6조 NTD에 달하는 이 대형 함대의 순항을 보장할 수 있을까?

그날은 갑작스럽게 찾아왔다. 2017년 10월 2일 오후 두 시,

TSMC는 모리스 창 회장이 2018년 6월에 공식 사임한다고 발표했다. 그로부터 두 시간 후, 류더인劉德音, 웨이저자魏哲家 두 후계자와 함께 신주과학단지新竹科學園區의 TSMC 본사에 모습을 보인 모리스 창은 밝은 표정으로 소감을 밝혔다. "TSMC를 설립하고 일궈온 지난 30년은 개인적으로 무척 행복한 나날이었다. 이제는 나 자신과 가정을 위한 여생을 보내려고 한다." 지난 30년간 돌발행동을 한 적이 없는 모리스 창답게 갑작스런 사임발표마저 주도면밀한 계산에서 비롯된 것이다.

모리스 창은 사임 발표 한 달 전만 해도 바쁜 일정을 소화했다. 9월 12일에는 난징南京공장의 설비 도입식에 참석하여 중국 공장의 느린 진도를 조정했다. 9월 29일에는 국가발전위원회 위원장을 접견했다. 곧이어 타이난과학단지台南科學園區에 세계 최초의 3나노 공장을 건설하겠다고 발표하여 TSMC의 기술력으로 세계를 선도하겠다는 결심을 보여줬다. 그 후 10월 2일에 용퇴를 선포하고 그동안 양성해온 두 후계자에게 자리를 물려줄 것을 선언한 것이다.

대만에 실리콘 장벽을 세우기 위한 기반을 다지다

3나노(nm, 나노미터=10억분의 1미터), 난징 공장, '더블 수장제' 후계구도는 모리스 창이 TSMC를 떠나기 전에 다져놓은 미래의 3대 기반이다. 모리스 창, 그는 대만을 세계 최고의 반열에 올려놓은 최초의 인물이자 유일한 인물이다.

대만기업 중 TSMC를 대체할 만한 세계적 기업이 또 있을까? 어느 날 대만 플라스틱台灣塑料이나 대만의 차이나스틸中國鋼鐵 그룹이 사라져도 한국과 중국 대륙의 플라스틱 화학이나 철강의 생산능력으로 짧은 시간 안에 대체할 수 있을 것이다. 홍하이鴻海그룹에 무슨 일이 생기면 페가트론PEGATRON, 和碩, 위스트론Wistron, 緯創, 퀀타Quanta, 廣達 컴퓨터, 컴팔 일렉트로닉스Compal Electronics, 仁寶가 즉시 그 자리를 대체해 글로벌 공급체인을 차질 없이 가동할 것이다. 하지만 TSMC에 무슨 일이 생긴다면?

"플랜 B는 없다. 모든 것이 TSMC의 어깨 위에 있다." 글로벌 AI와 그래픽 칩 제조의 거두기업 엔비디아 대표 황런쉰黃仁勳은 "대다수 웨이퍼 제조를 TSMC에 의존하는 상황에서 엔비디아에는 대만해협의 군사충돌에 대비한 대안이 있는가?"라는 질문에 이렇게 답변했다. TSMC의 세계적 영향력을 여실히 드러낸 대답이다.

TSMC는 웨이퍼 파운드리Wafer foundry[2], 반도체 위탁생산의 60퍼센트를 차지하고 있다. 점유율 2위 기업 글로벌파운드리Global

2. 편집자주 - 반도체의 재료가 되는 얇은 원판을 '웨이퍼'라고 한다. 다른 업체가 설계한 반도체를 위탁을 받아 생산하여 공급하는 것을 '파운드리'라고 하며, 파운드리 최초의 회사는 TSMC이다.

Foundries와 3위 기업 UMC[3]를 합쳐도 20퍼센트가 채 안 된다. 이것이 TSMC의 대체 불가한 세계적 위상이다. 대만에 지진과 단전사고가 일어날 때마다 국제통신사가 총통부를 제치고 TSMC부터 급히 찾은 이유이기도 하다.

TSMC는 대만에 실리콘 장벽을 구축했다. 호주의 전략가 크레이그 애디슨Craig Addison은 실리콘 위주의 반도체 제품은 석유와 같은 전략적 위상을 갖고 있다면서, 중국의 대만 무력 침공으로 전 세계 IT 제품의 공급체인이 끊어질 것을 우려했다. 따라서 이 실리콘 장벽은 대만해협의 평화발전에 중요한 역할을 발휘한다.

TSMC의 주요 고객은 애플, 퀄컴Qualcomm, 미디어텍MediaTek, 엔비디아, 브로드컴Broadcom, 자일링스Xilinx, 텍사스 인스트루먼트TI, Texas Instruments 등이다. TSMC는 글로벌 웨이퍼의 최대 공급업체이기 때문에, TSMC의 생산에 조금이라도 차질이 생기면 작게는 우리 주변의 아이폰, 와이파이부터 크게는 의료시스템, 교통안전, 휴대폰 게임 등 일상생활에서 불편을 겪게 될 것이다.

오죽했으면 겸손하기로 유명한 모리스 창이 퇴직 기자회견에서 "TSMC가 없었다면 스마트폰이 그렇게 일찍 세상에 나오지 않았을 것이다. 우리는 수십억 지구인의 생활방식을 바꿨다."라고 했겠

3. 감수자주 - 통계마다 차이는 있지만, 2021년 3월 현재 점유율 2위 기업은 삼성전자, 3위는 글로벌파운드리, 4위는 UMC이다.

는가! 이 한 마디의 퇴직 소감을 위해 모리스 창은 30년을 준비해 온 것이다.

Morris Chang

TSMC가 없었다면 스마트폰이 그렇게 일찍 세상에 나오지 않았을 것이다. 우리는 수십억 지구인의 생활방식을 바꿨다.

— 2017.10 모리스 창 퇴진 선포 기자회견에서

전문 웨이퍼 주문자 생산모델을 세계 최초로 만들다

1985년, 54세의 모리스 창은 대만 정부의 부름을 받고 텍사스 인스트루먼트TI 반도체 부문 최고 간부 출신의 오라를 풍기며 고국으로 향했다. 하지만 그는 대만에 도착하자마자 전직 CEO, 외국상사의 고위층 출신이라는 신분을 내려놓고 TSMC 설립 자금을 구하러 다녀야 했다. 여기저기 손을 벌리고 번번이 거절도 당하는 나이 지긋한 창업자로 변신한 것이다.

그는 자신의 오만함부터 버려야 했다. "지난 30년간 '구름 한 점 없는 날씨'는 단 하루도 없었다." 모리스 창은 〈상업주간〉과의 인터뷰에서 이렇게 말했다. 창업 당시 그는 10여 통의 편지를 미국과 일본의 대기업에 보냈다. 인텔, 미쓰비시, 도시바는 웨이퍼 위탁 생산에 투자할 생각이 없었다. 대만에 비즈니스 기회가 없다고 생각했기 때문이다. 최종적으로 필립스만 유일하게 투자에 동의했다.

30년 전, 글로벌 반도체 산업은 일본과 미국의 대형 웨이퍼 통합공장이 장악하고 있었다. 웨이퍼 칩은 설계부터 제조, 패키징 테스트에 이르는 모든 과정을 한 기업에서 진행했다. TSMC의 파운드리 모델이 생존할 수 있다고 여기는 사람은 없었다. 당시만 해도 큰 공장이 미처 소화하지 못한 오더만 넘겨받아 생산하는 상황이었다.

이런 상황은 TSMC를 설립한 지 2년 후 냉전이 종식되면서 변화했다. 대량의 정보통신기술이 민간 부문에 풀려나오고, 미국 실리콘 밸리에는 웨이퍼 설계 능력을 갖춘 기업들이 등장했다. 하지만 그들에게는 엔비디아, 퀄컴, 브로드컴, 자일링스처럼 웨이퍼 팹Fab을 설립할 만한 돈이 없었다. 이들 대형 웨이퍼 설계 기업은 대부분 TSMC와 같은 시기에 설립되었다. 젊고 스마트하며 과감한 그들은 태평양 건너에 있는 대만기업과 협력하여 웨이퍼 파운드리라는 새로운 모델을 시도하는 데 부담이 없었다.

젊은 창업가들과 당시 육순을 바라보는 모리스 창은 나이 차이가 많았으나 이에 구애받지 않고 돈독한 우정을 쌓았다. 퀄컴의 CEO 스티븐 몰런코프Steven Mollenkopf는 TSMC가 아니였다면 퀄컴의 하이테크 제품 성공을 장담할 수 없었을 것이라고 말한 바 있다. 엔비디아 대표 황런쉰도 모리스 창에게 "당신을 만나지 않았다면 나는 작은 회사의 사장에 불과했을 것이다!"라고 말할 정도였다.

반도체 자체가 기술과 자금의 문턱이 높은 분야이니 웨이퍼 파운드리는 말할 필요도 없다. 사실 웨이퍼 파운드리가 넘어야 하는 가장 큰 난관은 따로 있었으니, 그것은 바로 인성이다. 1,000개에 육박하는 기업이 치열하게 경쟁하는 웨이퍼 설계 분야에서 설계도의 기밀 유지는 기업의 생사가 달린 일이다. 특급 기밀이 담긴 설계도를 웨이퍼 파운드리 팹에 보내 생산하는 과정에서 기밀이 샐 우려가 컸다. A라는 기업 제품의 기밀을 경쟁자인 B기업의 손에 넘어가지 않게 하려면 어떻게 해야 할까? 이런 생산 구도에서 웨이퍼 파운드리 업체가 어느 날 설계도를 훔쳐 경쟁자로 변하지 않는다고 누가 보장하겠는가.

이런 이유로 상대의 '믿음'이라는 관문을 뚫은 인물이 없었다. 모리스 창 이전에는 웨이퍼 파운드리는 불가능한 미션으로 여겨졌다. 그러나 모리스 창은 이러한 불가능을 가능으로 만들었으며, 심지어 결벽에 가까운 성실한 관리로 고객을 설득하여 공업연구원 구석의 작은 생산라인에서 시총 6조 7,200억 NTD의 세계적 기업이 될 수 있었다.

《TSMC의 DNA台積DNA》라는 책에 이런 내용이 있다. "TSMC가 생산한 웨이퍼를 절개해보면, 1인치마다 '진실성integrity'이 새겨있다." TSMC의 직원은 근무시간에 카메라가 달린 핸드폰과 USB 메모리 장치를 휴대할 수 없으며, 회사의 서류를 개인 메일

함으로 보내는 것도 금지되어 있다. 심지어 어떤 팀장은 이렇게 말한다. "만약 규정을 어기고 카메라가 달린 핸드폰을 소지할 경우, 4회 적발 시 모리스 창에게 보고된다." TSMC 기업보전처企業保全處 처장處長 궈즈원郭子文에 따르면 데이터의 절대적 안전을 보장하기 위해서 TSMC 직원은 화장실에 갈 때도 카드를 찍어야 한다.

TSMC는 철저한 운영방식으로 고객들의 신뢰를 받았고, 이에 따라 세계적 GPUGraphics Processing Unit, 그래픽처리장치 분야의 두 경쟁 기업 엔비디아와 AT&T, 핸드폰 칩의 최강자 퀄컴과 2인자 미디어텍, 무선 네트워크 칩의 전통 강호 브로드컴과 2위 기업 리얼텍Realtek 등, 업계의 내로라하는 강자들이 자사의 첨단 제품을 TSMC에 안심하고 발주하게 되었다.

경쟁이 치열할수록 재편성되는 반도체 산업

웨이퍼 파운드리의 광풍 속에서 피해가 가장 심각한 쪽은 일본 반도체 산업이다. 모리스 창은 이렇게 밝혔다. "일본은 웨이퍼 파운드리가 정당한 업종이 아니라고 생각하는 듯하다. 이 점이 일본 반도체 산업이 미국에 뒤떨어지게 만든 원인이다." 90년대를 풍미했던 일본 반도체 산업은 TSMC가 등장한 지 10년 만에 붕괴하기 시작했다. 1995년에는 세계 10대 반도체 기업의 절반이 일본 업체였으나 2015년에는 도시바 반도체만 겨우 10위에 있을 뿐이다. 그마저도 지금은 매각될 운명을 피할 수 없게 되었다. 세상을 주름잡던 NEC日本電気株式会社, 히타치日立와 후지쯔富士通는 일찌감치 업계에서 퇴출당했다.

웨이퍼 파운드리가 열풍을 일으키자 많은 경쟁자들이 뛰어들었다. 1990년대 중반, TI의 노장 장루징張汝京이 이끄는 스다적체전로世大積體電路가 신주과학단지에 설립되었다. 싱가포르 정부가 지원하는 터쉬반도체特許半導體, Chartered Semiconductor Manufacturing도 웨이퍼 파운드리 진영에 합류했다. 1995년 UMC聯華電子, 롄화전자는 자체 브랜드 운영을 포기하고 웨이퍼 파운드리로 전향함으로써 모리츠 창, 차오싱청曹興誠의 2강 구도를 형성하는 '웨이퍼 파운드리 쌍웅'시대를 열었다.

2000년, UMC의 매출은 한때 TSMC에 거의 육박했다. 그러나 구리 공정에 대한 잘못된 판단으로 선진 공정 도입이 늦어지면서 두 회사의 격차는 갈수록 벌어졌다. 열세를 만회하기 위해 UMC는 웨이퍼 파운드리의 황무지 중국 진출에 선수를 쳐서 중국 허젠과기和艦科技 설립에 협조했다. 장루징은 스다世大가 합병된 후 상하이 시 정부의 지원을 받아 중신반도체中芯半導體를 설립했다. 당시 대만 최고 갑부의 아들 왕원양王文洋도 장쩌민江澤民의 아들 장멘헝江綿과 손잡고 2000년 훙리반도체宏力半導體를 설립함으로써 웨이퍼 파운드리라는 대형 파이를 나눠 갖겠다고 합류했다.

모리스 창은 이런 경쟁자들을 발전의 양분으로 삼았다. 2012년 〈상업주간〉과의 인터뷰에서 "한 사람의 실적은 대체로 경쟁자가 결정한다."라고 말했다.

Morris Chang ______

한 사람의 실적은 대체로 경쟁자가 결정한다.

— 2012년 〈상업주간〉과의 인터뷰에서

2003년에는 TSMC의 0.13마이크로미터 공정이 크게 주목받았다. 이에 비해 UMC의 해당 공정 매출은 TSMC의 4분의 1에도 미치지 못했고, 두 회사의 격차는 점점 벌어졌다. 중신, 훙리, 터쉬의 기세도 만만치 않았으나 최종 경쟁에서 밀려났다. 이때부터 TSMC는 웨이퍼 파운드리의 맹주로 군림하며 줄곧 독주하고 있다.

이로써 웨이퍼 파운드리의 춘추전국시대는 일단락을 고했지만 진정한 경쟁 국면은 그때부터 시작되었다. 반도체 산업의 거두 IBM, 인텔, 삼성이 단단히 벼르며 파운드리 영역에 뛰어든 것이다. 전쟁을 알리는 북소리가 천지를 뒤흔들던 바로 그때, 2005년에 모리스 창은 갑자기 TSMC의 수장 자리를 차이리싱蔡力行에게 넘겨주고 자신은 일선에서 물러나 이사장직만 유지하겠다고 선언했다. 4년 후에는 별다른 배경 설명 없이 차이리싱을 경질하고 본인이 수장 자리에 복귀했다.

2012년 3월, 업계 선두 지위를 되찾은 그는 세 명의 후계자 웨이저자魏哲家, 류더인劉德音, 장상이蔣尚義를 공동 운영장COO으로 임명했고, 1년 후에는 웨이저자와 류더인을 공동 CEO로 발탁했다.

모리스 창은 CEO 교체 건에 대해 줄곧 함구하면서 항간의 잡음에는 성과로써 모든 설명을 대신했다. 2009년 모리스 창이 일선에 복귀한 이후, 당시 3,000억 NTD 미만이던 TSMC 매출은 2016년 9,479억 NTD로 수직 상승했다. TSMC의 주가도 2009년 6월의 60 NTD에서 2018년 1월 260 NTD을 돌파했다. 시총은 2017년 3월, 글로벌 반도체 거두인 인텔을 최초로 추월한 후 지금까지 줄곧 선두를 지키고 있다.

칼을 뽑고 사방을 돌아봐도 전쟁터에서 적의 그림자는 이미 보이지 않았다. 그러나 팔순의 노장은 CEO로서 마지막 임기 동안에도 여전히 긴장을 늦추지 않았다. 애플 핸드폰 칩 수주라는 '성배聖盃'를 아직 손에 넣지 못했기 때문이다.

애플의 아이폰이 폭발적 인기를 얻은 후, 가장 중요한 부품인 APApplication Processor 제조는 그동안 삼성이 독식하고 있었다. 그러나 삼성 핸드폰의 글로벌 시장점유율이 올라가면서 애플과 삼성의 경쟁은 점점 치열해졌다. 모리스 창은 당시 애플 핸드폰에 필요한 칩 수량, 기술, 양산 능력이 삼성을 제외하고는 TSMC에만 있다는 사실을 알고 있었다. 애플과 삼성의 경쟁이 치열할수록 TSMC에는 기회가 아닐 수 없었다.

클라우드 컴퓨팅과 AI 보급으로 10년간 수익을 보장받은 TSMC

금융위기의 여파로 전 세계 반도체 기업들이 자본 지출을 줄이는 가운데, 유독 TSMC만 설비투자를 크게 늘렸다. CEO에 복귀한 모리스 창은 2010년 전례 없는 규모인 3,000억 NTD를 투척하여 네 번째의 초대형 웨이퍼 팹을 건설했고, 2013년 4월에는 마침내 그 성과를 볼 수 있었다. 영문잡지 〈코리아타임스The Korea Times〉는 삼성 고위층의 말을 인용해 이 사실을 확인해주었다. "애플사가 TSMC와 A7 시스템 온 칩SoC의 기밀 데이터를 공유하고 있으며, TSMC의 생산라인은 이미 준비를 끝냈다!"

A7 시스템 온 칩을 공유한 후, A8, A9, A10부터 아이폰8과 아이폰X의 A11 바이오닉Bionic 칩에 이르기까지 TSMC는 삼성을 뒤로 따돌리고 수주를 늘렸다. 이제 모리스 창의 진정한 적수는 거울에 비친 자신밖에 없었다.

모리스 창은 과거의 자신마저 물리치기 위한 행동에 나섰다. 2017년 9월, 난징 공장에 모습을 드러내고 남부과학단지南部科學園區의 신축 공장을 가동했으며, 3나노 이하의 공정기술을 배치했다. 이로써 애플의 차기 모델을 위한 시스템 온 칩에 대비하는 한편 클라우드 컴퓨팅, AI가 몰고 온 고효능 알고리즘의 비즈니스 기회에 주목했다. 모든 것이 계획대로 된다면 고효능 알고리즘은 매년 최소한 160억 달러의 수입을 창출할 것이며 TSMC는 10년간 호경기를 지속할 수 있을 것이다.

스웨덴의 전설적 영화감독 잉마르 베리만Ingmar Bergman은 이런 명언을 남겼다. "충분히 준비한 사람만이 즉흥연기를 할 수 있다(Only someone who is well-prepared has the opportunity to improvise)!" 지난날 TSMC의 성과는 마치 즉석에서 연출한 멋진 공연 같았다. 모리스 창은 생산 가치 2조 NTD의 웨이퍼 파운드리 산업을 창조해 냄으로써 대만을 진정한 세계 정상으로 올려놓았다.

초일류 기업 TSMC의 30년

TSMC와 모리스 창의 연대기

■ 창업 초기 - 세계 최초의 웨이퍼 파운드리 모델 창조

1987년 TSMC 설립

1993년 대만 최초의 8인치 웨이퍼 팹 건설

1999년 시총 1조 NTD 돌파

■ 패권 쟁탈기 - 0.13마이크로미터 공정 가동

2000년 TI-Acer 반도체와 스다世大 합병

2003년 0.13마이크로미터 공정 가동으로 UMC와의 기술격차를 좁힘

2007년 매출 세계 5위 반도체 기업으로 성장

2010년 도시바를 추월하여 세계 3대 반도체 기업으로 성장

2014년 아이폰7, 아이폰 플러스의 수주를 독식하며 A10, A11 칩 독점 공급

■ **우승 쟁취기 - IBM, 인텔을 추월하고 세계 1위가 되다**

2016년 IBM 추월

2017년 글로벌 선봉으로 3나노 팹 건설계획 선포

2017년 3월 인텔을 물리치고 반도체 거두로 도약

2017년 12월 연간 매출 1조 NTD 육박(9,774억 NTD), 세후 순이익 993억 NTD 육박

2017년 10월 시총 6조 NTD를 돌파하여 아시아 9위 기업으로 성장

모리스 창 생애 연대기

1931년 중국 동남부 저장浙江성 인현鄞縣 출생

1950년 미국 MIT 공대에 입학하여 기계공학 학사, 석사학위 취득

1958년 27세에 미국 TI에 입사, 25년간 재직하며 IC 부문 사장, 글로벌 반도체 그룹 사장, 본사 수석 부총재 역임

1964년 스탠퍼드대학 전기공학 박사학위 취득

1984년 미국 제너럴인스트루먼트 총재

1985년 대만 복귀 후 공업연구원장 취임

1986년 TSMC 설립 준비, 1987년 정식 설립

1988년 공업기술연구원 이사장에 초빙

1994년 VISVanguard International Semiconductor Corporation 설립

2001년 장수펀張淑芬과 결혼

2005년 TSMC의 CEO 사임

2009년 TSMC의 CEO 복귀

2013년 CEO에서 사임하고 이사장직만 유지

2017년 10월 2일 사임계획 발표

2018년 6월 5일 정기 주주총회 후 TSMC의 모든 직무에서 사임

모리스 창 개인적 성과

1999년 미국 〈비즈니스위크Business Week[4]〉가 선정한 올해 세계 최고의 경영인 및 아시아의 스타

팹리스 반도체협회FSA, Fabless Semiconductor Association의 모범리더상 수상

국제전기전자학회IEEE 수상

2001년 미국 〈타임Time〉지가 선정한 세계에서 가장 영향력 있는 사장 26인에 포함

2003년 TSMC 자체적으로 0.13마이크로미터 기술을 개발하여 인텔, 삼성과 함께 세계 3대 반도체 기업에 진입

2005년 〈전자상업電子商業, Electronic Business〉잡지가 선정한 세계에서 가장 영향력 있는 리더 10명에 포함

2006년 대만을 대표하여 베트남에서 열린 아시아태평양경제

---

4. 2009년 블룸버그가 인수하면서 <블룸버그 비즈니스위크Bloomberg Businessweek>로 변경되었다.

협력체APEC비공식 정상회의 참여

2009년 반도체에 기여한 공으로 〈EE Times〉 평생성과상 수상

2011년 국제전기전자학회IEEE 영예훈장 수상

2012년 〈포브스 아시아Forbes Asia〉 최고 기업가에 선정

2016년 〈니혼게이자이신문日本經濟新聞〉의 아시아 기업 20대 MVP에 선정

모리스 창은 누구인가?

지금까지 모리스 창의 하드웨어적 면모를 연대기 형태로 살펴봤다면 이번에는 소프트웨어적 모습을 소개한다. 부친으로부터 IBM 주식을 받아 모리스 창이 산업과 경영에 관심을 갖게 된 일화를 포함하여, 그에게 롤모델로 많은 영감을 준 텍사스 인스트루먼트의 공동 설립자 패트릭 유진 해거티Patrick Eugene Haggerty에 관한 내용, 그리고 모리스 창이 대만 대표로 APEC 연례회의에 참석하게 된 배경을 소개한다. 대만 USI台灣聚合化學, 대만폴리머화학 그룹의 전 CEO 장즈젠張植鑑이 대만 출신이라는 공감대를 앞세워 모리스 창과 탄탄한 우정을 쌓은 일화, 사진작가 커시제柯錫傑의 렌즈에 담긴 모리스 창과 부인 장수펀張淑芬의 진정한 면모 등 알려지지 않은 일화들도 담겨있다. 이를 통해 기업 경영인으로서가 아닌 모리스 창 개인의 삶, 인격적 특성과 가치관을 엿볼 수 있다.

비즈니스에 눈뜨다

아버지로부터 받은 IBM 주식으로 산업에 대한 관심을 키우다

2001년 11월, 모리스 창은 타이완대학臺灣大學 관리학원 EMBA의 '최고관리자 강좌' 메인 강연자로 초청되었다. 강연 주제는 '위기관리'였다. 강연이 시작되자 모리스 창은 타이타닉호 침몰사건, 루즈벨트Franklin Delano Roosevelt 미국 전 대통령이 경제 대공황을 극복한 이야기, 9·11 테러 사건 등의 사례를 들어 자신이 생각하는 위기 시 리더의 이상적인 대처방식을 소개했다. 또한 자신이 리더십을 어떻게 길렀는지를 설명할 때는 평생학습의 중요성을 강조했다. 이 밖에 과거에 겪은 에피소드를 소개하기도 했다.

모리스 창이 미국에서 대학을 다닐 때 그의 부친이 IBM 주식 몇 주를 선물했는데, 그는 이때부터 미국 기업에 관심을 갖게 되었다. 주식을 보유하고 있으니 자연스럽게 주가 동향을 지켜보게 된 것이다. 당시 그의 수중에는 IBM 주식밖에 없었으나 이때부터 하루라도 IBM 주가 동향을 주시하지 않은 날이 없었다. 강연 자리에서 그는 이런 우스갯소리를 했다. "얼마 전 모 부장이 자신은 '주식을 보유하고 있지만 주가에는 관심이 없다'고 하더군요. 그 사람은 한 번도 주식을 사본 적이 없는 게 분명해요!"

모리스 창은 매일 주가를 지켜보며 호기심이 생겼고, 나중에는 경제지에도 관심을 가졌다. 미국에서 상장기업의 주주라면 누구나 기업에서 보내주는 연간 레터를 받을 수 있다. 연간 레터는 매우 딱딱한 보고서 형식이지만 최소한 기업의 경영 상태를 알리는 기능을 했다. 산업에 대한 모리스 창의 관심은 이때부터 시작되었다. 아버지가 주식을 선물한 일에 대해 그는 "아버님의 깊은 뜻에 평생 감사한다"고 밝혔다.

인생 롤모델

모리스 창에게 가장 영감을 많이 준 인생 스승: TI의 전 CEO 해거티

살아가면서 훌륭한 스승을 만나는 것은 행운이 아닐 수 없다. TSMC의 수장 모리스 창에게 평생 가장 큰 영향을 끼친 인물은 누구일까? 모리스 창 자신이 여러 차례 언급한 TI 이사장 패트릭 유진 해거티다.

40여 년 전, 해거티는 TI에서 '혁신', '성실', '고객을 왕으로 모신다'는 기업문화를 구축하여 오늘날까지 이를 지속해왔다. 혁신과 성실은 모리스 창이 소중히 받드는 TSMC의 경영이념이기도 하다. 고객 관계를 유지하기 위해 모리스 창은 이런 말을 하기도 했다. "고객을 위해서라면 TSMC는 섶을 지고 불길로 뛰어들 수도 있다."

모리스 창은 해거티와의 인연에 감사하며 존경의 마음을 담아 그를 롤모델, 멘토로 표현한다. 모리스 창은 두 차례의 박사 시험에 낙방한 후 겪은 좌절을 자서전에서 자세히 묘사하고 있다. 그는 "태어나서 가장 큰 좌절을 맛봤다."라는 말로 당시의 심정을 표현했다. 그러나 TI 재직 시절 그는 박사가 되겠다는 자신의 꿈을 실현했다. 모리스 창은 뛰어난 업무 능력으로 해거티의 눈에 띄었고, 해거티는 1961년에 회사 자금을 대주며 모리스 창의 스탠퍼드대학 박사학위 취득을 지원했다. 그 후 모리스 창은 TI에서 승승장구하며 수석 부총재 자리에까지 올랐다.

모리스 창은 TI 재직 시절 해거티의 각별한 배려를 받았다. 그는 당시를 이렇게 회고했다.

"입사 초기에는 해거티 회장에게 직접 보고한 적이 없다. 그 분은 평사원인 내 입장에서 볼 때 까마득히 높은 자리에 있는 분이었다. 하지만 해거티 회장은 회사의 몇몇 인물에게 특별한 관심을 보였다. 대략 여섯에서 일곱 명쯤 되는데, 나도 그중 한 명이었다. 한 번은 직접 나를 불러 얘기를 나누기도 했는데 해거티 회장은 사람들의 말을 경청하는 타입이었다. 그 후 매주 해거티 회장과 전화를 하거나 그 분의 사무실에서 직접 만났다. 그러나 그 분은 결코 직접 명령하는 법이 없었다. 늘 '그렇게 해도 될 것 같군요……. 하지만 일단 직속 상사와 상의하시죠.' 이렇게 말했다. 자신의 명령만 믿고 부하 직원이 직속 상사를 무시하는 사태를 우려한 것이다. 내가 승진할 때마다 나의 직속 상사는 '회장님이 자네를 무척 아끼시더군!' 하고 말했다."

해거티의 배려 속에서 모리스 창은 자신에게 향하는 큰 기대를 느꼈다. 그는 TI에서 열심히 노력해 집적회로IC 부문 사장을 거쳐 부총재로 승진했다. 43세가 된 모리스 창은 TI의 3인자인 수석부총재로 승진했다. 중국인의 신분으로 미국에서 최고위직 전문 경영인이 된 것이다. "해거티 회장으로부터 나는 인재를 어떻게 육성하고 멘토의 역할을 어떻게 하는지를 배웠다." 모리스 창은 이렇게 밝혔다.

해거티는 고객의 목소리를 매우 중시하여 내부 승진 때도 큰 고객의 의견을 반영했다. "이 부분은 나도 배워서 TSMC에 인사 이동이 있을 때 고객의 의견을 참고한다." TSMC의 설립 첫 날부터 그의 롤모델인 해거티의 방식이 미치지 않은 곳이 없었다. 사임 후 집필이 예정된 《장중머우 자서전》 하권은 그의 TI 재직시절 가장 빛나는 순간을 묘사할 것 같다. 그의 글에서 해거티가 가장 중요한 인물로 등장할 것을 예상해본다.

브리지 게임으로 쌓은 우정

창업 과정에서 많은 도움을 준 대만 USI 회장 장즈젠

모리스 창이 브리지 게임을 잘한다는 사실을 아는 사람은 꽤 있지만 그중 TSMC의 창업과 관련된 에피소드는 잘 알려지지 않았다. 기업 경영에 철저한 모리스 창이 가장 많은 여가 시간을 보내는 분야가 바로 브리지 게임이다. 그는 쓰촨四川 충칭重慶에서 난카이南開 중학에 다닐 때 브리지 게임을 처음 접한 후 국제 브리지 게임을 하며 경력을 쌓았다. 이런 경력은 훗날 그가 반도체 산업의 맹주 자리에 오를 수 있었던 것과 무관하지 않다.

모리스 창의 브리지 게임 경력은 60년이 넘어간다. 가장 왕성한 활동은 1970년부터 1980년 중반기까지였다. 미국 브리지 리

그 ACBL의 마일리지 포인트 차트 중 2001년까지 7개의 마스터 포인트master points를 이미 넘어섰다. 많은 업무로 바쁜 일정을 소화하는 국제적 기업의 최고 책임자인 모리스 창이 기록한 이 마스터 포인트는 미국의 아마추어 브리지게임 계에서도 단연 뛰어난 기록이다.

모리스 창이 대만 브리지 게임계와 인연을 맺은 것은 1981년이다. 이는 그가 대만에 돌아와 장기 거주한 시기보다 4년이 앞선다. 당시 공업연구원장 팡센치方賢齊도 브리지 게임의 열렬한 팬이었다. TI에 재직 중이던 모리스 창이 업무차 대만에 왔을 때 팡센치의 소개로 아시아 브리지 게임왕 황광휘黃光輝 등과 수차례 대국을 했다.

1985년, 대만으로 돌아와 공업연구원장을 맡게 되면서 모리스 창은 대만 브리지 게임계와 더 자주 접촉했다. 황광휘의 소개로 그는 당시 USI 회장 장즈젠을 알게 되었다. 두 사람은 관계는 브리지 게임으로 시작되었으나 모리스 창의 창업과정에서 진정한 우정으로 발전했다.

TSMC는 설립 당시 자금 모집 단계에서 행정개발기금의 지원을 받기도 했지만 부족한 자금을 채우고자 대기업의 문을 두드렸다가 문전박대당하는 일이 다반사였다. 이때 장즈젠이 브리지 게임 동호회의 우정을 발휘하여 두말하지 않고 투자를 결정했다. 어려운 시절에 손을 내밀어준 우정은 금액의 크기와는 상관

없이 소중했고, 모리스 창은 그 고마움을 가슴 깊이 새겼다. USI는 TSMC 외에도 1990년에는 와이즈테크놀로지Wyse Technology, 1995년에는 VIS, 1996년에는 미국 웨이퍼텍WaferTech에도 투자하여 공동 창립 멤버가 되었다.

1998년 장즈젠이 병으로 세상을 떠나자 모리스 창은 친히 장례식장으로 달려가 애도를 표했으며, 그 후에도 USI의 후계자들을 오랫동안 보살폈다. 모리스 창과 내왕한 적이 있는 업계 인사들은 반도체 대부인 그를 전형적인 미국인 스타일이라 여기곤 했다. 기업경영에 있어 모리스 창은 인정의 요소를 개입시키지 않았으며 부하 직원의 실수에는 냉혹한 태도로 따끔하게 질책했기 때문이다. 그러나 장즈젠과 브리지 게임으로 이어진 12년 우정은 한편으론 중국 전통 가치관 속 보은 정신을 보여준다. 이는 오랫동안 성공한 기업가로 살아온 모리스 창의 이미지에 부드러운 면모를 더해준다.

빈틈없는 준비

APEC 참석에 충분한 준비를 가하다

2006년 모리스 창은 부인 장수펀과 대만을 대표하여 베트남에서 열리는 아시아태평양경제협력회의APEC 비공식 정상회담에 참가했다. 그의 행보에 사람들의 관심이 집중되었고, 단 이틀의 짧은 일정을 위해 그는 만반의 준비를 했다.

그는 양복 안주머니에 늘 수표책 두께의 수첩을 넣고 다니면서 사람들과 대화할 때 중요한 대목이 나오면 신중하게 기록해두곤 했다. 이 수첩은 그의 부인 장수편이 여러 종류를 구해 그에게 사용해보라고 한 후 가장 사용이 편리하고 손안에 적당히 들어오는 것을 선택한 것이라고 한다.

11월 19일 모리스 창은 APEC 비공식 정상회의가 끝나고 나서 기자회견을 열었다. 천수이볜陳水扁 총통이 당부한 임무에 대해 묻는 기자들의 질문에 그는 양복 안주머니에서 대여섯 장의 흰 종이카드를 꺼내더니 "한 번 훑어review 볼게요. 네, 모두 완수했습니다."라고 답했다. 이번에는 수첩 대신 흰 종이카드에 총통이 당부한 사항을 메모한 것이다. 작은 디테일에서도 대만 대표로 APEC 회의에 참석하는 모리스 창의 신중한 자세를 엿볼 수 있었다. 이 종이카드는 그 후 천수이볜 총통에게 전달되었다. APEC 회의 참석을 앞둔 그의 준비는 가히 완벽했다고 할 수 있다.

10월 30일 대만 총통부는 APEC 비공식 정상회의 대표로 모리스 창을 파견할 것이라고 공식 발표했다. 회의 개막일인 18일까지는 2주의 시간이 있었다. 모리스 창은 측근들에게 2주 동안 일정을 최대한 비워두라고 지시했다. 그리고 시간을 들여 APEC 의제를 준비했고 정부 관련 부서의 관료들로부터 간단한 브리핑을 받았다.

이 기간에 모리스 창과 가장 밀접하게 접촉한 정부 관료는 국가안전회의國家安全會議 부비서장 추자오린裘兆琳과 외교부 국제기구사의 담당자들이었다. 관료 10여 명이 그에게 브리핑했다. 추자오린은 총통부를 대표하여 모리스 창과 연락을 주고받았고, 그의 의견을 정리하여 당시 국가안전회의 비서장 추이런邱義仁과 천수이볜 총통에게 보고했다.

모리스 창은 TSMC 임원 3명과 함께 베트남으로 향했다. 미국 텍사스에서 오랫동안 변호사로 일한 법무장 리처드 서스턴Richard Thurston, 대외홍부장 정진하오曾晉皓, 모리스 창의 비서실장으로 오랫동안 일한 웨이시옌魏錫燕이었다. 모리스 창은 업무상 출장에 최소한의 인원만 동원하며, 홀로 떠나거나 부인 장수펀과 동행한 경우가 많았다. APEC 비공식 정상회의에 임원 3명이 그를 수행하는 것으로 보아 이번 회의를 중시했던 그의 태도를 알 수 있다.

진정은 통한다

커시제의 카메라 앞에서 엄숙한 가면을 벗어던지다

모리스 창과 장수펀은 2001년 1월 조용히 결혼식을 올렸다. 그 흔한 결혼사진조차 없이 장수펀 혼자 사진관에 가서 결혼사진을 찍었을 뿐이다. "우리는 정식으로 함께 찍은 사진이 없다. 나도 그다지 내세우는 편이 아니라 사진이 별로 없다. 심지어 올해

(2002년) 새 책을 출간할 때도 쓸 만한 사진이 없었다." 장수편이 조금은 원망스러운 표정으로 말했다.

2002년 10월, 장수편의 설득으로 부부는 사진작가 커시제의 카메라 앞에 섰다. 커 작가가 분위기를 돋우려고 특별히 준비한 인도 음악이 배경음으로 흘러나왔다. 장수편이 가장 좋아하는 음악이었다. 이어서 불빛이 점점 희미해지고 조명 아래 인물의 그림자만 두드러졌다. 대만 반도체 대부 모리스 창은 이런 상황에서도 여전히 근엄한 모습을 유지하며 마치 조각상처럼 앉아있었다. 그나마 부인 장수편은 활달한 성격으로 유머를 좋아해서 커 작가는 부인 쪽을 공략하며 열심히 분위기를 띄웠다.

모리스 창의 멋진 모습을 연출하기 위해, 커시제는 그에게 담배를 한 모금 권했다. 주머니에서 담배를 꺼내든 모리스 창은 담배에 불을 붙이더니 첫 모금을 뿜어냈다. 긴장이 풀린 듯 이윽고 그의 이야기보따리가 열렸다. "얼마 전 미국에 있는 현대미술관에 갔더니 리처드 애버던Richard Avedon[5]의 개인전을 하고 있더군요. 인물화를 많이 전시했는데, 노인의 얼굴을 확대한 사진들은 주름까지 적나라하게 표현되어 아주 충격적striking이었죠."

자신이 좋아하는 사진작가의 이름이 나오자 커시제는 어린아이처럼 기뻐했다. 그는 자신이 리처드 애버던의 얼마나 열렬한 팬인지 밝히고 그 자리에서 리처드 애버던의 작품집을 꺼내 보여줬

5. 유명한 사진작가. 인물사진 작업을 많이 하며 2001년 미국 예술과학원 원사로 선출되었다.

다. 그 바람에 두 사람은 잠시 하던 일을 잊고 사진 이야기를 계속했다. "저는 윈저공Duke of Windsor의 사진이 인상 깊더군요. 사랑을 위해 왕위를 버린 인물이잖아요. 부유했으나 무료한 삶을 살았던 윈저공의 쓸쓸한 심정이 그 사진에 잘 표현되어 있어요."

모리스 창은 담배 연기를 뿜으며 천천히 말했다. 말이 끝나기도 전에 현장의 조명이 모두 꺼지고 작은 조명 하나만 남아 모리스 창의 측면을 비췄다. 깊은 생각에 잠긴 그는 담배 연기에 둘러싸였고, 사색은 연기와 함께 허공으로 올라갔다. 이어서 한 모금을 더 깊이 들이마셨다가 뿜어내니 짙은 연기가 서서히 분출되며 자욱한 안개 같은 분위기를 자아냈다. "저 이를 정말 잘 나타내는 장면이네요!" 한쪽에서 장수편이 감탄을 금치 못했다.

두 시간 정도 카메라 앞에서 포즈를 취한 모리스 창은 일장 연설을 늘어놓았다. "그동안 국내외 매체들이 사진을 찍을 때, 나는 기껏해야 10분 정도의 시간만 할애했죠. 사진들이 천편일률적이라 별로 좋아하지 않았어요. 이렇게 오랜 시간 공들여 찍는 사진은 처음입니다." 그는 미소를 띠며 이렇게 말했다. 근엄한 가면을 벗어던지고 사진작가 커시제의 렌즈 앞에서 모리스 창 부부는 진실한 면모를 드러내며 영원히 남을 순간을 기록했다.

궁함 속에서 진리를 찾다

때 아닌 영어 테스트에 사전까지 챙긴 기자들

"나는 최근 번역에 큰 관심이 생겨서 중국어와 영어의 의미 차이를 늘 연구한답니다." 모리스 창의 이 한 마디에 그를 오랫동안 지켜본 기자들은 그의 취재에 준비할 목록을 하나 더 추가했다. 모리스 창의 산업과 경영에 관한 취재 외에 영중사전까지 준비해서 그의 '영어 수업' 진도를 따라가야 했기 때문이다.

번역에 대한 모리스 창의 관심을 촉발한 첫 번째 단어는 'eventually'였다. 기자들이 TSMC가 대륙에 진출할 것인지를 묻자, 그는 "Eventually"라고 가볍게 응수했다. 이튿날 신문 지상에는 "TSMC가 곧 대륙에 진출할 것"이라는 보도가 나왔고, 아연실색한 모리스 창은 "eventually는 event에서 비롯되었으며, 별도의 사건으로 간주한다는 의미"라고 해명했다. 영어 단어 하나에 '대륙 정책'에 대한 TSMC의 정의가 달라진 것이다. 또한 기자들은 영어로 사람들을 시험하는 모리스 창의 언변에 전전긍긍해야 했다.

두 번째는 경영관리와 연관이 있다. 모리스 창은 삼삼회三三會, The Third Wednesday Club에 참가하여 당시 행정원장 탕페이唐飛에게 지식경제 추진에 가장 중요한 세 가지를 제시했다. 기술, 혁신, 그리고 'entrepreneurship' 이렇게 세 가지를 언급한 것이다.

대다수 사람들이 'entrepreneurship'을 '모험적 창업정신'으로 번역했다. 그러나 모리스 창은 이를 기업 내부의 '진취정신'으로 번역하면서 모든 사람이 창업해야 하는 것은 아니며, 그렇게 된다면 오히려 신新 경제에 부담을 준다고 주장했다. 그는 사람들에게 'entrepreneurship'이란 단어를 신중히 사용할 것을 주문했다.

세 번째는 전국 하이테크법무연맹 2주년 기념행사에서 모리스 창이 대기업의 'General Consultant'를 '법무장'으로 번역한 것이 타당치 않다고 지적하면서 시작되었다. 이 영어 어휘에는 법의 어원인 'law'나 'legit'이 포함되지 않았다는 것이다. 또한 그 역할이 법률 범위에 국한된다고 주장했다. 그러나 '총 고문'으로 번역하는 것도 법률의 소양을 표현하지 못한다며, 사람들에게 집에 돌아가 사전을 찾아보고 연구해볼 것을 제안했다. 정식 과제는 아니었지만 기자들에게 있어 'General Consultant'는 반드시 찾아봐야 할 어휘가 되었다. 그래야 모리스 창이 갑자기 마음이 동하거나 이런 단어로 의견을 발표할 경우, 그의 눈에 열심히 공부하는 기자로 보여 더 많은 취재가 가능하기 때문이다.

겉과 속이 같은 사람

회사 비품을 사용한 가족에게 비용을 지불하게 하다

"제 남편은 성실함을 중요시하며 개인적으로 이익을 취하지 않는 사람이에요." 장수펀은 모리스 창의 부인으로, 두 사람은 1985년 모리스 창이 대만에 돌아와 공업연구원장에 임명되었을 때 처음 만났다. 두 사람이 결혼한 지 16년이 흘렀는데, 국내외 크고 작은 행사나 장소에서 두 사람이 손잡고 다정하게 있는 모습을 자주 볼 수 있다.

"이제 남편이 쉴 수 있어서 다행이에요." 모리스 창이 사임을 발표한 날 저녁, 장수펀이 〈상업주간〉의 인터뷰에 응하면서 한 말이다. 모리스 창은 2017년 들어 용퇴를 염두에 두고 있었고, 두 사람은 이 문제를 놓고 자주 이야기를 나눴다. 장수펀은 늘 그의 말에 따랐으며 그의 생각을 지지하는 편이었다. 그녀는 모리스 창이 2017년 승계 구도를 확립한 것은 연초 미국에서 쓰러진 일과는 무관하다고 밝혔다. "전혀 관계가 없어요. 그때 쓰러진 건 회사에도 알리지 않은 걸요. 우린 그 일을 대수롭지 않게 여기고 넘겼는데 그렇게 큰 사건인지 몰랐네요."

32년을 함께한 이 반도체 대부에 관해 말하면서 부인은 모리스 창이 겉과 속이 일치하는 사람이며, 언제나 성실하고 정직한 사람이라고 밝혔다. 그러면서 10여 년 전에 있었던 일을 소개했다. 당시 장수펀은 TSMC의 수첩 몇 권을 가져다 집안에 뒀다. 지인들에게 선물할 요량이었다. "그이가 보더니 (TSMC에) 돈은 냈냐고 묻는 거예요." 이렇게 부인에게도 공과 사를 엄격히 구분하라고 요구한 것이다. "회사의 직원들이 모두 저 같다면 회사가 어떻게 되겠냐며, 한밤중에 누군가 와서 문을 두드려도 두려워하지 않을 정도로 떳떳해야 한다고 말했어요."

공과 사를 엄격히 구분하는 모리스 창은 두 후계자 류더인, 웨이저자에게도 식사 대접을 따로 한 적이 없었다. "그분들이 우리를 식사에 청한 적이 없으니 우리도 그렇게 했죠." 장수펀이 농담하듯 말했다.

조 단위의 매출을 창출하는 대기업의 수장 모리스 창은 시종일관 원칙을 지키며 다른 사람의 입장을 배려했다. 장수펀은 2017년 9월 하순 두 사람이 〈포브스〉 잡지에서 주는 '세계 100대 경영사상가 상'을 받으러 간 이야기를 전했다. 그날 모리스 창은 아침 9시에 집을 나서 회의를 하고, 밤 10시에 상을 받으러 갔다. 일정을 끝내고 새벽 1시 비행기로 대만에 돌아와서는 다음 날 오전 11시에 신주과학단지 본사에 나타나 회사 내부회의에 참석했다. "전 그이에게 회의시간을 바꾸는 게 어떠냐고 했죠. 비행기에서 내리자마자 회의에 참석하는 건 무리라고 생각했거든요. 그런데 남편은 '나 하나 때문에 100명의 스케줄을 바꿀 수는 없다'며 계획을 강행했어요."

2013년에 CEO 자리를 류더인, 웨이저자에게 넘겼지만 월요일부터 금요일까지 여전히 신주과학단지 본사에 나와 근무했다. 어쩌다 주중에 타이베이台北에 가서 회의를 할 때도 있었지만 그래도 저녁이면 신주과학단지 본사로 돌아와 이튿날 근무에 대비했다.

"남편은 자기 일에는 무척 진지하게 임해요." 장수펀의 말이다. 퇴임 후 계획에 관한 질문에서 모리스 창은 브리지 게임과 가족여행을 하고 자서전을 쓸 예정이라면서, "가장 시급한 일은 자서전 하권을 완성하는 것이오. 어쩌면 그것이 1순위top priority가 될 것 같소."라고 말했다. 부인과 함께 공익사업에 참여할 생각은 없는가라는 물음에는 장수펀이 웃으며 대답했다. "남편을 합류시키지는 않을 거예요. 함께 하다가 의견이 다를 때 누구 말을 들어야겠어요?"

모리스 창이 퇴임한 후에도 장수펀은 "TSMC 자선기금 이사장 신분을 유지하며 독거노인 돌보기, 의료자원 플랫폼 구축, 효도 캠페인 등 업무를 추진할 것"이라 밝히면서도 모리스 창을 합류시키지는 않겠다고 말했다.

웃음기를 감추지 못하는 그녀는 모리스 창이 단 음식을 좋아한다는 얘기를 꺼냈다. "전에는 단 음식을 많이 먹어서 제가 만류했죠. 요즘 잔소리를 하지 않았더니 오히려 알아서 건강을 챙기며 조심하는 눈치예요."

맨손으로 웨이퍼 파운드리 모델을 창출하여 IC 설계와 기타 업스트림upstream 및 다운스트림downstream 산업을 이끈 반도체의 대부 모리스 창은 이제 60년의 직장생활을 마치고 마침내 평범한 일상으로 돌아갈 것이다. 훗날 사람들이 모리스 창이 TSMC에 기여한 매출과 주가는 기억할 수 없을지라도 그가 수립한 성실함과 정직함만은 기억할 것이다.

Taiwan-Semiconductor

Manufacturing-Company

제1장

반도체 업계의 패러다임을 바꾼 모리스 창의 힘

반도체 거두 인텔을 추월하여 세계 반도체 산업의 맹주로 성장한 TSMC. 모리스 창과 두 후계자는 이렇게 큰 배를 이끌어갈 시험대에 올랐다. 포스트 모리스 창 시대에 이런 거대 기업을 이끌어갈 경쟁력과 도전의 원천은 어디에 있을까?

2017년 9월 말, 〈상업주간〉은 난징과 타이난台南으로 취재팀을 보내 TSMC 미래 10년의 도전 과제를 살펴보고 TSMC 30년 발전의 분수령이 되었던 사건들을 돌아봤다. 2012년부터 2014년까지 TSMC가 역습에 성공하여 애플의 오더를 따내고 삼성과의 격차를 벌린 비결은 무엇일까?

그 움직임은 모리스 창이 2009년 수장 자리에 복귀하면서 시작되었다. 그는 3대 전략을 세우고 600일 동안 TSMC에 대한 대대적인 개혁을 실시하여 큰 변화를 가져왔다. 회사 경영과 관련하여 2007년 3월, TSMC는 대주주인 네덜란드 기업 필립스가 보유한 주식을 전부 매도하게 만들었다. 이때부터 모리스 창은 기업 경영의 이상을 완벽히 실현할 수 있었다. 지금부터 2000년 낙성한 남부과학단지 6공장 시절로 돌아가 TSMC가 사방이 사탕수

수 밭으로 둘러싸인 지역을 실리콘 밸리로 변화시킨 과정을 돌아본다.

모리스 창이라는 인물과 TSMC의 30년을 관찰해보면 경영이념을 '시종일관' 지켜왔음을 알 수 있다. TSMC의 발전 전략과 전술은 기조가 한 번도 바뀌지 않았으며, 세계적 기업을 경영한다는 사명감과 투지를 기반으로 이뤄졌다. 이는 TSMC와 같은 30년 역사의 〈상업주간〉을 비롯한 많은 기업이 돌아보고 모범으로 삼아야 할 정신이며, 이 책을 만들며 독자들과 공유하고 싶었던 핵심가치이기도 하다.

초격차를 뛰어넘는 초일류 기업의 기술

2014년, 아이폰6의 9월 출시를 앞두고 2분기부터 TSMC는 공급체인을 총동원하기 시작했다. 그중 TSMC의 A8 프로세서가 아이폰6에 사용되었고 아이폰의 심장에 최초로 메이드인 타이완 제품이 공급되었다. 그 배후에는 100명 가까운 엔지니어로 구성된 연구팀이 있었다. 이는 2011년부터 기업의 각 부서가 똘똘 뭉쳐 원팀One Team 군단을 형성해 애플에 공급할 20나노 공정에 뛰어든 성과였다. TSMC가 삼성에 역습을 가한 반도체 기술 국력 경쟁의 쾌거였다.

TSMC 웨이퍼 14공장은 세계 최초의 선진 20나노 제조공정 양산 공장이며, 세계 최대의 반도체 제조 중심으로 37퍼센트에 달하는 TSMC의 매출 비중을 창출하고 있다. 남부과학단지의 공장은 2014년에 이미 TSMC 20나노 제조공정과 16나노 공정의 생산기지였으며. 앞으로도 5나노 선진 공정에 뛰어들어 세계 최대의 반도체 제조 중심이 될 것이다.

그러나 이렇게 큰 공장에서도 가장 핵심적인 오더는 애플 아이폰6의 심장인 A8 프로세서다. 2011년 말부터 TSMC는 거의 100명으로 구성된 연구개발팀을 미국 애플 본사에 주둔시켜 A8 프로세서의 오더를 따냈고, 각 부문이 '원팀One Team'을 구성한 것은 전 세계에서 가장 앞서서 애플의 제품을 양산하는 데 필요한 20나노 공정을 구축하기 위함이었다.

IP 보호

신중한 검증으로 삼성의 고소전을 사전에 차단하다

TSMC가 대량의 자원을 투입한 것은 애플의 오더를 따내려는 것도 있지만 무엇보다 모리스 창이 말하는 '두려운 적수' 한국 삼성과 경쟁하기 위해서였다. 대만 사람들에게 있어 이는 국제적인 대기업 간 경쟁을 넘어선 반도체 기술의 국력 경쟁이라는 의미가 담겨있다.

TSMC 남부과학단지 14공장에는 1만 여 명이 주야 교대로 일하고 있다. 이는 애플 프로세서를 순조롭게 납품하기 위해서다. 이 제품을 위해 그들은 수억 NTD를 들여 두 버전을 개발했고 그 중 한 버전은 2013년 말 마침내 애플의 허가를 받았다.

애플의 수주는 TSMC 출고량에서도 가장 빠른 증가 속도를 기록하여 불과 1년 만에 TSMC 매출의 7퍼센트에 기여했다. 금액으로 환산하면 약 500억 NTD로, 이것만으로도 TSMC 거래처 중 3위 안에 들 수 있다. 더 중요한 것은 과거에는 TSMC가 퀄컴 등을 통해 아이폰 칩을 간접적으로 공급했으나 이번에는 직접 애플과 거래했다는 점이다.

외국 자본분석가의 예측에 따르면 애플 한 곳이 TSMC 70~80

퍼센트의 20나노 생산능력을 가동하며, 여기에 퀄컴, 미디어텍 등의 수주까지 더하면 연말 생산가동률은 100퍼센트의 성황을 이루게 된다. 고객들은 너도나도 생산가동률을 확보하려 하기 때문에 TSMC가 주도하는 판매자 시장seller's market이 형성된다.

TSMC가 삼성과의 경쟁에서 승리하자 세계적인 중량급 외국 자본들이 2011년부터 TSMC 주식을 계속 사들였고, 그 결과 TSMC는 대만 제일의 대장주로 등극했다.

시간은 2012년으로 거슬러 올라간다. 아이폰과 아이패드 두 제품의 인기가 치솟으면서 애플은 글로벌 반도체 제조업체들의 판매량을 계속해서 올려주었다. 당시 TSMC는 이미 핸드폰 프로세서 위탁생산의 맹주로 등극했지만 유독 애플의 오더만 빠져있었다. 이 점이 모리스 창은 늘 아쉬웠다. 특히 그 대형 오더는 삼성이 단단히 틀어쥐고 있었다.

2011년부터 애플은 '탈삼성'을 부르짖고 있었으나 삼성은 로직 부문 매출 기여도의 절반을 차지하는 큰 고객을 손에 꼭 쥐고 있었다. TSMC가 우선 넘어야 할 난관은 지적재산핵심IP Core이었다. 쌍방이 접촉하기 시작해서 발주를 받으면 칩 개발이 순조로울 경우 1년에서 1년 반 사이에 양산에 투입할 수 있다. 그러나 TSMC가 애플의 오더를 손에 넣는 데는 2년 이상의 시간이 걸렸다. 애플 측에서 TSMC로 오더를 넘긴 후 삼성과 TSMC 간에 벌어질 특허권 분쟁을 우려했기 때문이다. 이에 TSMC는 2012년 8

월까지 예속 IP를 애플에 넘겨 검증을 받음으로써 그 위험을 최소화했다.

삼성 측은 외국의 자본분석가와 만날 때마다 의식적으로든 무의식적으로든 "TSMC가 뛰어들면 고소할 것"이라는 태도를 보였고, 이런 정보를 입수한 애플과 TSMC는 평소보다 많은 시간을 검증에 들인 것이다. 들리는 말에 의하면 2012년 초에 TSMC가 50여 명의 인원을 애플 본사에 파견했는데, 출발 전 특별히 비밀유지 각서에 서명을 했다고 한다. 그들은 우선 애플 아이폰5에 사용할 A6 프로세서 설계 문제부터 해결하고 인증사항에 협력하게 된다.

그동안 삼성이 애플 프로세서 수주를 줄곧 독점했다. 삼성이 로직, 메모리에 사용될 지적재산핵심IP을 쥐고 있기 때문이다. 이제 TSMC의 지적재산핵심이 애플의 인증을 통과함으로써 오더를 더 가져올 가능성도 커졌다.

공장 건설을 서둘러 20나노 양산 1위를 탈환하다

IP 문제를 해결한 후 넘어야 할 또 하나의 관문은 생산능력이었다. 중부과학단지 관리국 건너편의 TSMC 15공장은 2012년 초에 건물 외관을 완성했고, 이후 10월까지 몇 달에 걸쳐 설비와 장비작업을 왕성하게 진행했다. 업계 사람들은 이를 거의 '미친 속도'로 표현하며, 평소의 두세 배 이상 빨랐다고 전한다.

2013년 상반기에 설비공장의 시설을 신주과학단지에 있는 TSMC 공장으로 운반했다. 이 두 개의 12인치 팹은 8월부터 계속 시설을 확장한 남부과학단지 공장과 함께 TSMC의 핸드폰 프로세서 생산 3대 공장으로 자리매김했다. 그해에 TSMC는 매출 절반에 해당하는 막대한 금액을 전부 투입했으며, 그 후 발생한 방대한 설비 감가상각비도 TSMC의 뜨거운 열정을 막지 못했다. 가장 앞선 20나노 제품을 양산할 수 있는 최초의 웨이퍼 파운드리 팹을 목표로 하고 있었기 때문이다.

적극적으로 생산을 확대하는 것은 기존 고객의 수요는 물론이고 애플의 오더 수요에 대응할 충분한 생산능력을 확보하기 위해서였다. 이는 20나노 공정으로 애플과 협력하여 A8 프로세서 생산을 예고하며, 2014년 애플의 아이폰과 아이패드에 대량으로 탑재할 수 있었다.

방어선을 치고 투자회사로 전환하여 삼성의 오더를 받다

신주과학단지와 1,530킬로미터 떨어진 곳에 있는 한국의 삼성 본부에서도 이 오더는 똑같이 중요한 것이었다. 삼성이 애플의 프로세서 등 모든 웨이퍼 파운드리 오더를 받지 못한다면 로직 IC 부분의 매출은 10억 달러를 밑돌아 절반도 남지 않을 것이다. 이는 삼성이 1년 안에 애플 외의 큰 고객을 발굴하여 부족한 수요를 채워야 함을 암시했다. 삼성은 퀄컴, 엔비디아 등 TSMC의 기존

대고객들을 우선적으로 공략할 것이다.

이로 인해 TSMC와 삼성 간의 물밑작업은 점점 치열해졌다. 전에는 한국인 직원들이 TSMC에서 퇴직하면 일부 기밀도 함께 가져가는 사건들이 종종 있었다. 이는 반도체 업계에 널리 알려진 일이다. 당시 삼성 측은 외국 자본분석가와 빈번히 접촉하고 각양각색의 정보를 흘렸다. 애플 A7 프로세서를 TSMC 한 기업이 독식하지 않을 것이며, 삼성이 애플의 차기 모델 프로세서 오더를 가져갈 절반의 기회가 있다는 소문도 포함되었다. 이는 시장과 여론이 TSMC 쪽으로 기우는 것을 막으려는 시도였다.

한편으로 삼성은 4G LTE 칩 발주라는 미끼를 던져 TSMC가 이를 생산하기를 희망했다. 이를 이용해 TSMC 제조 공정기술의 허와 실을 탐색해보려는 속셈이었다. 그러나 TSMC는 삼성을 직접적 고객으로 삼기를 꺼렸다. 공장 내부에 진입하여 기밀이 누설될 위험이 있기 때문이었다. 이에 따라 TSMC가 투자한 설계 서비스 기업과의 협력을 삼성 측에 제안했다. TSMC가 4G LTE 칩을 생산함으로써 삼성과 직접적인 접촉을 피하는 방어선으로 삼은 것이다.

단일제품으로는 사상 최대의 수주를 둘러싸고 애플, 삼성, TSMC 세 회사가 각축전을 벌인 끝에 TSMC는 2014년 A8 프로세스 오더를 공식적으로 가져오게 된다. 대형 스마트폰 아이폰6는 애플의 스마트폰 왕좌를 굳히는 중요한 전환점이 되었으며, 최초로 애플의 오더를 따낸 TSMC는 향후 주가 상승을 떠받치고 삼성을 제칠 수 있는 기반을 다졌다.

애플 아이폰의 A 시리즈 온 칩 위탁생산 외에도 TSMC는 인공지능AI, 자율주행 자동차 등 복잡한 임무를 처리하는 칩을 포함하여 선진 7나노 제조공정 기술에서 삼성을 앞서고 있다. TSMC는 삼성이라는 경쟁자를 따돌리며 포스트 모리스 창 시대의 첫 성적표를 무사히 잘 받았다.

기업 혁신은 600일이면 충분하다

2008년의 글로벌 금융위기 여파가 남아있던 2009년에 모리스 창은 CEO 자리에 복귀했다. 웨이퍼 시장의 전망을 어둡게 본 경쟁자들이 생산라인을 폐쇄할 때 그는 과감하게 확장전략을 펴서 설비투자를 크게 늘리고 자산을 활성화했다.

2010년 세계의 반도체 산업이 크게 성장하는 가운데 22개 웨이퍼 팹은 오히려 문을 닫았으며, 그 후 2년 내에 2개 업체가 추가로 문을 닫았다. 이런 가운데 모리스 창은 추세를 읽는 뛰어난 판단력과 안목으로 생산설비를 미리 준비해둘 수 있었으며, 쏟아져 나오는 수주를 모두 소화할 수 있었다. 그 결과 2010년 TSMC의 매출과 시장가치는 기록적으로 성장하며 전 세계에 노장의 위력을 과시했다.

2011년 음력 설을 맞아 TSMC는 그 해의 연간 정비작업을 마감했다. 신주과학단지 내의 초대형 팹GIGA FAB에는 오더가 가득 쌓인 상태였다. 2011년은 TSMC 설립 후 가장 수확이 풍성한 해였다. 1월에 TSMC는 전년도 매출을 발표했는데, 2010년 TSMC의 매출은 4,195억 NTD(약 16조 9,436억 500만 원)로 창립 이래 최고 수준이었다.

도이치뱅크 연구보고서는 TSMC의 2010년 세후 순이익은 1,591억 NTD에 달해 대만 4대 플라스틱 업체의 1년 세후 수익

합계 1,700억 NTD 수준에 육박하며, TSMC의 자체 기록을 돌파했다고 발표했다. TSMC 시총은 2조 NTD를 돌파하며 대만에서 시총 규모가 가장 큰 기업으로 성장했다. TSMC는 고속 성장을 거듭하며 생산가동률 100퍼센트를 돌파하고 총이익의 50퍼센트를 차지했으며, 2010년 종업원 수는 2009년보다 약 1만 명이 증가한 3만 3,000명을 넘어섰다.

이 모든 것은 모리스 창이 2009년에 복귀한 이듬해에 이룩한 성과였다. 세 가지 전략을 사용한 노장의 위력을 전 세계가 목격했다. 금융 쓰나미가 휩쓸고 간 후 TSMC는 전사적으로 허리띠를 졸라매고 비용 절감에 나섰다. 그런 와중에 모리스 창이 복귀한 후 가장 먼저 한 일은 가속페달을 밟는 것이었다. 즉 자본지출을 큰 폭으로 확대하여 경쟁자에게 수주를 빼앗기지 않는 것이다. 두 번째는 제품 라인을 늘려서 로직 IC 외에도 7개 분야를 강화했다. 세 번째는 자산 활성화를 추진했다. 가장 앞선 공정의 선두를 지속적으로 유지함과 동시에 6인치, 8인치 생산능력을 전용 전자부품 등 고부가가치 제품에 집중했다.

TSMC가 경기 호전 덕으로 성장한 것으로 생각한다면 그 안에 담긴 기술력을 저평가한 것이다. 2010년은 글로벌 반도체가 큰 성장을 이룩한 상황이면서도 동시에 웨이퍼 팹 22개가 문을 닫기도 했다. 국제반도체장비재료협회SEMI의 수석 산업연구 매니저 정루이위曾瑞瑜는 "2010년 IDM종합반도체 업체 신축 팹은 거의 없다"라고 관찰했다. 웨이퍼 파운드리 모델은 IDM에서 넘어오는 오더를 그대로 흡수하고 있다. 삼성과 글로벌파운드리가 이 시장에 눈독을 들이고 있는 상황에서 TSMC가 승리자라는 것을 결과로 증명했다.

첫 번째 단계: 자본지출을 늘리고 수주를 따내다

TSMC 약진의 비밀은 모리스 창의 600일 개혁전략에 있다. 이 이야기는 그의 복귀 한 달 전부터 시작된다. 2009년 5월 TSMC 본부에서 지인들과 회동한 모리스 창은 우려하는 목소리로 말했다. "회사에는 깊은 사고deep thinking가 필요하다." 세계경제포럼과 같은 국제회의에 다녀온 모리스 창이 새로운 기류를 감지한 것이다. 그는 외국기업들이 현재 제2의 공급업체second source를 양성하고 있으며, 텍사스 인스트루먼트의 경우 오더의 일부를 TSMC 외에 삼성 등 기타 업체에도 보내고 있다고 지적했다. 경쟁자들은 TSMC에 대항할 새로운 세력을 키우느라 여념이 없었다.

이에 CEO 자리에 복귀한 그는 전략을 180도 수정했다. "당시 모든 사람이 2차 경제 침체를 얘기하고 있었다." 제이피 모건 체이스J.P. Morgan Chase의 반도체 분석가 쉬웨이청徐褘成은 당시 주문량을 보장할 수 없는 상황에서도 모리스 창이 이사회에서 자본지출을 제안해 소극 일변도의 정책에서 공격적 투자로 전환했다고 말했다.

그때부터 TSMC는 거의 모든 수익결산 콘퍼런스콜conference call에서 자본지출을 상향 조정했다. 모리스 창이 복귀한 후 한 달 만에 열린 제1차 수익결산 콘퍼런스콜에서 외자법인은 반대표를 던졌다. 씨티은행Citi bank, 메릴린치Merrill Lynch등 외자 법인들은 TSMC의 자본지출 확대에 회의를 표하며 TSMC의 목표 가격을 하향 조정했다. 스위스은행 보고서도 반도체 산업의 공급 초과를 우려하며 '중립'적 입장을 유지했다.

모리스 창의 고민은 적정 규모를 어떻게 정할까에 있었다. 그의 판단에 1,000억 NTD의 투자 확대와 삭감 여부가 달려있었다. TSMC는 웨이퍼 파운드리 제조 서비스를 강화하는 기업이므로 포괄적인 제조공정 기술을 준비할 필요가 있었다.

"고객은 TSMC가 투자를 확대하여 더 많은 선택지를 만들어주길 원할 것이다." 이는 한 반도체 산업 관련자의 분석이다. TSMC는 어떤 공정을 언제쯤 제시해야 고객의 수요를 맞출 수 있을까? 시장이 성숙하기도 전에 신기술을 너무 미리 제시하면 이익 창출이 어려워 주주들에게 수익을 선사할 수 없다. 신기술 발표가 늦어지면 시장에 뒤처져서 역시 고객의 수익 창출이 어렵다. 게다가 일단 개발하기로 약속한 이상 변경은 곤란하며, 그 사이에서 어떻게 균형을 유지하느냐가 관건이었다.

모리스 창은 첫 단계에서 가속화를 조심스럽게 타진했다. "나는 계산된 위험만 감수한다."는 그의 명언이 이를 말해준다. 복귀한 직후에는 TSMC의 자본지출을 전년도와 같은 수준인 18억 달러(한화 약 2조 331억 원)로 발표했다. 국제 반도체 시장의 호전 상황을 지켜보다가 2009년 말에는 실제 자본지출을 27억 달러까지 추가했다.

쉬웨이청의 분석에 따르면 모리스 창은 당시 경쟁자들이 금융위기의 압박 속에서 경쟁력이 떨어지는 웨이퍼 팹을 점차 폐쇄하려는 움직임을 간파했다. 보수적인 시류에 편승하여 무조건 자본지출을 동결하다가는 갑자기 쏟아지는 주문을 경쟁자에게 빼앗길 우려가 있었기 때문이다.

두 번째 단계: 제품을 7개 분야로 다각화하다

복귀를 앞둔 모리스 창은 내부회의에서 TSMC가 고부가가치의 공정에만 투자하는 상황을 크게 우려했다. "이렇게 나가다간 장차 TSMC 시장은 거의 남아있지 않을 것이다." 2010년 초 제1회 콘퍼런스콜에서 모리스 창은 TSMC가 무어의 정률을 초월하는More than Moore 서비스를 늘려야 한다며, 원래 강한 부문인 로직 IC의 파운드리 외에도 파워 IC, 미세전자제어기술MEMS, Micro-Electro Mechanical Systems 아날로그 IC 등에 속한 7개 분야의 제품 추가를 주장했다.

이 자리에서 법인들은 TSMC가 CPU 영역까지 진입할 수 있는지를 물었고, 모리스 창은 반도체 칩에는 D램, 로직 IC, 아날로그 IC의 세 종류가 있다고 답했다. 그는 로직 분야의 생산을 더 늘리고 싶다고 밝혔다. 이는 D램을 제외한 전 세계의 모든 웨이퍼 기술이 TSMC의 사정거리 안에 있음을 의미한다.

세 번째 단계: 낡은 팹을 활성화하여 자동차용 시장에 포진하다

세 번째 단계는 일석삼조 효과를 노리는 것으로, 제조공정이 성숙한 6인치 팹을 활용, 첨단 설비가 필요 없는 제품을 제조해 자산 활성화를 꾀하는 전략이었다. 당시 TSMC는 12인치 웨이퍼 생산이 전체 생산능력의 22퍼센트를 차지하고, 6인치는 9퍼센트, 8인치는 69퍼센트를 차지하고 있었다. 그러나 65나노 이상의 성숙한 제조공정이 활성화에 기여하는 비중은 절반에 불과했다.

TSMC는 오래전부터 차량용 전자부품 시장을 위한 포석을 만들어 놓았기에 이런 낡은 공장들의 부가가치 제고에 일조할 수 있었다. 한 애널리스트는 과거 이런 공장들은 저가의 완구용 칩만 생산할 수 있었으나 자동차 공장의 인증을 통과한 후 1,000 NTD가 넘는 차량 제어용 칩이나 타이어 압력 제어기 등을 생산하게 되었고 가치가 100배 이상 증가했다고 밝혔다.

더 심오한 전략적 의의는 여기에 있다. "이 기술들, 즉 전력관리, 미세전자제어 기술 등은 모두 로직 IC과 융합해야 한다." 반도체 업계의 한 인사는 TSMC의 전략은 자체 로직 칩 제조공정 기술력에 힘입어 경쟁사에 대응할 뿐 아니라 낡은 제조공정 설비를 이용해 새로운 이익 기반을 창출할 수 있다고 분석했다.

업무 프로세스를 전면적으로 검토하여 효율을 제고하다

모리스 창은 2010년부터 근무시간 축소라는 또 하나의 개혁을 추진했다. 2010년 10월에 사내 체육대회에서 "직원들의 근무시간이 주 50시간을 넘지 않도록 하자"면서 이메일을 더 많이 활용할 것을 촉구했다.

TSMC의 이메일 시스템에는 "이 메일을 다시는 수신하지 않겠다"는 버튼이 있다. 이는 작업시간을 줄이려는 새로운 설계의 일환이다. 수신자가 해당 메일이 시간 낭비일 뿐이라고 판단하면 해당 버튼을 눌러 발신자에게 반송할 수 있다. 이런 조치는 TSMC의 모든 프로세스를 전면적으로 검토한다는 의미가 있다. 그저 습관처럼 업무를 수행하기보다는 그 프로세스가 합리적인지를 생각해보고, 더 짧은 시간 내에 동일한 효율을 올리는 방법을 찾자는 것이다.

모리스 창은 자신의 직속 부서 부사장이 매일 회의를 얼마나 여는지 통계를 냈다. 그 결과 부사장의 업무시간이 50시간을 초과한다는 사실을 발견했고, 이후 불필요한 회의를 줄이고 결정 권한을 부사장에게 일임했다. 모리스 창은 TSMC의 가치를 올리기 위해 중요한 요소가 연구개발과 자본 투입이라고 분석했다. 그해 반년 동안 모리스 창이 TSMC의 시장가치에 대해 언급하는 횟수가 점점 늘었다.

그는 반도체 산업이 고속 성장을 재현하기 어렵다는 사실을 알고 있었다. TSMC의 웨이퍼 파운드리 글로벌 시장점유율은 일찌감치 50퍼센트를 돌파했다. 더 이상의 매출 창출을 원한다면 향후 매년 10퍼센트씩 더 성장해야 한다. 구체적인 전략을 단계별로 제시해야 비로소 이 거대한 조직의 지속적 발전이 가능하다.

TSMC를 초일류 기업으로 만든 요인들

'대주주'라는 단어는 모리스 창에게 커다란 과제였다. 한때 TSMC의 지분 4분의 1까지 차지했던 대주주 필립스의 거취 문제는 TSMC 설립 후 20년 동안 가장 큰 부담으로 작용했다.

2007년 3월 9일 필립스가 수중의 TSMC 주식 16.2퍼센트를 전부 매각하자, 모리스 창은 그제야 가슴을 짓누르던 돌을 내려놓은 듯 홀가분한 기분이었다. 그때부터 그는 TSMC의 장기적 발전을 위한 포석을 깔았다. 모리스 창은 〈상업주간〉과의 인터뷰에서 인내심과 노력으로 필립스의 주식 매각을 성공적으로 유도한 전략과 그 과정을 소개했다.

2006년 9월, 주식 매각을 둘러싼 필립스와 TSMC의 논의가 본격적으로 전개되었다. 이 과정에서 가장 어려운 부분은 필립스의 요구를 들어주면서 주식시장에 매도 압박을 주지 않고 현금으로 주식을 환매하되, 수익 부분을 고려해야 한다는 것이었다. 요컨대 어떻게 윈윈을 추구하느냐가 관건이었다.

당시 대만 주식시장에서 TSMC 주식의 일일 거래 평균값은 27억 NTD였다. 대주주인 필립스가 보유한 2,800억 NTD 상당의 TSMC 주식을 전부 매각하려면 100일이 걸리는 물량이었다. 한꺼번에 매도할 경우 주가에 큰 타격이 자명한 상황이었다.

그러나 필립스의 TSMC 주식 매각은 주가에 압박을 주지 않았고, 이런 결과에 법인 애널리스트들은 일제히 호평을 쏟아냈다. 그들은 필립스의 조치가 자기자본이익률ROE을 끌어올리는 데 도움을 주고 TSMC 주가도 덩달아 상승했다고 분석했다. 그 비결은 무엇일까?

〈상업주간〉과의 대담에서 모리스 창은 필립스의 보유 주식을 단계적으로 매각한 과정을 설명했는데, 인내심을 갖고 매각을 유도한 전략에서 그의 노련함이 돋보였다.

모리스 창은 필립스의 TSMC 투자가 전략적 투자에 해당하며, 장기적으로 본업과 밀접하게 연관된다고 설명했다. TSMC 설립 초기 자본금 55억 NTD 중 필립스의 투자액은 당시 약 15억 NTD로 지분은 27.5퍼센트였다.

설립 초기 행정원 개발기금의 지분 48.3퍼센트와 비교하면 필립스가 최대 주주는 아니었다. 그러나 기술과 특허라는 보호우산을 제공하는 조건으로 투자협의서에 여러 항목의 우위 조항을 기재한 바 있다. 가령 필립스는 재무 부사장을 추천할 권한이 있었다. 1985년부터 1996년까지 7년 동안 개발기금이나 기타 주주로부터 TSMC 주식을 51퍼센트까지 청약할 수 있었다. 이런 권리는 TSMC가 1991년 증시 상장을 계획하면서 시급히 벗어던져야 할 굴레로 작용했다. 51퍼센트의 주식 청약을 보장하는 조항은 증권관리위원회 증시 상장 규범에 어긋나기 때문이다. 이에 모리스 창은 직접 네덜란드로 날아가 필립스 측에 해당 조항 삭제를 적극적으로 요구했고, 마침내 필립스로부터 이 조항의 삭제를 받아냈다. 그 결과 TSMC는 1994년 순조롭게 증시에 상장하고 진정한 공유제public ownership를 지향할 수 있었다.

2년의 준비로 주식 매각의 압박을 해소하다

2003년부터 필립스의 TSMC 주식 매각 수량과 빈도가 늘기 시작했다. "필립스 측은 반도체 산업이 오래 가지 않을 거라고 판단했다." 모리스 창은 이렇게 말했다. 그러나 필립스가 주식을 대량으로 매각하는 바람에 TSMC는 주가 압박을 받기 시작했다. 모리스 창은 "몇 년간 그런 위험을 어떻게 해소할지 계속 생각했다."라고 밝혔다.

2005년이 되자 필립스는 반도체 사업에서 발을 빼기로 했다. TSMC 이사회는 그해 필립스 수중의 TSMC 지분 2.1퍼센트를 ADR미국예탁증권로 양도하는 방안을 통과했으며, 이 방법으로 필립스로부터 2006년 말까지는 TSMC의 주식을 추가 매각하지 않겠다는 동의를 받아냈다.

그러나 모리스 창은 "당분간 매각을 동결하는 방법도 도움은 되지만 추가 매각이 아예 없으면 더 좋은 일"이라고 생각했다. 그는 필립스의 TSMC 주식 추가 매각에 조심스러운 반응을 보였다. 필립스의 TSMC 지분이 특별한 의도를 가진 자들의 손에 떨어지게 할 수는 없었다. 그래서 이사들을 소집해 그런 일이 발생하지 않도록 했다.

모리스 창은 2006년 9월 직접 나서서 필립스와 원칙을 논의했다. 즉 주식 매각이 증시에 매도 압박을 초래해서는 안 되며 대주주의 주식 매각이라는 장기 리스크는 반드시 해소해야 한다는 것이었다.

TSMC가 내놓은 카드는 필립스의 매각 일정을 쌍방이 정하자는 것으로, 대다수 주식을 시가 약 25억 달러(약 830억 NTD)에 상당하는 ADR로 양도하는 것이었다. 대만 주식을 ADR로 전환하려면 이사회의 심사를 거쳐야 했는데, 필립스가 주식 매각을 선포할 때는 TSMC 이사회에서 필립스 측이 퇴진한 이후가 된다. 이에 따라 차기 TSMC 이사회에서 ADR을 양도할 주주 명단을 논의할 때 필립스는 적극적인 의결권이 없었으므로 결정에 참여할 수 없게 된다.

"나는 필립스 측에 '당신들이 보유한 TSMC 주식은 ADR이 아니라 대만 주식'임을 계속 어필했다. 필립스가 주식을 ADR로 순조롭게 전환하려면 이사회의 관문을 통과해야 한다는 뜻이 내포된 말을 했다."

사모펀드와 전략적 투자자를 배제하다

위에서 언급한 '특별한 의도를 가진 자'에 대해 모리스 창은 엄격한 정의를 내렸다. 가장 먼저 떠오르는 대상으로는 당시 국제사회에 많은 파문을 일으킨 사모펀드가 있었다. 주식 방출 과정에서 많은 사모펀드의 입질이 있었으며, 그들은 모두 필립스에 직접 문의한 바 있다. 그러나 필립스는 그때마다 모리스 창의 의견을 구했고, 사실 그들도 사모펀드가 특별한 의도로 접근한다는 사실을 알고 있었다. 따라서 의견을 구할 때도 "우리는 사모펀드에는 응하지 않을 것이다. 당신은 어떻게 생각하는가?"하는 식이였다. 모리스 창은 그들의 말투를 흉내 내며 웃음이 터져 나오는 것을 참지 못했다.

사모펀드 외에 전략적 투자자들도 배제한다는 원칙을 세웠다. "전략적 투자자들은 자신들의 업무 성격상 경영에 관여하려 할 것이며, 그 정도까지는 아니라도 발언권은 요구할 것이다."

필립스가 매각한 TSMC 주식 중 5분의 1은 대만의 생명보험회사가 인수했다. 그중 가장 많은 주식을 매수한 회사는 궈타이생명보험國泰人壽으로, 250억 NTD를 투자하여 TSMC 지분 1퍼센트를 취득했다. 이 또한 모리스 창의 계획에 있는 일이었다. 그는 인수자가 순수한 재무 투자, 나아가 장기투자를 하길 원했다. "생명보험회사와 특정 의도가 있는 투자자들은 매매 중개기관으로 골드만삭스Goldman Sachs를 원했는데 골드만삭스 측에서 일차적으로 걸러냈다."

모리스 창의 단계적 작전 하에서 TSMC 설립 초기 막대한 비중을 차지했던 대주주 필립스는 2007년 이사와 감사 재선거 때

1석만을 남김으로써 이사회에서 비중이 점차 옅어졌다. 더불어 마지막에는 보유하고 있던 주식 전부를 방출하면서도 TSMC 주가에는 영향을 미치지 않아서 외자 법인들의 긍정적 평가를 받았다. 이때부터 TSMC는 부담을 내려놓고 모리스 창의 경영철학을 펼칠 수 있었다.

이 모든 과정에 대해 모리스 창은 "매우 만족한다"는 한 마디로 소감을 대신했다.

대만에 세계 최대의 반도체 공장을 짓다
웨이퍼 주문자 생산의 맹주국 자리를 굳히다

TSMC 6공장은 대만 최초의 12인치 웨이퍼 팹으로 2000년에는 세계 최대의 반도체 단일 팹으로 성장했다. TSMC의 생산 능력 중 최소 10분의 1은 이 공장에서 담당하며, 연간 생산 가치는 약 250억 NTD이다. 1997년 TSMC는 900억 NTD를 투입해 남부과학단지에 공장을 설립할 것을 공식 선포했다.

12인치 생산라인을 구축한 지 반년 후, UMC, 모셀비텔릭Mosel Vitelic, 茂矽, 윈본드Winbond, 華邦, 매크로닉스Macronix, 旺宏도 이 프로젝트에 뛰어들었다. 천하제일의 공장은 어떻게 건설되며, 그 배후에는 어떤 이야기가 있을까?

"40년 전 내가 처음 미국 실리콘 밸리를 찾았을 때 이곳은 큰 사과밭이었다. 지금은 금싸라기 땅으로 변신했죠. TSMC 6공장도 타이난 주변의 사탕수수밭을 대만의 실리콘 밸리로 변신시켜 과학기술에 있어서 또 하나의 기적이 되기를 기대한다."

1997년 모리스 창은 TSMC 6공장이자 대만 최초의 12인치 웨이퍼 팹의 기공식에서 이렇게 말했다. 그로부터 3년 후 타이난 과학단지 부근의 사탕수수밭은 여전히 무성하고 양쪽에 고압 철탑이 늘어서 있었다. 남부과학단지 초고압변전소를 지나는 210만 킬로와트의 전력이 밤낮없이 지평선 상의 TSMC 6공장으로 송전되었다.

면적 8만 8,800제곱미터 6층 건물로 이뤄진 TSMC 6공장은 2000년 단일 공장으로는 세계 최대의 반도체 팹으로 성장했으며, 세계 최대의 1만 8,000제곱미터에 달하는 클린룸은 TSMC의 생산 중 최소한 10분의 1을 담당하게 되었다. 생산능력을 풀가동할 때 생산 가치는 한 때 TSMC 각 공장 중 1위를 차지했다.

TSMC의 총성으로 12인치 팹 전쟁이 확대되다

어둠이 내릴 때마다 지평선은 공장의 불빛으로 환히 빛났다. 3교대제로 근무하는 직원들이 생산라인에 투입되었다. 사방에서 개구리 울음소리는 여전한데 신시가지와 인접한 싼바오주촌三抱竹村에는 최초의 24시간 편의점이 오픈하는 등 남방의 밤을 밝히는 광상곡이 울려퍼지기 시작했다.

국가과학위원회 산업 애널리스트로 있는 마웨이창馬維揚은 TSMC 6공장이 새로운 12인치 팹 건설 붐을 불러왔으며, TSMC가 '전쟁 규모'를 확대함으로써 각 업체가 관망하던 상황이 급변했다고 분석했다. 1997년 TSMC는 900억 NTD를 투입하여 남부과학단지에 공장을 세우고, 12인치 웨이퍼 생산라인을 구축할 계획을 발표했다. 그 후 6개월 내에 UMC, 모셀비텔릭, 윈본드, 매크로닉스도 이 프로젝트에 뛰어들었다. 그중 UMC와 히타치가 합자해 설립한 12인치 웨이퍼 팹은 초기에 580억 NTD를 투입했다.

"다른 도리가 없다. 하지 않으면 포기하는 것과 마찬가지이며, 3년 후 모든 시장을 TSMC가 독식하는 모습을 바라만 봐야 한다!" 업계의 한 인사는 당시 사업에 뛰어들게 된 배경을 이렇게 설명했다. TSMC가 남부과학단지에 6공장을 설립한다는 소식은 업계를 놀라게 했다. 당시 12인치 웨이퍼 팹은 전 세계에 단 두 곳밖에 없었고, 그마저도 아직 건설 중이었다. 그 두 공장은 인텔과 지멘스Siemens의 인피니언Infineon Technologies이었다. 대만이 세계에서 가장 앞선 제조공정을 개발할 능력이 없지는 않았다. 다만 그동안 큰 공장 뒤에서 위탁생산을 공급하는 노선을 걸어왔을 뿐이다.

1998년 반도체의 기적은 바다에서부터 시작되었다. TSMC는 경쟁자가 한숨을 돌릴 시간을 주지 않았다. TSMC는 6공장에 12인치 웨이퍼 생산라인을 구축했고, 이는 대만 최초의 마이크로미터 구리 제조공정 생산라인이었다. 진창길은 철근과 콘크리트를 실은 트럭들이 열을 지어 깊은 바퀴 자국을 남겼다. TSMC 6공장에 필요한 고장력 철근은 총 3만 4,000톤으로 국민주택 2,500채는 건설할 수 있는 양이었다.

TSMC의 초기 종업원 수는 약 30명이었다. 수석 엔지니어 린쥔지林俊吉, 차장 류런밍劉人名이 주둔을 진두지휘했고, 임시로 지은 2층짜리 건물을 '전쟁 임시지휘소'로 사용했다. 서쪽을 바라보면 TSMC 6공장과 같은 날 착공한 남부과학단지 관리국의 표준 공장과 관리센터가 나란히 포진하여 공격태세에 박차를 가한 구조였다. 피부가 검게 그을린 린쥔지는 TSMC에 24번째로 입사한 직원으로, 대만에서 가장 지저분한 옷을 입은 억만장자라고 할 수 있다. 그는 터파기 공사 단계부터 참여했으며, 작업복 차림으로 지상과 지하를 오가는 것은 물론, 직접 남부과학단지 TF 사무소까지 찾아가 남부과학단지 전체의 배수시스템의 조속한 정상화를 촉구했다.

진도 8의 지진을 견디는 설계

이곳은 원래 늪지대로 3천 년 전부터 문명이 깃든 장소였으나 최근에는 홍수가 오면 범람하는 곳으로 타이난에서 유명했다. 게다가 지표 25미터 아래에 암반이 지나고 있어서 지표의 퇴적암 토질은 상당히 연약하고 힘이 없었다. 공사를 맡은 후주건설互助營造公司 회장 린칭보林清波는 TSMC가 대만에서 진도 8의 대지진이 발생해도 6공장이 영향을 받지 않을 정도의 내진설계 기준을 요구했다고 밝혔다. 9·21 대지진 발생 당시 신주과학단지가 견뎌낸 최대지반가속도PGA가 0.139그램(g)이었다면, 6공장의 PGA는 그 4배 이상인 0.6그램에 달한다.

주요 건축물의 용골을 지지하려면 반드시 대지를 단단히 잡아줘야 한다. 50년 역사를 지닌 후주건설은 15개 동의 팹을 건설한 경험이 있었다. 그러나 이번에는 난이도가 훨씬 커서, 후주건설은 우선 터파기를 3층 깊이(일반 건물은 약 1층 정도의 깊이)까지 진행하고, 직경 50센티미터의 철근 콘크리트 말뚝 3,000개를 암반까지 심었다. 그러나 큰 비만 오면 애써 부어놓은 콘크리트 반죽 구조가 모두 휩쓸려가 못쓰게 되곤 했다.

린쥔지는 공사 중 지반이 두 번이나 물에 잠겼다고 밝혔다. 사실 공장 건설 기술에는 문제가 없었다. 오히려 효율이 너무 높아서 남부과학단지 주변 배수시설이 아직 갖춰지기도 전에 지반 콘크리트 타설작업을 시작한 것이 문제라면 문제였다. 공사장에 잠긴 물을 빼낸 후 지반을 정리하고 처음부터 작업을 다시 해야 했다. 그러다 보니 일주일이나 공사가 중단되어 손실이 수백 억 NTD에 달했다. 이 또한 TSMC 6공장이 남부과학단지에서 뿌리를 내리기 위해 치른 대가였다.

당시 TSMC 공장에 근무하던 대만 남부 태생의 엔지니어 천중이陳仲怡는 북부에 있는 중위안대학中原大學에 다녔다. 졸업 후 신주과학단지에서 8년간 일했다. 그는 모리스 창이 남부과학단지에 공장을 세운다는 소식을 듣고 귀갓길에 일부러 오토바이를 타고 이곳을 돌아보았다고 한다. 거대한 사탕수수밭을 지날 때 그는 오싹한 마음이 들었다. 바닥이 온통 진창으로 덮인 공장 부지를 바라보며 집에 어떻게 돌아가나 걱정이 되기 시작했다.

매일 팔굽혀펴기 50회를 하고 콧날이 반듯한 TSMC 6공장의 자오잉청趙應城 공장장. 그는 대만 최초로 D램 제조를 접한 엔지니어 중 한 명으로, '시스템 통합'이 그의 강점이다. '시스템 통합'은 반도체 설계와 양산 간 소통과 통합을 진행하는 작업이다. TSMC 직원들은 그를 '라오자오老趙(나이가 좀 있는 상대의 성 앞에 '老'를 붙여 친근하게 부르는 호칭-역주)라고라고 부른다. 그는 UMC 사장 쉬진룽許金榮이 보내온 종규鍾馗(중국에서 역귀를 쫓아낸다는 신(神)-역주) 입상立像을 잘 포장했다. 남부과학단지로 출발하기 전, 사장 정판청曾繁城이 그를 특별히 불러 선대의 유업을 계승 발전시킨다는 의미의 글귀 '승선계후承先啟後'를 써서 선물했다.

인력 3분의 1을 신주과학단지 출신으로 채우다

정판청이 '승선계후'라는 글귀를 선물한 의미는 TSMC 6공장이 TSMC의 마지막 8인치 팹이며, 대만 최초의 12인치 웨이퍼 생산라인이기 때문이다.

한편 6공장의 내부 공간은 4개의 생산라인을 포함하여 상호지원이 가능하도록 설계되어 있다. 그 내부는 8인치에서 12인치로, 12인치에서 다시 8인치로 수시로 변경할 수 있게 만들었다. 이는 해외의 선진 공장들이 도입한 설계방식이기도 하다.

기반의 내진 테스트 완료 후 후주건설은 매일 1,500명의 노동자를 투입해 8개월에 걸쳐 지상의 하드웨어 구조를 완공했다. 1999년 2월 TSMC 6공장에 기계 설치작업이 시작되었고, 300

명이 6공장 입주를 시작했다. 그중 3분의 1은 북부 지역에서 모집해 6개월간 교육을 받고 투입되었으며, 3분의 1은 현지에서 모집했다. 나머지 3분의 1은 신주과학단지의 각 공장에서 옮겨왔으며, 천중이도 그런 경우였다. 린쥔지는 300명의 새 직원들에게 이곳의 별이 얼마나 밝고 큰지 알려주었고, 하루의 고단한 노동을 마친 후 별을 세며 잠드는 것이 최고의 휴식이라고 말했다.

타이난 신시가지 부근의 식당 물가는 한 상에 아무리 비싸도 3,000 NTD였는데 6공장이 주둔한 후에는 6,000 NTD로 올랐다. 그것도 휴일에는 빈자리를 찾기 어려웠다. 남부의 이삿짐 운반회사도 이 하이테크 단지의 비즈니스 기회에 주목하기 시작했다. 수백만 NTD을 투자해 에어쿠션 식의 화물차를 사들이고, 반도체 기계를 운반하는 일거리를 차지하려고 경쟁했다. 예를 들어 3억 NTD 짜리 12인치 노광장비 가오슝 항高雄港에서 남부과학단지까지 운반비가 무려 600만 NTD에 달했고, 크기가 올라 갈수록 가격 차이가 어마어마했다.

8인치 공장 한 동만 지어도 건설 비용이 8~12억 달러, 즉 250~300억 NTD가 들어간다. 그러나 12인치 웨이퍼 팹은 건설 비용이 20~30억 달러로 늘어난다. 즉 3배의 투자를 해야 한다.

12인치 웨이퍼 하나에서 절개해낼 수 있는 반도체 칩 수가 8인치 웨이퍼보다 2.25배 많으면 제조원가는 30퍼센트 감소한다. 따라서 12인치 웨이퍼 팹에 대한 투자는 '원가경쟁'이 가장 주된 목적이라고 할 수 있다. 표준화에 용이하고 수량이 많은 CPU 칩, 입자의 지름이 큰 그래픽 칩 기업에 12인치 웨이퍼 팹이 없다는 것은 모든 트랜지스터의 제조원가를 남보다 30퍼센트 비싸게 들여야 함을 의미한다.

규모와 속도로 '천하제일'을 향해 나아가다

규모화를 통해 비용을 최소화한 것이 TSMC 6공장을 천하제일의 공장으로 만든 배경이다. 자오잉칭은 낮에는 젊은 엔지니어들의 기계 설치와 시운전을 독려하고, 퇴근 후에는 직원들과 함께 소프트볼과 배드민턴을 즐겼다. 2007년 7월 15일 TSMC 6공장은 8인치 웨이퍼 월 생산 1만 5,000장 목표를 일차적으로 달성하고, 3개월 후에는 월 생산 3만 장에 도전했다. 본격적으로 양산에 투입된 후 반년 안에 이 수량에 도달한 웨이퍼팹은 세계적으로 TSMC 6공장이 최초였다.

기초를 다지기 위한 말뚝을 박던 그 날부터 TSMC 6공장은 규모와 속도 면에서 '천하제일'을 향해 매진했다. 당시 전 세계의 웨이퍼 수요는 매년 약 30퍼센트씩 증가했다. 2000년 9월 5일, 당시 대만 부총통 뤼슈롄呂秀蓮이 전국적인 과학기술 시찰 길에 나섰다가 TSMC를 방문했다. 모리스 창은 뤼슈롄에게 2010년까지 전 세계 IC의 절반을 전문적인 웨이퍼 파운드리 팹에서 생산하며 그중 절반을 TSMC가 담당할 것이라고 설명했다.

"우리 남부과학단지는 TSMC 6공장의 전력 가동에 문제가 없도록 지원할 것이다." 당시 남부과학단지 관리국 주임 다이첸戴謙은 이렇게 밝혔다. 그는 하나의 웨이퍼를 만드는 데 무려 4톤의 물이 필요하며, 그중 70퍼센트는 회수할 수 있다고 말했다. 남부과학단지 부근에는 신스新市, 산화善化, 상한箱涵 등 저수지가 있으며, 메이농美濃 저수지는 아직 완공되지 않았으나 앞의 3개 저수지만으로도 물은 넉넉하다고 밝혔다. 전력 수급과 관련하여, 남부과학단지는 미국 서부 고속도로에 늘어선 고압 철탑처럼 배후에 장딩漳頂, 냐오산터우鳥山頭 등 3개 회로를 확보해 발전 수요에 대비했다.

대만 최대의 12인치 웨이퍼 팹 지원에 대해 류치광劉啟光은 남부과학단지 관리국이 완벽한 준비를 끝냈다고 밝히면서, 혹시 모를 상황에 대비하여 TSMC 6공장이 예비용 발전소를 자체 건설했기 때문에 남부과학단지의 지평선의 불빛이 꺼질 일은 없을 거라고 했다.

공장을 지었으니 일할 사람이 있어야 설비를 움직일 수 있다. TSMC 6공장을 가동하려면 총 5,000명의 인력이 필요하다. 대만 남부에서 충분한 인재를 확보할 수 있을까? 신주과학단지 과학단지 부근에 자오퉁대학, 칭화대학清華大學이 있고, 자동차로 한 시간 거리에 중앙대학中央大學과 중위안대학도 있어서 많은 인재를 고용할 수 있다.

이에 관해 청궁대학成功大學 공학대학원장 왕쥔파王駿發는 공학대학원에 8,000명의 학생이 재학 중이며, 환경공학부터 수리공정에 이르는 12개 학과가 개설되어 있다고 밝혔다. 따라서 인재 공급을 위한 완벽한 여건을 갖췄으며 학생 수도 자오퉁대학과 동일하다고 말했다. 학생들의 자질과 관련해서는 왕전밍王振明이 절묘한 대답을 했다. "현재 칭화대학 총장 류종랑劉炯朗과 자오퉁대학 총장 장쥔옌張俊彥 둘 다 청궁대학 출신인데 자질에 관하여 말할 필요가 있을까?"

TSMC 부회장 정판청도 청궁대학을 졸업했다. TSMC는 청궁대학 공학대학에 강좌를 개설하고 장학금을 지급함으로써 긴밀한 산학 협력을 맺었다. 남부과학단지에서 자동차로 한 시간 거리에 중산대학中山大學과 이서우대학義守大學도 있다.

더 중요한 것은 대만 남부지방에 이공계 인재들이 유입되면서 남부 도시들이 살아나기 시작했다는 사실이다. 남부과학단지 취업박람회에서 TSMC 부스 앞은 6공장 입사를 원하는 사람들로 장사진을 이뤘다. 일반 작업원이 되겠다며 응시한 세관원이나 입법위원 출신도 있었다고 류치광은 귀띔했다.

당시 TSMC 6공장에는 약 1,700명의 직원이 있었고, 2001년에는 인원을 2,400명으로 늘려야 했다. 1년 240일의 근무일 중 하루 평균 3명의 신규직원을 모집해야 하는 상황이었다. 초기에는

"TSMC가 남부과학단지 부근 지역민을 채용하지 않는다."는 비난의 소리도 있었으나 지금은 TSMC 6공장 직원의 절반이 지역민으로 채워졌다. TSMC 주식을 구하기 어렵다는 것을 지역민들도 알기 시작했다. 직원들은 교대근무는 물론이고 때로는 한밤중까지 일해야 했다. 낮에 일하고 밤에는 쉬는 습관에 길들여있던 남부 지역 사람들에게는 그야말로 불가사의한 일이었다.

TSMC 6공장은 200평 규모의 식당에서 하루 네 끼 식사를 제공하며, 치메이박물관奇美博物館에서 경영하는 아트카페에서 직원들은 휴식을 즐길 수 있다. TSMC 6공장 클린룸 입구는 근무 교대하는 사람들로 북적거렸다. 엔지니어와 작업원은 이곳에서 인사를 나눈 후 생산라인에 투입되거나 작업을 마치고 귀가했다.

그러나 3층의 300미리미터 0.13마이크로미터 공장 옆은 전혀 다른 광경이 펼쳐졌다. 어떤 사람은 벽 쪽에서 고개를 숙이고 커피를 홀짝거리고, 어떤 사람은 문밖에서 소곤소곤 대화를 나눴다. 긴장된 분위기에 그곳을 지나는 사람들도 자연히 발걸음이 빨라졌다.

승부사 차이넝센蔡能賢, 웨이퍼 제조의 새로운 장에 도전하다

300미리미터 0.13마이크로미터 생산라인은 당시 TSMC의 가장 앞선 기술로, 그 덕분에 TSMC 6공장은 대만 최초의 12인치,

0.13마이크로미터 웨이퍼 양산 공장으로 거듭났다.

대만 최대의 공장을 이끌며 세계와 발맞춰 가장 앞선 반도체 제조 공정기술을 개발하는 엔지니어는 어떤 사람일까? 이 생산라인을 담당한 엔지니어는 차이넝센 박사로, 그는 칭화대학 물리학과를 졸업하고 미국 메사추세츠 공과대학에서 재료공학 박사 학위를 취득했다. 사실 그는 VIS의 부사장으로 대만에서 최초의 6인치 웨이퍼를 개발했을 때 현장을 지켰으며, 8인치 웨이퍼가 탄생했을 때는 직접 양산 모델을 개발하기도 했다. 현재 세계적 반도체 공장과 설비업체들이 그가 가장 앞선, 가장 빠른 빅 사이즈의 풀 스캔 방식 EUV 노광장비를 이용해 구리 제조공정으로 12인치 웨이퍼 양산 모델을 어떻게 개발했는지 숨죽이고 지켜보고 있다.

세계 최대의 반도체 설비업체 어플라이드 머티어리얼즈Applied Materials를 포함하여 여러 기업들은 가장 우수한 엔지니어 팀을 TSMC 6공장에 보내 차이넝센의 0.13마이크로미터 팀과 함께 12인치 웨이퍼 설비의 제작과 개선방안을 수시로 논의했다. 전 세계 반도체 설비업체의 입장에서 12인치 설비기기는 차세대의 주류이므로, 그 흐름에 따라가지 못한다는 것은 시장에서 도태됨을 의미하기 때문이다. 한 설비업체의 대표는 TSMC 6공장 12인치 양산의 핵심기술이 이미 반도체 산업의 주도적 위치를 차지했다고 말했다.

"그는 혼자서 벽에 대고 테니스를 치면서 30분 동안 자세를 바꾸지 않는 사람이다." 차이닝센을 잘 아는 동료 엔지니어는 이렇게 말하며 그가 복잡하고 정밀하나 참을성을 요하는 작업에 강하다고 덧붙였다. 42세에 테니스를 처음 배운 차이닝센은 2년 후에는 신주과학단지 테니스대회에서 복식 2위를 차지했다. 자신은 찬스볼 하나라도 더 살리기 위해 몸을 아끼지 않는 장더페이張德培 선수를 가장 좋아한다고 밝혔다.

글로벌 최대 반도체 업체 인텔은 2000년 말 12인치 웨이퍼 양산에 본격적으로 돌입했다. 한편 TSMC 6공장은 2001년 2분기에 월 생산량 5,000장에 도달했다. 그 뒤를 바짝 쫓던 히타치와 UMC가 합자한 12인치 웨이퍼 팹은 월 생산량 7,000장을 목표로 내세웠다. 이렇게 치열한 경쟁에 맞서 차이닝센은 모든 세부적 부분을 잘 해내는 것이 승부의 관건이라고 주장했다.

"앞으로 TSMC는 1년 안에 웨이퍼 팹 하나를 더 세울 것이다." 정판청은 수요 공급 상황에만 따라 움직인다면 오히려 낭패를 볼 수 있다면서, 우선 공장을 지어놓고 경기가 나쁠 때는 가동을 줄이면 된다고 말했다. TSMC는 6공장부터 시작해서 보폭을 더욱 크게 만들어나갈 것이다.

TSMC가 6공장을 지을 때 현지에서 3천 년 전의 고대 유물들이 많이 출토되었다. 이곳은 한때 대만의 가장 오래된 문명의 서식지였다. 이런 땅 위에 세워진 대만 최고의 이 첨단 공장은 전 세계의 생산능력과 효율을 넘보며 반도체 변천사에 새로운 장을 추가할 것이다. 또한 TSMC 6공장은 IC 제품의 생존경쟁 생태와 긴밀하게 연계되어 밤낮없이 새로운 도전의 역사를 써 내려가고 있다.

Taiwan-Semiconductor

Manufacturing-Company

제2장

세계가 주목하는 TSMC: 거장 모리스 창은 말한다

모리스 창은 후계자를 선택할 때 세계적 기업의 리더가 갖춰야 할 덕목으로 '기器와 식識'을 여러 번 강조했다. '기器'는 골격, 그릇, 넓은 가슴을 가리키며, '식識'은 식견을 가리킨다. 제2장에서는 세계가 주목하는 TSMC에 관하여 세계적인 거장과 나눈 대담을 통해 이러한 '기식'에 관한 이야기를 엿볼 수 있다.

2015년 모리스 창은 〈상업주간〉의 요청을 받고 미국 연방준비제도의 전 총재 벤 버냉키와 대담을 나눴다. 주제는 산업이나 금융이 아닌 '빈부격차'였다. 두 사람은 교육과 경제발전에 대해 직접적이고 심오한 문제를 제시했으며 동서양의 관점으로 대화의 불꽃을 피웠다.

〈상업주간〉 창간 20주년 기념사업의 일환으로 1011호 객원 편집장을 맡은 모리스 창은 직접 펜을 들어 '기업 경영에 관한 9개의 질문'을 썼다. 그의 성격이 그렇듯 그의 글은 논리 정연하고 호쾌한 논조였다.

2007년 모리스 창은 타이베이에서, 제너럴 일렉트릭의 전 CEO 잭 웰치는 보스턴에서 위성으로 기업 리더를 주제로 대담을 나눴다. 모리스 창은 셰익스피어의 작품《햄릿》, 첩보소설 작가 존 르 카레John Le Carre의 대표작《추운 나라에서 돌아온 스파이》에 등장한 글귀까지 수시로 인용하며 서양문학에 대한 깊은 조예를 드러냈다.

이 외에도 이 장에서는 모리스 창이 금융위기 이후 〈상업주간〉과 가진 인터뷰도 수록했다. 불확실성의 시대에서 기업은 어떤 식으로 웅크리고 도약할 때를 기다려야 하는지hunker down, 그 대응책을 제시했다.

또한 모처럼 TSMC 이외의 주제로 인터뷰에 응한 그는 '사고력'이라는 주제와 관련하여 '다른 사람의 엉덩이 자국이 남은 방석'이란 익살스런 비유를 사용하여 사고와 학습에 대한 자신의 관점을 설파했다.

2002년 〈상업주간〉이 진행한 '대만기업의 성실도' 조사에서 모리스 창은 가장 성실한 기업가로 선정되었다. 이 장의 독점 인터뷰에서 모리스 창은 TSMC의 성실 경영, 인재 모집 기준을 구체적으로 설명했으며, 장기적인 수익 차원에서 그릇과 식견이 크다는 것이 무엇인지 제시했다.

TSMC의 경영 비법
독립전문경영인은 어떻게 만들어지는가?

2007년 〈상업주간〉은 창간 20주년을 기념해 각종 행사를 기획했다. 그중 유명한 기업가와 국제적으로 명망이 있는 인사들이 객원 편집장을 맡아 대만 독자들에게 그들의 국제적 시각을 소개하는 행사도 있었다.

'객원 편집장' 시리즈 보도에서 가장 먼저 등장한 국제적 기업가는 모리스 창이었다. 원래 주제는 '슈퍼 리더 양성'이었는데, 1만 자 분량의 원고를 정리한 후 주제를 변경하겠다는 연락을 받았다. 업무팀은 '모리스 편집장'과 세 차례 회의를 진행했고, 주제를 '독립적인 전문경영인'으로 변경했다. 원고 마감을 앞두고 또 한 번 영감을 받은 모리스 창은 원고를 처음부터 다시 썼다. 여기에는 이렇게 완성된 '독립적인 전문경영인' 전문을 수록했다. '독립 이사회, 독립 이사, 독립전문경영인'은 모리스 창이 대만기업의 경영에 도입할 것을 주장하는 제도다. 그의 글이 각계에 시사점을 던져주고 공감을 얻을 수 있기를 기대한다.

모리스 창이 작성한 '객원 편집장의 말'

〈상업주간〉의 이번 호 '객원 편집장'으로 초빙되어 영광이다. 임무를 수락하기 전에 객원 편집장이 어떤 일을 하는지 문의했더니 "크게는 〈상업주간〉 사무실에서 몇 시간 동안 이번 호를 편집하고, 작게는 이번 호에 한 편의 글을 쓰거나, 특별 인터뷰에 응하는 것"이라고 한다.

내게는 편집장이 갖춰야 할 전문성과 경험이 없으며, 큰 미션을 수행할 시간도 없다. 그러니 작은 범위에서의 책임을 다할 수밖에 없다. 그러나 나는 이번 일을 잘 해내고 싶다. 그래서 이번 기회에 내가 늘 생각하던 '독립전문경영인', 줄여서 '독립경영인'이라는 개념을 소개하고자 한다. 이는 새로운 개념으로 대만에서 이런 경영인은 보기 드물다.

이 표제에 관한 아이디어는 〈상업주간〉이 추진한 GE 전 총재 잭 웰치와의 대담에서 비롯되었다. 잭 웰치는 혁혁한 경영 성과로 세계에서도 추앙받는 인물이다. 나의 공적은 그에 미치지 못하지만 우리 두 사람은 전문 경영인이라는 점에서는 같으며, 다음과 같은 공통적 특징을 가지고 있다.

1. 우리는 소주주다(보유 주식이 전체 주식에서 차지하는 비율이 낮다).
2. 우리는 이사회에 고용되었으며, 이사회는 대주주에 의해 통제되지 않는다.
3. 우리의 급여는 투명하며 이사회(또는 이사회의 보수위원회)에서 결정한다.
4. 우리의 임기 내에 (대주주가 아닌) 이사회 측이 우리 실적을

좋게 평가하면 우리는 연임될 수 있다. 이사회 측이 우리 실적을 나쁘게 평가하면 우리를 파면할 수 있다.

5. 우리는 대주주에게 고용된 것이 아니므로 보수를 대주주가 정하지 않는다. 따라서 우리는 대주주의 눈치를 보지 않는다. 이사회의 감독과 제재를 받기 때문에 우리 자신의 이익을 챙길 수도 없다. 일을 잘하든 못하든 우리는 전체 주주들을 위해 일하며, 대주주나 경영인 자신의 이익에 편향되지 않는다.

사실 유럽이나 미주 지역 기업의 경영인은 대부분 '독립전문경영인'이며, 인텔의 앤드루 그로브Andrew Grove, IBM의 루이스 거스트너Louis V. Gerstner, 영국국영석유회사BP의 존 브라운John Browne 등은 유명한 독립전문경영인이었다. 대만의 경영인 중 앞에서 제시한 다섯 가지 조건을 충족할 인물이 과연 몇 명이나 될까?

그러면 "독립전문경영인이 비非독립전문경영인보다 정말 회사에 이로울까?" 당신(사장, 주주)이 회사의 지속적 경영을 진정으로 원한다면 내 대답은 "당연히 이롭다"이다. 여기까지 읽고 흥미를 느낀 독자라면 내 인터뷰를 읽어 보기 바란다.

독립전문경영인에 대해 논하는 이유는?

이런 주제를 생각한 동기는 '객원 편집장의 말'에서 이미 밝혔다. 주제를 정한 후에는 그와 관련된 문제를 생각해냈다.

첫 번째 문제는 대만에서 기업경영권 쟁탈전이 흔하게 일어나는 반면 경제 선진국에서는 이런 쟁탈전이 드물다는 것이다. 대만의 경영권 쟁탈전은 대체로 한 명의 주주가 20퍼센트 또는 10퍼센트, 심지어 수백 퍼센트를 투자하고 이사회를 통제하려 하며, 나아가 경영권까지 주장하는 데서 기인한다.

경영권을 손에 넣으려는 이유는 뭘까? 나는 그 동기를 세 가지로 정리했다. 첫째, 내가(또는 내 사람이) 회사 경영을 잘해서 전체 주주들을 위해 최고의 이익을 창출할 능력이 있다면, 이는 가장 고귀한 동기다. 이런 동기는 내가 제안하는 독립전문경영인 체제에서 비로소 해답을 구할 수 있다.

둘째, 경영권을 손에 넣으면 회사의 자원을 통제하여 자신 또는 자신이 세운 다른 회사에 이익을 흘러가게 할 수 있다. 이런 동기는 양호한 기업 경영과 완전히 배치되며, 독립전문경영인 원칙에도 완전히 어긋난다.

셋째, 의심 또는 방어 심리에서 비롯된다. 나에게 경영권이 없고 타인에게 경영권이 있다면, 나의 이익을 타인이 챙겨가지 않는다는 보장이 없다. 독립전문경영인 체제에서는 이런 동기가 존재할 수 없다. 독립전문경영인은 대주주에 편향되지 않으며 전체 주주의 이익을 우선하기 때문에 의심하고 방어할 동기가 존재하지 않는다. 따라서 독립전문경영인이 대만에 완전히 자리를 잡는다면 대만기업의 경영권 분쟁은 크게 줄어들 것으로 본다.

두 번째로 생각한 문제는 어떻게 해야 독립전문경영인을 초빙할 수 있을까 인데, 독립전문경영인을 초빙하기 위해서는 먼저 기업경영제도를 정비해야 한다.

독립전문경영인은 무엇이며 독립 이사는 무엇인가?

전문 경영인은 하나의 기업을 전문적으로 경영하는 사람으로, 기업주가 될 수도 있고 기업주가 고용한 사람일 수도 있다. 독립전문경영인은 대주주(기업주)로부터 독립된 전문 경영인이다. 통상적으로 독립 이사가 과반을 차지하는 이사회에서 초빙한 인물이다. 독립 이사의 의미는 대주주와 경영층으로부터 독립된 이사이며, 따라서 이들이 과반인 이사회가 초빙한 경영인이 대주주로부터 독립되는 것은 당연하다.

독립전문경영인이라는 용어는 내가 생각해 낸 것이다. 서양에 전문 경영인Professional Manager이라는 용어는 있으나 '독립전문경영인Independent Professional Manager'은 들어보지 못했다. 사실 서양의 전문 경영인은 대부분 내가 말하는 독립전문경영인이기 때문이다. 대만의 상황은 이와는 상당한 차이가 있어서, 명목상으로는 이사회가 고용된 것으로 되어 있는 전문 경영인들도 실제로는 대주주가 고용한 경우가 대부분이다. 따라서 대만에서 독립전문경영인은 새로운 용어일 뿐 아니라 새로운 현상이기도 하다.

Morris Chang

독립전문경영인을 초빙하기 위해서는
먼저 기업경영제도를 정비해야 한다

대주주가 전문 경영인을 결정하면 어떤 폐단이 있을까?

대주주가 고용한 전문 경영인은 따로 요구하지 않아도 대주주의 이익을 알아서 챙겨야 한다. 이는 전체 주주의 이익을 도모해야 하는 전문 경영인의 책임과 상충된다. 전체 주주에는 물론 대주주도 포함되지만, 대주주는 자신의 지분 비율보다 높은 이익을 기대해서는 안 된다. 그러나 방금 언급한 상충되는 상황은 분명히 존재한다.

가령 대주주가 별도의 기업을 또 설립하고 기존 기업이 신규 회사에 투자할 경우, 그에게 고용된 전문 경영인이 투입되지 않을 수 있을까? 그렇게 되면 과연 전체 주주의 이익을 대변할 수 있을까? 삼성전자는 삼성그룹 내부의 다른 기업에 투자했기 때문에 기업경영이 건전하지 않다고 여겨지는 것이다. 대만에서 이런 식으로 경영하다 비리가 밝혀져 수사를 받는 기업이 많다. 게다가 이렇게 밝혀진 것은 빙산의 일각에 불과하다.

가령 기업주가 회사 내에서 한 사람을 이용하려 든다면 전문경영인이라고 해서 그 대상에서 배제될 수 있을까? 그리고 기업주의 주문대로 움직일 경우, 그는 전체 주주의 권익을 도모할 수 있을까? 기업주가 별도의 기업을 세워서 기존 기업과 업무상으로 왕래한다면, 이 회사의 전문 경영인은 이 회사 전체 주주의 이익만 보살필 수 있을까?

독립전문경영인이 반드시 효율적일까?

반드시 그렇다고 볼 수는 없다. 기업주가 기업, 특히 중소기업을 직접 경영해서 성공한 사례는 허다하다. 그러나 소주주의 입장에서는 기업주가 직접 경영하거나 전문경영인을 고용할 경우, 기업주의 이익에 치우칠 거라는 의혹을 떨칠 수 없다. 이런 의혹 외에도 경영을 맡을 인재의 확보와 승계 문제가 뒤따른다.

기업주가 선택하는 경영인의 범주는 협소하기 마련이어서 가족이나 측근, 또는 그들이 추천한 인물에 국한될 수밖에 없다. 능력보다는 기업주 자신이 믿고 맡길 만한 사람을 선호할 터이니 아무래도 주변 사람으로 국한되기 쉽다. 이와는 달리 독립 이사가 과반인 이사회에서 선발하는 경영인은 선택지가 훨씬 광범위하여 전 세계의 인재를 대상으로 고를 수 있다. 물론 선정된 인물은 신뢰도가 높아야 한다. 이사회는 후보자의 자질을 검증할 것이며, 한편으로는 이사회가 구축한 감독체제를 통해 경영인의 행위에

결함이 없는지 지켜볼 것이다.

따라서 위에서도 말했듯이 먼저 양호한 기업 경영제도부터 마련해 놓고 독립전문경영인을 세워야 한다. 독립전문경영인 체제가 마련되면 승계와 관련된 잡음도 자연스럽게 줄어든다. 권위적인 체제에서는 특출한 인물이 리더가 되지만 승계는 항상 큰 문제였다. 독립전문경영인 제도는 좀 더 민주적인 제도에 가깝다.

독립전문경영인의 실적을 평가하는 주요 기준은 무엇일까?

기준은 당연히 이사회가 결정할 일이다. 일반적으로 주주의 투자회수율이 매우 중요한데, 그중 첫 번째는 주식 배당률이고 두 번째는 주식 가격이다. 여기서 주식 가격은 때때로 배당률보다 더 중시된다. 주가는 전체 증시의 성쇠에도 영향을 받지만 기업의 성장, 영업이익과 큰 관계가 있다. 이밖에 전문 경영인을 평가하는 기준으로는 기업의 평판, 직원의 사기, 시장 점유율, 기업의 사회 책임 이행 여부, 좋은 인재를 발굴하고 유치하는지 여부, 독립전문경영인이 이사회와 제대로 소송하는지, 또 이사회의 지시를 충심으로 이행하는지 등을 들 수 있다.

사실상 이사회가 독립경영인을 평가하는 기준과 기업주가 자신이 고용한 경영인을 평가하는 기준이 다른 점은 단 하나다. 기업주는 자신의 이익에 경영인이 충실할지 여부를 중시하지만, 이사회가 독립경영인을 평가할 때는 이런 기준이 고려되지 않는다.

훌륭한 기업통치가 훌륭한 독립전문경영인을 만드나?

로버트 몽크스Robert Monks와 넬 미노우Nell Minow가 공동으로 저술한 《기업통치Corporate Governance》는 첫머리에 다음과 같은 요지를 분명히 밝히고 있다. “기업통치는 기업의 방향과 성과에 참여하는 상이한 사람들 간의 관계를 결정한다. 주로 참여하는 주주, 이사회, CEO를 위시한 경영층이다.” 일반적으로 주주가 이사를 선출하고 매년 한 차례 주주총회를 개최한 후 무대 뒤로 사라지는 수순을 밟는다. 따라서 기업통치는 주로 이사회와 경영층 간의 관계다. 그런데 경영층은 이사회가 임면권을 가지므로 이사회가 기업통치의 주축이 된다.

훌륭한 기업통치의 첫걸음은 독립적이고 진지하며 능력 있는 이사회의 구성이다. 여기서 독립이란 ‘대주주와 경영층으로부터의 독립’이며 전체 주주에 충성하는 것을 의미한다. 독립 이사의 ‘독립’도 이와 같은 의미를 갖는다. 이사회는 최소한 과반수 이상의 이사가 독립 이사로 구성되어야 한다. 사실 서양의 이사회는 대부분 CEO를 제외한 모든 이사가 독립 이사로 구성된다.

독립 이사회가 있어야 하는 이유는 뭘까? 소주주의 권익을 보호하기 위해서 이사회는 대주주들이 보유 지분 이상의 이익을 챙기지 않도록 한다. 이와 동시에 경영층도 투명한 보수를 제외하고는 기업 경영으로 창출한 이익을 가져가서는 안 된다.

여기서 독립이란 '대주주와 경영층으로부터의 독립'이며
전체 주주에 충성하는 것을 의미한다.

이사회에는 세 가지 책임이 있다

이사회의 가장 큰 책임은 감독에 있다. 회사가 법을 준수하는지, 재정상태가 투명한지, 중요한 정보를 제때 전달하는지, 내부 횡령은 없는지 감독해야 한다. 이런 책임을 다하기 위해 이사회는 조직과 채널을 구축해야 하며, 여기에는 회계감사위원회, 이 위원회에 속한 재무 전문가, 외부 감사원, 내부 고발 채널이 포함되어야 한다.

이사회의 두 번째 책임은 경영층을 지도하는 것이다. 나는 1867년 월터 배젓Walter Bagehot이 쓴《영국 헌정The English Constitution》[6]에 소개된 빅토리아 여왕의 권리에 관한 논조를 좋아한다. 비록 현대 기업의 이사회가 19세기 영국 여왕이 아니고 현대 기업의 경영층도 19세기의 영국 총리가 아니지만, 월터 배젓의 말은 현대의 기업 이사회가 경영인을 지도하는 관계에 적용할 만한 것이다.

월터 배젓은 "여왕에게는 자문을 받고, 격려하며, 경고할 수 있

---

6. 영국 정부의 운영과정을 설명하고 영국 헌법제도가 어떻게 성공적으로 운영되는지를 분석한 권위 있는 정치학 저술서의 하나.

는 세 가지 권리가 있다(the right to be consulted, the right to encourage, the right to warn).”라고 했다. 이사회가 경영진을 지도하는 책임에도 이 세 가지 권리가 있다. '자문 받는 것'은 하나의 권리이자 책임이라는 사실에 주의하기 바란다. 결코 “경영인이 우리에게 묻지 않아도 된다”는 의미는 아니다.

이 세 가지 권리를 행사하기 위해 이사회는 상당히 많은 시간을 들여 경영진의 보고를 청취하고 그들과 대화를 나눈다. 이사회의 권력은 실제로 빅토리아 여왕을 능가한다. 빅토리아 여왕은 총리를 임명하거나 파면할 수 없지만, 이사회는 경영인의 임면권을 갖는다. 경영인의 임면은 곧 이사회의 세 번째 책임이다.

이사장의 역할은 무엇인가?

능력 있는 이사가 한 사람의 리더, 즉 이사장을 추천하면 곧 능력 있는 이사회가 된다. 능력 있는 이사는 어떤 사람일까? 나는 이사의 업계 경력과 성취는 CEO의 업계 경력이나 성취와 최소한 엇비슷하거나 CEO의 성취를 능가해야 한다고 생각한다. 그렇지 않으면 경영인에 대한 감독, 지도, 임면이라는 이사회의 세 가지 책임을 제대로 이행하기 어렵다.

이사장은 이사회를 이끈다. 이사장은 이사들에게 명령을 내릴 수 없으며, 그들을 파면할 수도 없다. 그러나 이사장은 자신의 지혜와 판단력, 설득력으로 이사회를 이끌어야 한다. 리더가 없는 이사회는 선장 없이 표류하는 배와 같아서 전체 주주에 충성하는 책임을 이행할 수 없다. 따라서 이사장의 역할은 매우 중요하다.

이사회는 기업의 전략을 구상해야 할까?

국내외 수많은 기업이 기업전략 구상을 이사회의 권리와 책임으로 삼는다. 내 생각은 좀 다르다. 이사회는 충분한 시간을 투입할 수 없을 뿐 아니라 충분한 전문지식과 정보흐름information flow이 없기 때문에 전략을 구상해서는 안 된다. 전략 구상은 CEO를 비롯한 경영인의 책임이어야 한다.

그러나 전략은 비할 데 없는 중요성이 있어야 한다. 나는 "나의 전략은 성공의 절반"이라는 말을 한 적이 있다. 경영인은 이사회에 반드시 전략의 초안을 제시하고, 이사회는 그 전략의 성공 가능성을 판단해야 한다. 이사회는 또한 전략의 진전을 계속 체크하고 필요 시 경영인에게 조정을 촉구해야 한다. 경영 부문이 전략을 추진할 때 이사회는 내가 방금 말한 '지도 삼권', 즉 자문, 격려, 경고를 충분히 운용해야 한다.

Morris Chang

이사장은 이사들에게 명령을 내릴 수 없으며, 그들을 파면할 수도 없다. 그러나 이사장은 자신의 지혜와 판단력, 설득력으로 이사회를 이끌어야 한다.

왜 TSMC는 독립 이사의 보수가 상대적으로 높은가?

TSMC 독립 이사의 보수 총액은 세후 이익의 1퍼센트를 넘지 않는다. 이 총액에서 경영인이 직접 자신의 보수를 챙기지 않으며, 대만 내 이사가 보수로 받는 금액은 모두 같다. 해외 이사는 장거리 비행기를 타고 대만까지 날아와 회의에 참석해야 하기 때문에 투입하는 시간이 비교적 많다. 따라서 대만 내 이사에 비해 조금 더 많은 돈을 받는다.

TSMC 이사회는 '진지하고 유능하며 독립적'이다. 각 이사는 모두 같은 기간에 선출되며, 모든 CEO가 타 업종에서 쌓은 경력, 성과에 비견한다. 이렇게 수준 높은 이사들에 대한 보수를 논할 때 나는 경험법칙rule of thumb(사물과 현상의 일반적 성질 및 인과관계에 관해 경험을 통해 알게 된 지식이나 법칙-역주)을 적용하고 있다. 그들이 이사회 사무에 투입하는 하루 일당은 전일제로 근무하는 CEO의 일당과 비슷해야 한다는 것이다. 이러한 경험법칙이 항상 옳은 것은 아니지만 장기적으로 볼 때 대체로 정확하다.

내가 서구식의 기업통치를 연구한 지도 40년이 넘었다. 40년 전 나는 TI 이사회에 자주 참석했다. 1970년대와 1980년대는 TI 내에서 개혁이 진행되는 시기였기 때문에 이사회에 더 자주 참석했다. 당시 TI 이사장 해거티는 혁신형 기업가였을 뿐 아니라 기업통치 방면에서도 혁신가, 개혁가였다. TI는 오래전부터 이사회에 속한 각종 위원회를 설치했으며, 한때는 성격이 다른 두 종류의 이사(그 성격은 대만 국내 상무이사와 다르다)가 존재하기도 했다. 해거티의 혁신과 개혁이 반드시 성공했다고 볼 수는 없지만 나는 그에게서 많은 것을 배웠다. TI를 그만둔 후 나는 몇몇 미국 기업으로부터 이사 자리를 제안받았다. TSMC 이사장이 되고 나서 기업통치 문제에 관해 더 많이 생각한 것은 물론이다.

양호한 기업통치만으로는 기업의 고속 성장과 수익을 보장할 수 없다. 좋은 헌법만 갖췄다고 한 나라의 강성함을 보장받는 것이 아니듯 말이다. 그러나 양호한 기업통치를 통해 기업의 성장과 수익, 영속적 경영의 기회가 늘어날 수는 있다. 또한 투자 대비 수익 비율을 늘리고 주가를 떠받칠 수도 있다.

어떻게 빈부격차를 해결할 것인가
- 세기의 대화 1 ▼ 벤 버냉키와의 대담

2015년 모리스 창은 〈상업주간〉의 요청에 응하여 미국 전 연준 총재 벤 버냉키와 대담을 가졌다. 그에 앞서 모리스 창은 주제를 '빈부격차'로 해줄 것을 특별히 요구했다.

평소 백 억, 천 억의 규모가 오가는 웨이퍼 팹의 대부 모리스 창이 발언 시간 5분을 더 얻기 위해 바쁜 일정 중에도 우리 측에 연락해 "시간을 좀 더 길게 달라"고 요구하기도 했다. 대만에서 발언할 기회가 적지 않았던 그가 이번에 5분이라는 시간을 더 요구한 까닭은 무엇일까? 그가 직접 쓴 대담 요강의 행간에서 사회계층이동과 젊은 층의 발전 기회에 대한 그의 관심과 간절함을 엿볼 수 있었다.

포럼이 시작되기 전, 버냉키와 인사를 나누는 자리에서 모리스 창은 두 사람에게는 세 가지의 공통점이 있다는 말로 대화를 시작했다. 모리스 창이 미국 하버드대학, MIT 공대와 스탠퍼드대학에서 유학했고, 버냉키 역시 하버드대학을 졸업하고 MIT 공대에서 경제학 박사를 취득했으며 스탠퍼드대학에서 교수로 재직한 적이 있다는 것이다.

버냉키는 자신보다 22살이 더 많은 모리스 창에게 "아직도 매일 일을 하는지" 물었다. 모리스 창이 "그렇다"고 하자 버냉키는

"퇴직은 하지 않느냐"고 물었고, "퇴직하지 않는다no retire"는 대답이 돌아오자 버냉키는 미소로 회답했다. 이어서 두 사람의 대담이 본격적으로 시작되었다.

모리스 창 : 우선 아메리칸 드림부터 얘기를 시작해보자. 이른바 아메리칸 드림은 사회의 유동성을 말하며, 열심히 일하면 위로 올라갈 능력이 생긴다는 발상이다. 19세기와 20세기 초기의 미국 이민이 그랬다. 미국으로 이민을 떠날 당시 사람들은 무일푼이었고, 그들은 중산층이 되는 꿈을 꿨다. 중산층으로 변신할 방법이 없는 사람들은 자녀를 통해 그 꿈을 이루고자 했고, 나 역시 그 길을 걸었던 사람이다. 미국에 갔을 때 내 나이는 겨우 18세였고 집안 형편은 넉넉하지 않았다. 하지만 내 아버지는 아들인 내가 아메리칸 드림을 이뤄주기를 바라셨고 난 그걸 실현했다. 44세 때 나의 소득과 부는 미국에서 상위 10퍼센트에 들었다. 그러나 이런 상황은 1950년대, 1960년대, 1970년대라는 시간과 공간을 배경으로 가능했던 일이다. 지금도 아메리칸 드림이 존재할까? 오늘날 스페인 이민자들처럼, 빈민굴에 사는 미국 민중들에게 여전히 아메리칸 드림이 존재할까?

아메리칸 드림은 존재한다
다만 과거만큼은 쉽지 않을 뿐이다

버냉키 : 우리 가족도 비슷한 경우로 나의 할아버지가 미국 이민자 출신이다. 내 아내의 부모님은 고등학교를 다닌 적이 없고 난민 신분으로 미국에 이민 온 분들이다. 내 아내가 스탠퍼드대학을 졸업했고, 아내의 형제들은 MIT 공대를 졸업했으니 우리 가족도 아메리칸 드림을 이룬 셈이다.

하지만 모리스의 말도 맞다. 1970년대 중반부터 지금까지 소득 불균형이 나날이 심해지고 사회의 유동성도 낮아졌다. 사람들이 신분 상승을 하려면 반드시 상류사회로 비집고 들어가야 한다. 그래야 신분 상승을 이룰 기회가 있으니까. 그런데 그것이 옛날처럼 쉽지 않은 것 같다.

이른바 아메리칸 드림에는 심리적 측면이 많다. 미국에서는 수입의 과다에 관계없이 모든 사람이 스스로 중산층이라고 여긴다. 따라서 사람들은 계속 열심히 일하면 자신도 부와 소득이 상층으로 올라갈 수 있다는 희망을 품는다. 기존 자료에 따르면 미국에서 소득 하위 5분의 1에 속한 사람이 상위 5분의 1로 올라갈 확률은 매우 낮으며, 이 확률은 심지어 유럽보다 낮다. 사람들이 끊임없이 제기하는 문제가 바로 이것이다.

모리스 창 : 내가 더 걱정하는 상황이 있다. 지난날 우리는 민주주의와 자본주의 체제에서 누구나 공평한 기회를 가질 수 있다고 믿었다. 결과가 공평하지 않더라도 기회는 똑같이 주어지는 것이다. 그러나 가난한 사람들에게는 좋은 교육을 받을 기회가 없다. 그들이 받는 교육의 질은 대체로 다른 사람들에 비해 떨어지는 것 같다.

버냉키 : 좋은 지적이다. 교육은 사람들이 상류사회로 비집고 들어갈 수 있게 해주는 중요한 입장권이다. 하지만 현실은 미국의 많은 학교에서 제공하는 교육의 품질이 떨어지고 있다. 우리는 이 문제를 해결하기 위해 애쓰고 있으나 아직 뚜렷한 효과가 보이지 않는다. 우리가 말하는 소득 분배의 불균형은 사실 한 국가 내부의 분배 불균형을 가리킨다. 가령, 방금 언급한 미국의 상황처럼 분배 불균형이 악화하고 있는 건 사실이다. 그러나 지난 30년 동안 아시아와 기타 개발도상국에는 빈곤을 탈피한 사람이 많다. 따라서 세계적으로 볼 때 현재 소득 분배의 평균 정도는 사실 과거에 비해 훨씬 좋아진 것이다.

불평등이 반드시 나쁜 것은 아니며,
중요한 것은 '기회'에 있다

모리스 창 : 조금 전 중산층에 관해 이야기했다. 많은 통계에 비춰볼 때, 대체로 인플레이션으로 조정을 겪은 실질소득 수준은 지난 10~15년간 전혀 상승하지 않았다. 이는 미국과 대만 두 곳 다 마찬가지인데, 그래도 생활 수준은 개선되었다고 본다. 예로, 중산층의 해외 여행은 20~30년 전에 비해 훨씬 늘어났다.

버냉키 : 좀 더 나은 예를 들어보겠다. 현재 빈부격차가 점점 심해지고 있으며, 소득이 높은 사람들이 돈을 더 많이 갖고 있는 건 사실이다. 그러나 전반적으로 볼 때 수입이 평균치에 속한 사람은 30년 전이나 40년 전과 비교할 때 생활이 훨씬 윤택해졌다. 왜냐하면, 우리에게는 더 좋은 약품이 있기 때문이다. 인간의 평균수명이 길어지고 있지만 이러한 건강 개선이 금전 가치의 통계 숫자에 반영되었다고 보기는 어렵다.

모리스 창 : 내가 경제학자가 아닌 게 다행이다. 중요하다고 여기는 일을 평가할 필요 없이 그저 느끼기만 하면 되니까 말이다. 좀 더 깊이 있는 질문을 해보겠다. 사람들이 중산층의 생활을 윤택하다고 여기는 상황이고 설사 이런 것들을 수치화할 수 없더라

도, 소득의 불균형이 정말 가장 큰 문제가 될까?

버냉키 : 또 하나의 흥미로운 문제다. 나는 불평등이 반드시 나쁘다고만 생각하지 않는다. 중요한 건 기회에 있다. 첫째, 중산층은 생활에 문제가 없으며, 둘째, 중산층은 노력해서 더 높은 곳에 올라갈 수 있다. 따라서 기회가 중요하다. 돈 많은 사람들에게 이는 문제가 되지 않는다. 우리가 서두에 아메리칸 드림을 이야기했는데, 아메리칸 드림은 모든 사람이 부자가 되는 것을 뜻하지는 않는다. 1930년대 경제 대공황이 불어닥쳤을 때도 여전히 많은 사람이 영화를 보러 갈 수 있었다. 중요한 포인트는 중산층이 자신의 장점을 발휘해 위로 올라갈 수 있느냐 없느냐에 있다.

토마 피케티의 부자세는 통하지 않는다

모리스 창 : 토마 피케티Thomas Piketty의 저서《21세기 자본Capital in the Twenty-First Century》에 관해 질문하겠다. 선생은 '자본수익률R'이 '경제성장률G'보다 크다는 토마 피케티의 전제에 동의하지 않는 것 같다.

버냉키 : 실증적 관점에서 동의하지 않는다. 그의 논점은 자본

수익률이 경제성장률보다 높다는 것으로, 수입 격차가 점점 벌어져서 부자는 더 부유해지고 가난한 자는 점점 더 가난해진다고 주장한다. 그러나 나는 이 결론이 반드시 정확하다고 생각하지는 않는다. 부의 수익만 중요한 것이 아니며, 더 중요한 것은 세금을 얼마나 부과하느냐, 후대에 가서 어떻게 분배하고 얼마를 소비하며, 자선단체에는 얼마를 기부하느냐에 있다. 실증적 관점으로 볼 때 R이 G의 성장률보다 크다고만 볼 수 없다. 실제 증거가 보여주듯이, 특히 미국에서 불평등이 점점 심화하는 것은 소득의 불평등이지, 결코 부wealth의 불평등은 아니다.

내가 좋아하는 야구계의 사례를 들어보겠다. 연봉 3,000만 달러를 받는 선수가 있는가 하면 연봉이 겨우 몇 만 달러에 불과한 선수도 있다. MLB 미국 프로야구연맹 내에서도 선수들의 연봉 차이는 무척 크다. 그 이유는 뭘까? 세계 경제에서 기술이 가장 뛰어난 사람은 글로벌 시장 개방의 혜택을 볼 수 있을 것이다. 특출한 능력이 없으면 그렇게 높은 연봉을 받을 수 없다. 따라서 나는 R이 G보다 크다는 이론에 동의하지 않는다. 그렇다고 해서 내가 불평등을 심각한 문제로 인식하지 않는다는 의미는 아니다. 방금 모리스 선생이 말한 기회 균등 여부의 문제에서도 기회가 중점이 된다. 나는 기회와 교육을 개선하기 위해 우리가 더 노력해야 한다고 생각한다.

모리스 창 : 부자세를 걷자는 피케티의 주장에 동의하는가?

버냉키 : 그게 현실적이라고 생각하지 않는다. 조세 회피지역 케이맨 제도Cayman Islands에 돈을 숨겨놓으면 과세할 수 없으며 당장 실질적인 해결방안을 제시할 수 없다. 세율정책이 한 국가의 부를 재분배하는 좋은 방법임에는 분명하다. 그러나 부자세가 현실적 방법은 아니다. 부는 이동하기 마련이어서 과세를 할 방법이 없기 때문이다.

모리스 창 : 내가 하려던 말도 토마 피케티의 부자세는 통하지 않는다는 것이다.

버냉키 : 선생의 생각을 그에게 피력한 적이 있나?

모리스 창 : 그렇다. 하지만 버냉키 선생과 대화하는 게 더 편하다. 토마 피케티는 프랑스식 발음이 너무 강해서 대화하기 쉽지 않다. 어느새 마칠 시간이 되었다. 대담에 응해줘서 고맙다.

리더에게는 꼭 필요한 두 가지가 있다!
- 세기의 대화 2 ▼잭 웰치와의 대담

한 사람은 '미국의 당대 가장 위대한 기업가'란 영예를 누리고, 한 사람은 '대만 반도체의 대부'로 일컬어진다. 두 사람이 같은 무대에서 기업 리더에 관한 대화를 나누면 어떤 불꽃이 일까?

GE 그룹의 전 CEO 잭 웰치는 수익 성장 7배, 시총 성장 35배의 기적을 이룩했다. 그러나 그는 재임 5년 동안 직원 12만 명을 감원하여 '중성자탄 잭'[7]이라는 별명을 얻기도 했다.

2007년 3월 〈상업주간〉이 거행한 '21세기 리더십 발견 빅파워 포럼'을 통해 TSMC 이사장 모리스 창과 GE 그룹 전 CEO 잭 웰치가 대담을 펼쳤다. 이 포럼의 진행은 〈상업주간〉 설립자 진웨이춘이 맡았다.

퇴임 후 연간 50회가 넘는 강연을 하러 다니는 잭 웰치는 과연 그 명성에 어울리는 실력을 발휘하며 대담의 분위기를 띄우는 데 일조했다. 모리스 창은 단단히 준비하고 임한 모습이 여실했다. 자신과 잭 웰치가 사회에 진입한 시기, 기업 경영을 맡아 한 상세한 시기를 비교하는가 하면, 셰익스피어의 작품《햄릿》, 첩보소설 작가 존 르 카레의 대표작《추운 나라에서 돌아온 스파이》에 나온

---

7. Neutron Jack, 잭 웰치가 직원의 실적을 엄격히 심사하는 것이 마치 중성자탄 같다고 하여 붙은 별명이다.

글귀까지 수시로 인용하며 서양문학에 대한 깊은 조예를 드러냈다. 이하는 두 사람의 대담에서 발췌한 내용이다.

리더의 성실함은 얼마나 중요한가?

진웨이춘 : 두 분을 환영한다. 오늘의 첫 번째 질문이다. 과거와 비교하여 21세기 기업 리더의 새로운 도전은 무엇이며, 그들이 갖춰야 할 인격적 덕목은 무엇인가?

잭 웰치 : 당연하게도 기업 리더에게는 한 무리의 직원이 있어야 한다. 그들을 고용한 후에는 그들의 손을 이용함에 그치지 않고 그들의 마음까지 이용해야 한다. 오늘날 기업 CEO들은 짧은 소통을 통해 직원들에게 업무 내용만 전달하는 데 그치지 않는다. 미래의 새로운 리더에게 가장 중요한 능력은 변화하는 추세를 미리 감지하는 능력이다. 리더는 기업 내부만 경영하는 것이 아니라 기업 외부의 각종 변수에도 예민한 감각을 유지해야 한다.

모리스 창 : 잭의 말에 동의한다. 몇 가지 덧붙이자면 나는 성실함을 가장 중요한 덕목으로 본다. 아무리 뛰어난 리더라도 성실함을 외면하면 기업을 위험에 빠뜨릴 수 있다. 따라서 나는 리더를

선발할 때 성실함을 기본 덕목으로 꼽는다. 이밖에 다양한 사건과 환경에 대처할 리더가 필요하다. 어떠한 환경과 상황에도 완벽하게 대처하는 리더는 극히 드물다. 대부분은 특정한 상황, 환경, 시간, 공간에서만 뛰어난 능력을 발휘할 뿐이다. 세계적으로 CEO 교체율이 그토록 빈번한 이유가 여기에 있음을 인정해야 한다. 10년 전이나 20년 전과 비교할 때, 오늘날 CEO의 재직기간은 확실히 짧아졌다.

잭 웰치 : 모리스의 말은 CEO의 환경 적응 문제에 대한 대답이었다고 생각한다. 나는 이를 육상 트랙에 비유하고 싶다. 리더 한 명이 얼마나 달릴 수 있을까? 그들은 트랙에서 성장할 수 있을까? 아니면 손해만 볼 것인가? CEO의 교체율이 높은 이유는 실패 사례가 많기 때문이다. 그들은 자신의 자리에서 권리를 누릴 뿐, 이기는 전략을 생각하지 않는다. 따라서 우리가 리더를 선택할 때 최대한 여러 방면으로 시도해보는 것이 좋다. 그러나 이것도 매번 맞아떨어진다는 보장이 없다. 따라서 그들에게 성장할 여지가 얼마나 있는지 살펴보고 여러 조건에 부합할 때 그 사람을 리더로 선택한다.

성실함을 중요시한다는 모리스의 생각에도 동의한다. 하지만 그건 다만 한 장의 입장권에 불과하다. 그 입장권으로는 권력 게임에 뛰어들기만 할 뿐 승진이 보장되지는 않는다. 따라서 나는 열정이 있는 사람을 선호한다. 미래의 청사진을 제시하고 부하 직원이 목표를 공동 달성하도록 격려할 수 있으며, 부하직원의 성공에 기뻐하는 사람 말이다.

기업이 단기 목표와 장기 목표를 동시에 고려하려면?

진웨이춘 : 기업을 경영할 때는 주주의 장기 전망과 단기 목표를 동시에 고려하게 되는데, 이 두 목표 사이의 간극을 어떻게 처리해야 할까?

잭 웰치 : 관리자의 책임은 당신의 꿈 중 어떤 것을 취사선택할지 과감하게 결정을 내리는 것이다. 기업은 특정 부서의 예산을 삭감하고 다른 부서의 투자를 추가해야 할 때도 있을 것이다. 나는 GE 그룹에서 CEO로 총 87분기, 20년 6개월간 일했다. 내가 취임한 날부터 퇴직하던 순간까지 가장 보편적으로 처하는 문제가 바로 그것이었다. 직원들은 내게 늘 물었다. "우리는 단기 목표에 어떻게 대응해야 합니까?" 어떤 부서에 예상보다 낮은 예산을 책정해야 할 때, 그들을 대할 때마다 나는 마치 쇼트 사이드short side(균형이 맞지 않는 약한 측면-역주)에 처한 듯 당황스러웠다. 그러나 비록 100년이 흘러도 장·단기 목표의 균형 문제는 마찬가지라

고 믿는다.

모리스 창 : 훌륭한 관리자는 반드시 장·단기 목표를 함께 고려해야 한다. 잭 웰치 선생의 경우, 과거에 '중성자탄 잭' 이란 별명이 붙었지만, 훗날 사람들은 잭이 목표를 타격하고도 단시간 내에 산등성이에 호화별장을 지을 수 있는 인물임을 알게 되었다(이 말을 듣는 잭 웰치는 자신의 뒤통수를 툭툭 치며 모리스 창의 이야기에 귀를 기울이는 모습이었다). 잭은 GE에서 불필요한 업무를 줄이고 회사를 위해 장기적 비전을 제시했다.

그러나 대다수 대만기업은 주로 대주주의 손에 지배당한다. 따라서 지배권을 가진 대주주의 승인이 떨어지기만 하면 경영인은 단기 이익 목표에 대한 개미 투자자들로부터의 압박에 직면할 필요가 없다. 기업 CEO는 장·단기 경영목표의 균형에 있어 지배권이 있는 대주주의 공감을 얻으면 그만이다. 이것이 대만의 보편적인 기업 상황이다. 물론 주식이 완전히 분산된 상장기업들도 많다.

사모펀드는 천사인가 악마인가?

진웨이춘 : 내가 준비한 질문이 너무 단순한 것 같다. 두 분은 이 사회에서 훨씬 까다로운 문제에 봉착하고 있었는데 말이다. 두 분이 상대에게 좀 더 어려운 질문을 해보는 건 어떨까?

모리스 창 : 그럼 최근 핫이슈인 사모펀드에 관해 내가 질문하겠다. 잭, 당신은 사모펀드에 대해 어떤 생각을 갖고 있나? 사모펀드는 과연 '멋진 신세계'인가? 아니면 단순한 사기꾼 집단인가? 이 주제에 관해 두 가지 방향으로 질문하겠다. 첫째, 투자자 입장에서 사모펀드는 어떤 투자 수단인가? 둘째, 기업 인수합병의 측면에서 볼 때 당신의 생각은 어떤가?

잭 웰치 : 모리스, 먼저 밝혀둘 것이 있는데, 나도 사모펀드에 지분이 있다.

모리스 창 : 개인적으로 사모펀드에 투자했다는 말인가?

잭 웰치 : 그렇다.

모리스 창 : 그렇군. 대답이 너무 주관적이면 곤란하다. 하하하!

잭 웰치 : (박장대소하며) 그래서 내가 협잡꾼racketeer일 가능성이 있다는 거군!

모리스 창 : 내가 그렇게 말하진 않았다.

잭 웰치 : 최대한 객관적으로 대답해 보겠다. 한번은 세미나에서 청중으로부터 질문을 받았는데, 열정이란 선천적인 것인지 외부의 자극을 받아 불붙는 것인지를 묻는 내용이었다.

사모펀드의 운영과정은 소외된, 이른바 '고아 기업'을 선택해 그 기업의 주식을 취득하면서 시작된다. 이어서 이 기업에 새로운 자원을 투입한다. 사모펀드 측이 초기에 그 기업을 방문하고 인수합병 평가 자료를 수집할 때 만나는 기업 경영팀의 표정은 대체로 이렇다(잭 웰치는 갑자기 탁자에 엎드려 고개를 숙이고 풀죽은 모습을 연출한다). 회의 분위기는 무척 지루하다. 그들은 이미 오랫동안 소외되어 외부와 소통이 별로 없는 상황이다.

그러나 6개월 후 해당 팀을 다시 만났을 때, 그들은 이미 주주로 변신했으며, 새로운 리더가 나타나 기업의 비전을 제시하게 된다. 그들은 보살핌을 받는다는 느낌에 활기를 되찾는다. 과거 1년에 한 번 진행하던 실적평가에도 적극적으로 임한다. 사모펀드는 바로 이런 일을 하는 것이다.

이제부터는 투자자의 관점에서 대답하겠다. 지난 10년 동안 사모펀드의 자산 성적은 S&P 지수보다 우월하다. 그러나 이제 나는 신중한 투자자가 될 작정이다. 세계적으로 현금이 너무 많이 풀려있는데 투자할 만한 대상은 많지 않다. 1989년에도 유사한 상황이었던 것으로 기억한다. 다른 점이 있다면 당시 글로벌 경기가 하락세였다는 것이다. 만약 현재 글로벌 경기가 그때와 같다면 기업 매출의 수익 배수가 과거처럼 10배나 11배 수준을 되찾기는 어려울 것이다. 따라서 나는 현재 사모펀드의 전망이 상대적으로 종말에 처했다고 본다.

진웨이춘 : 모리스, 사모펀드의 호황이 당신을 괴롭히는 것처럼 보이는데?

모리스 창 : 나를 괴롭히는 것이 아니라, 최근 몇 개월간 이 주제를 계속 생각하고 있었다.[8] 기본적으로 나는 책의 관점에 동의한다. 다른 점이 있다면 사모펀드 운영에 대한 합리적 해석 부분이다. 사모펀드의 주관사는 하나의 상장기업을 합병하면 그 주식이 시장에서 사라진다고 말한다. 이렇게 될 때 그들은 월가의 증권거

8. TSMC는 2007년 3월 9일 대주주 필립스와 주식 매각방안 논의를 선포했다. 논의 과정에서 많은 사모펀드는 필립스가 시중에 풀 주식을 인수하는 데 관심을 보였다. 그러나 최종적으로는 그들의 뜻대로 되지 않았다.

래소 규범의 압박에서 벗어날 수 있다. 가령 분기별 재무제표 공고, 실적변화 예고 등의 요구에서 자유로워 진다는 것이다. 그러나 사모펀드가 최종 결산을 할 때는 기업을 합병하여 다시 상장하고, 그 주식을 시장에서 거래하게 된다.

그들은 주식의 시장 퇴출이라는 장점을 내세우지만, 시간이 지나면서 그 기업은 재상장하며 공개시장의 '운명의 독화살'을 또 견뎌야 한다.[9] 이는 '겨울바람을 뚫고 온 스파이'[10]를 일단 따뜻한 방으로 맞이하여 몸을 녹이게 했다가 다시 문밖으로 내쫓는 격이다.

잭 웰치 : 모리스의 말에 전적으로 찬성한다. 사모펀드가 합병된 기업을 월가의 압박으로부터 보호한다는 것은 그야말로 허무맹랑한 소리다. 그들은 기업을 강력히 지배하고 감독하여 경영층에 더 큰 압박을 가한다. 우리 사모펀드는 주로 기업을 '회춘'시켜 새로운 자금을 주입함으로써 경영층이 더욱 분발하게 만든다. 그러나 결코 그들을 월가의 압박으로부터 보호하지는 못한다.

모리스 창 : 훌륭하다. 그것이 성실한 사모펀드다.

---

9. 《햄릿》 대사에 나오는 "The slings and arrows of outrageous fortune."이다.
10. 책 제목 《추운 나라에서 돌아온 스파이(The spy who came in from the cold)》에서 따온 표현.

전문 경영인이 될 것인가, 창업가가 될 것인가?

진웨이춘 : 이번에는 잭에게 묻겠다. 만약 당신이 GE의 CEO를 맡지 않았다면 창업을 고려했을까? 창업했다면 어떤 업종에 관심을 가졌을까?

잭 웰치 : 나는 일에 대한 갈망으로 넘쳤지만 매주 받는 급료 수표에 관심이 더 집중되었다. 내 안에는 창업에 대한 용기가 부족하다고 생각한다. 하지만 운 좋게 GE라는 대기업에 들어가서 새로운 사업을 일으켰다. 당시 나는 GE 플라스틱 제품사업의 1호 직원으로 새로운 일을 많이 했다. 그런데도 재정적으로 큰 지출을 할 필요가 없었다.

그 당시에는 대기업에 입사하는 것이 일반적이었다. 그러나 요즘에는 이런 현상도 바뀌었다. 최근 18개월 동안 나는 아내와 함께 미국에서 가장 우수한 경영대학 35곳을 방문했다. 하버드, 스탠퍼드에서 MIT 공대까지 두루 살펴보았다. 우리가 만나본 평균 약 28~30세의 MBA 과정 학생 중 약 20~25퍼센트가 스스로 창업을 하겠다고 밝혔다. 그들은 대기업에 들어갈 생각이 없었고, 자기 사업체를 운영하고 싶다고 했다. 내가 지금 사회에 진출한다면 화학공학 박사로서 바이오 과학기술 분야에 투입될 수도 있겠다. 이것이 미국 젊은이들의 미래 구도라고 생각하며, 대만도 마찬가지라고 생각한다.

<u>**진웨이춘**</u> : 모리스, 당신이 TSMC를 설립하지 않고 텍사스 인스트루먼트TI CEO가 되었다면 지금과 다른 CEO였으리라 예상하나?

<u>**모리스 창**</u> : 별반 다르지 않았을 것이다. 다만 당시 TI의 CEO가 되었다면 TSMC를 설립하지 않았을 것 같다. 잭과 나는 모두 기업의 말단직부터 시작했다. 잭은 1960년에 GE에 입사하여 1981년에 CEO가 되었으며, 20년 6개월간 재임하고 2001년에 퇴직했다. 나도 거의 비슷한 길을 걸어왔다. 마지막 한 걸음만 조금 다를 뿐이다. 잭은 CEO가 되는 데 성공했고 나는 TI의 CEO가 되지 못했다. 그때부터 우리 둘은 각자 다른 길을 걸었다. 나는 대만으로 돌아와 TSMC를 설립했다. 그러나 이는 TI에 있을 때의 야심과는 다르다.

<u>**잭 웰치**</u> : TI가 (당신을 붙잡지 않아) 큰 실수를 했군!

후계자 내정은 당사자에게 미리 알려야 할까? 승계 경쟁에서 탈락한 사람은 붙잡아야 할까?

진웨이춘 : 마지막으로 후계자에 관한 질문이다. 두 사람을 후계자로 선택한 후 당사자들에게 알렸나?

모리스 창 : 사람에 따라 다르게 대할 문제라고 생각한다. 나는 GE처럼 엄격한 승계 절차를 마련하지 않았다. 물론 GE의 규모는 우리보다 훨씬 크다. 나는 잭이 전체적인 승계계획을 주도했으리라 생각한다. 하지만 방금 질문한 후계자에는 다음 단계인 COO급까지 포함한다. 지난 20년 동안 COO 후계자 선정을 여러 차례 계획했다. 당사자에게 승진 사실을 알린 적도 있고 알리지 않은 적도 있다. 당사자가 승진통지를 보여줄 반응을 예상하여 통지 여부를 결정했기 때문이다.

잭 웰치 : OK, 내가 GE 후계자 계획을 정하는 데 약 7년에서 8년이 걸렸다. 처음에는 22명을 선정하고, 그중 6명을 '가능성이 가장 큰 팀'으로 분류하고, 4명은 '뚜렷한 가능성을 보이는 팀'으로 분류했다. 나머지 12명은 '관망팀long-shot'으로 분류했다. 그리고 6~7년간 그들이 스스로 어떻게 개선하고 발전하는지 지켜보았다. 최종적으로 3명이 선정되었는데, 뜻밖에도 전원이 '관망

팀'에서 나왔다.

우리는 그 세 사람에게 알리지 않았는데 이미 뉴스 보도가 되었다. 인선 결정을 6개월 앞두고 그들을 사무실로 불러 말했다. "당신들은 6개월 후 현재 직위에서 해지될 것이다. 당신들과 함께 일하고 싶어서 후계자로 정했다." 당시 세 명의 신임 COO를 임명했는데, 이는 완전히 미국식이었으며 중국 스타일은 아니었을 것이다.

마지막으로 나는 그중 1명을 최종 선택해 '해고 후 승진fire up'을 통해 내 자리를 물려줬다. 나머지 두 사람은 사직을 요구받았다. 후보 세 사람을 세운 것은 마지막 6개월간 승계 불발에 대비한 대체 방안이었다. 최종 선택에서 탈락한 두 사람이 회사에서 사직하고 나갈 때는 패배자로 여겨졌다. 그러나 나는 두 사람이 회사에 남기를 바라지 않았다. 새로 부임한 CEO가 구조조정을 할 때 걸림돌이 될 우려가 있었기 때문이다.

인선에 탈락한 사람들을 기업에 붙잡아두는 승계 방식도 많이 있다고 들었다. 그러나 이런 사람들은 설사 남게 되더라도 업무에 임하는 사기가 저하될 뿐 아니라 동료들 사이에서도 패배자로 낙인찍히기 쉽다. 차라리 회사를 떠나 다른 기업에서 새 출발 하는 편이 낫다고 생각한다.

미래의 리더에게 해줄 조언은?

진웨이춘 : 미래에 리더가 될 젊은 세대에게 해줄 격려나 조언 세 가지만 부탁한다.

모리스 창 : 내가 할 말은 세 가지가 넘는다. 첫째, 당신의 가치관을 확인하라. 나는 미래 리더의 가치관이 매우 중요하다고 생각한다. 앞에서 언급한 성실함도 확실한 가치관 중 하나가 될 것이다. 둘째, 당신의 목표를 확인하라. 당신의 목표가 끝도 없이 금전만 추구하는 것이 아니기를 바라며, 혹시 그렇다면 다른 길을 걸어야 한다. 셋째, 당신의 일에 재능을 최대한 펼쳐라. 넷째, 당신보다 한 계급 높은 상사의 일을 배워라. 그의 일을 배우되, 상사를 위협하는 존재는 되지 마라. 다섯째, 단결정신을 길러라.

잭 웰치 : 역시 뒤에 발언하는 사람이 불리하군! 내가 하고 싶은 조언은 좀 길다. 당신 자신을 잘 알고 침착한 자세로 대하라. 당신이 책벌레라면 굳이 변하려 하지 말고 책벌레인 채로 있어라. 간단히 말해 당신 자신이 되라는 것이다. 둘째, 호기심을 유지하라. 지식욕은 하나님이 우리에게 준 천부적 기질이다. 호기심과 영원히 채워지지 않는 지식욕을 발휘하여 주변 사물을 탐구하라. 셋

째, 더 많은 성과를 내라. 당신 사장이 요구한 일이 이만큼이라면 (양손 사이를 약 10센티미터 벌리며) 사장은 이미 그 답을 알고 있다는 걸 의미한다. 그는 다만 당신이 그걸 확인하기를 바라는 것이다. 당신은 반드시 이만큼의 답(양손 사이를 약 30센티미터까지 벌리며)을 내놓아야 한다. 이를 통해 당신은 연구할 사물에 대해 새로운 인식, 새로운 통찰insights을 해야 한다. 이로써 당신은 상사의 지식욕을 채워주는 자원으로 그의 호기심을 충족시켜줄 것이다.

끝으로 당신이 학교에서 처음 만났던 리더의 모습을 회상해보라. 당신이 손을 들어 질문에 대답하고, 그 대답이 정확할 때 리더의 격려를 받았을 것이다. 사회에 입문하여 직장생활을 할 때 처음 만나는 리더의 역할도 이와 같다. 하지만 어느 날 당신이 관리자로 승진하면 더 이상 '나'의 역할에만 머무르지 말고 '우리'가 되는 법을 배워야 한다. 즉 부하직원을 언제나 염두에 두고 배려해야 한다. 부하직원이 좋은 실적을 내면 당신도 함께 영광을 누릴 수 있고, 그들의 성과에 기뻐하며 그 자리에서 격려해야 한다. 더 훌륭한 팀을 만들어야 직장에서 더 좋은 기회를 창출할 수 있음을 반드시 명심하라.

Morris Chang

미래의 리더에게 전하는 조언: 첫째, 당신의 가치관을 확인하라. 둘째, 당신의 목표를 확인하라. 셋째, 당신의 일에 재능을 최대한 펼쳐라. 넷째, 당신보다 한 계급 높은 상사의 일을 배워라. 다섯째, 단결정신을 길러라.

모리스 창 : 학습능력에 관한 책의 말에 공감한다. 호기심과 학습을 지속할 에너지를 유지하는 것은 하나님이 우리에게 주신 천부적 기질이라는 말에 크게 찬성한다. 하지만 우리는 이를 잘 이용해야 한다. 유감스럽게도 이런 천부적 기질을 포기해버리는 사람들이 많다. 젊은 사람들이 미래의 리더를 꿈꾼다면 학습의 천부적 기질을 잘 이용해야 하며, 지속적으로 끊임없이 학습해야 한다. 학교를 졸업하고 사회에 발을 들여놓는다고 공부가 끝난 것이 아니다. 그때야말로 학습의 시작점이다.

진웨이춘 : 모리스, 당신은 서양과 대만 두 지역에서 각각 20년 이상 지냈다. 대만의 젊은이들에게 리더의 어떠한 자질이 특별히 더 요구되는지 보충해서 말해줄 수 있는가?

모리스 창 : 요구하는 자질은 대부분 같다고 생각한다. 그러나 좀 더 세부적인 부분으로 들어가면, 해외 인사들과 함께 일하는 능력이 미국에서는 평범한 일인데 대만에서는 그렇지 않다. 주로 문제가 되는 분야는 영어다. 영어는 글로벌 비즈니스에서 이미 링구아 프랑카Lingua Franca, 통용언어가 되었다. 우리는 자유자재로

영어를 사용해 전 세계 사람들과 소통할 수 있어야 한다. 그런데 그것만으로는 부족하다. 미국의 지인들은 상상하기 어려울 것이다. 내가 세계의 동향을 알아보기 위해 그들보다 두세 배의 힘과 시간을 들여야 한다는 사실을 말이다. 나는 중국어로 된 정보를 읽고 대만의 현황을 파악하며, 전 세계에서 발생한 일을 알아보기 위해서는 영어로 된 자료를 읽어봐야 한다. 그러려면 두세 배의 시간이 걸린다. 내가 이렇게 늙어버린 이유이기도 하다(두 사람이 동시에 크게 웃는다)!

리더는 위기를 어떻게 기회로 변화시키는가?

진웨이춘 : 지금은 기업에 특별한 위기가 없는 것으로 안다. 과거 두 분은 위기를 어떻게 대처했으며, 이를 어떻게 기업의 기회로 전환했나?

잭 웰치 : 중요한 것은 현실을 직시하라는 것이다. 현실보다 미화하여 처리하거나 사실을 감춰서도 안 된다. 정면 돌파하여 직원들에게 분명히 설명하고 처리계획을 알리며 필요한 행동을 취해야 한다. 일단 그 위기를 해결하면 설사 그 과정에서 시련이 닥치더라도 모든 과정을 겪은 후 당신은 더욱 강해질 것이다. 가장 피

해야 할 행동은 현실을 쉽게 생각하고 은폐하거나, 현실을 직시하지 못하여 적극적으로 대응하지 않는 것이다.

모리스 창 : 나의 임무에는 위기를 피하는 것도 있다. 리더의 역할 중 하나는 위기와 기회를 미리 감지하는 것이다. 위기를 예측하면 신속히 행동을 취해 피할 수 있으며, 좋은 기회를 예지하면 이를 잘 이용할 수 있다. 내가 일을 하면서 올린 성과는 감지 '안테나'를 세워 위기를 예지해서 대비했고 많은 위기를 피할 수 있었다는 것이다. 물론 그렇게 해도 또 다른 위기가 발생할 수 있다. 이 때는 책의 말처럼 현실을 직시하고 절대로 당황하지 않아야 한다. 최악의 상황은 리더가 위기 앞에서 당황하여 어찌할 바를 모르는 것이다.

진웨이춘 : 두 분은 성격이 급한 편이다. 이런 성격은 긍정적인 자질인가 아니면 부정적인 자질인가?

모리스 창 : 내가? 내 성격이 나쁘단 말인가? 이 문제는 책이 앞에서 언급한 '열정'으로 설명할 수 있다. 나는 회사에 대해 열정이 넘치며 일에 대해서도 마찬가지다. 따라서 열정과 성격이 좋지 않은 것을 혼동치 말기 바란다(일동 큰 웃음)!

솔직히 말해 나는 회의석상에서도 가끔 화를 내곤 한다. 하지만 화를 내는 순간에도 최대한 건설적 태도를 유지하려고 애쓴다. 건설적 태도와 파괴적 태도는 전혀 다르다. 파괴적 태도는 상대를 공격하기 때문에 최대한 피하려고 한다. 내가 화를 낼 때는 개선을 요구했는데 사람들이 듣지 않을 때다.

잭 웰치 : 그 관점에 동의한다. 나이가 들면서 내 성격도 많이 좋아졌다. 나는 화를 낼 때 원칙이 있는데, 절대로 그 직원의 동료가 있는 데서 직원을 질책하지 않는 것이다. 주로 1대 1로 면담할 때 그들과 토론한다. 우물에 빠진 사람에게 돌을 던지는 격의 최악의 상황은 관리에서 가장 피해야 한다(이때 모리스 창이 고개를 끄덕이며 "동의한다!"고 외쳤다). GE에서 우리가 습관적으로 하는 말이 있다. "남의 행운에 얹어가려는 사람이나 다른 사람의 불행에 돌을 던지는 사람은 전부 총으로 쏴버려!"(일동 웃음)

불확실성의 시대에 어떻게 살 것인가?
멋진 패배자가 되라

2008년 미국 서브프라임 위기로 증시는 폭락하고 경기는 후퇴했다. 과학기술업종은 무급휴가에 돌입하는 혹독한 시기를 보냈다. 불확실성 시대에 기업은 어떤 태도로 대응해야 할까?

당시 〈상업주간〉은 모리스 창을 비롯하여 세계적인 추세 분석의 대가 케니치 오메大前研一, IBM 이사장 새뮤얼 팔미사노Samuel J.Palmisano, 서브프라임 위기로 퇴출된 미국 푸르덴셜 파이낸셜 그룹 CEO 존 스트랭펠드John Strangfeld, 이 네 명의 세계적 리더를 초빙해 그들의 대응 전략을 들었다.

모리스 창은 서브프라임에 대해 가장 먼저 경고를 한 기업가로, TSMC의 2008년도 자본지출을 대폭 삭감하여 '겨울나기'에 돌입했다. 본 편에 소개한 인터뷰를 통해 시국을 통찰하는 모리스 창의 지혜와 멀리 내다보는 안목을 볼 수 있다.

기업의 리더가 시국을 헤쳐 나가는 법을 익히기는 쉽지 않다. 그러나 지는 방법을 익히기는 더욱 어렵다. 이것이 오히려 TSMC 이사장 모리스 창에게는 다변하는 환경에 적응하는 가장 중요한 심법心法의 하나다.

2007년 말, 모리스 창은 업계에서 가장 먼저 서브프라임 위기가 심상치 않다고 경고했다. 그러고 나서 TSMC의 2008년도 자본지출을 대폭 삭감하여 추운 겨울을 대비한 '식량' 저장에 돌입했다. 2008년부터는 금융위기의 충격이 상상을 초월할 정도로 클 것이라고 단언하기도 했다.

불확실성이 점점 커지는 미래에 대비하여 기업 리더는 어떤 태도로 대응해야 할까? 모리스 창은 〈상업주간〉과의 인터뷰에서 자신의 생각을 밝히면서 리더는 방향을 예측할 수 있어야 할 뿐 아니라 최악의 상황에도 대비해야 한다고 주장했다. 주주, 직원, 경영팀은 모두 감당할 수 있는 범위 내에서 균형을 취해야 한다. 패배를 인정해야 역경에서 넘어지지 않고 상황이 좋아졌을 때 다시 일어날 기회를 마련할 수 있다.

모리스 창은 영어 'hunker down'을 사용해 기업 리더가 '잠시 웅크리고 있되, 언제라도 도약할 준비를 하는' 태도를 묘사했다. 변화무쌍한 시대에 승리는 끝까지 버티는 자에게 돌아가는 법이다. 아래는 모리스 창과의 인터뷰를 정리한 내용이다.

은행 하나만 무너졌지만 금융위기는 더 심각해질 것이다

Q : 선생은 현재의 경제 상황을 한바탕 무대로 묘사한 바 있다. 무대는 총 3막으로 구성되며 제1막은 금융위기, 제2막은 경제후퇴, 제3막은 경제회복이라고 했다. 지금 우리는 어떤 상황인지

말해 달라.

A : 지금 상황은 제1막이 아직 막을 내리지 않았는데 제2막이 시작되었다고 할 수 있다. 나는 2007년 12월 전부터 금융위기에 대해 알고 있었다. 하지만 지금처럼 심각한 정도일지는 나도 예상하지 못했다.

Q : 우리는 지금이 가장 최악이라고 생각하는데 더 내려갈 수 없는 지경인가?

A : 더 내려갈 것이 없는 지경이라니? 현재 미국에서 도산한 은행이 몇 개인지 아는가? 리먼 브러더스Lehman Brothers 한 곳뿐이다. 그런데 어떻게 바닥에 닿았다고 하겠는가? 2주 전에 미국 월가에서 J.P. 모건, 골드만삭스, 메릴린치의 대표들과 얘기를 나눴는데, 그들은 상황이 지금보다 더 심각해질 것이라고 분석했다. 위기는 아직 끝나지 않았으며, 아직 바닥이 보이지 않는 상태다. 미국 국회는 현재 12개 은행에 투자하고 2,500억 달러를 들여 그들의 부실자산을 사들였다. 그러나 이런 조치가 은행의 부실 문제를 해결하는 것은 아니다. 최근 발생한 씨티은행 문제가 그렇듯 아직도 돈을 투입해야 한다. 은행이 쓰러지지 않을 수 있지만, 정부는 은행을 구제하기 위해 더 많은 돈을 투입해야 한다.

Q : 현재 미국 정부가 이 일을 해결하는 것이 '올바른 경로에

있다on the right track'고 보는가?

A : 미국 정부는 허둥지둥하는 것으로 보인다. 그들은 올바른 경로right track가 어디 있는지도 몰랐고, 지금까지도 모르는 눈치다. 전문가들이 미국 정부에 은행 구제를 요구한 것은 옳은 처사다. 1930년 경제 대공황의 교훈은 많은 은행이 도산함으로써 사회적 공황을 유발했다는 것이다. 하지만 지금은 어떤 행동을 해야 하며, 정부가 어떻게 구제해야 할까? 은행의 주식을 산다? 아니면 은행의 부실자산을 사들인다? 지금까지도 미국 정부는 결론을 내지 못하고 있다.

Q : 금융위기가 얼마나 오래 갈 것으로 보는가?

A : 그렇게 오래 가지 않을 것이다. 그러나 문제는 아직 바닥에 닿지 않았다는 것이다. 마지막 최대 고비가 남아있으며, 오바마 대통령이 취임할 때까지는 지속될 가능성이 크다. 그러나 경제위기는 그를 기다려주지 않는다. 경제위기는 기업에 돈이 부족해서 대출을 상환할 수 없고 직원들에게 월급을 주지 못하는 것으로 나타난다. 이런 현상은 이미 시작되었다. 대만의 D램 산업에도 직원들의 희망퇴직이 이미 시작되었다.

수요가 위축될 때는 수익률과 현금을 보호해야 한다

Q : 개인과 기업 리더가 현재와 같은 국면에 처하면 사실 많은 일을 예측하기 어렵다. 선생은 '헝커 다운Hunker down'이라는 개념을 제시했는데 이에 관한 설명을 해줄 수 있나? 현재 많은 사람이 매우 위험한 정황에 놓여 있는데. 이런 개념을 모든 사람에게 적용할 수 있는가?

A : 그건 원래의 자세가 어떠했는지를 봐야 한다. 원래부터 쪼그리고 앉아 있었는데, 그 상태를 유지하려고 한다면 소용 없다. TSMC는 원래 적극적인aggressive 태도를 고수해왔다. 하지만 지금은 수요가 위축된 상황이니 성장기와는 다른 태도로 전환해야 한다.

우리는 2008년도 자본지출을 줄이고 2009년에도 계속 감축할 것이다. 그러나 미래의 명맥인 R&D 지출은 줄이지 않을 것이다. 다른 부분의 지출은 최대한 줄여야 한다. 예를 들어 무급휴가를 시행한다든지, 담당자의 출장 시 항공기 좌석 등급을 한 단계 낮추는 등의 조치가 필요하다. 이런 조치는 기업을 하나의 방향으로 이끌 것이다. 매출이 마이너스 성장을 기록하는 상황에서 수익률과 수중의 자금을 최대한 보호해야 한다.

Q : 현재 기업들이 구조조정을 하더라도 예측할 수 없는 미래에 대처하기가 어렵다. 리더는 조직을 어떻게 이끌어야 할까?

A : 미래를 정확하게 예측하는 건 확실히 어렵다. 그러나 기업 리더에게는 일정 범위 내에서 발생 가능한 일을 (양손을 벌려 폭을 표시하며) 예측할 책임이 있다. 또 기업을 그 범위 내에서 가장 가능성이 좋은 길로 이끌고 갈 책임도 있다. 그러나 동시에 이 범위에서 발생할 수 있는 최악의 상황에서 할 수 있는 일을 파악해야 한다.

좀 더 구체적으로 말해보자면, 예를 들어 나의 성장 가능성이 플러스 5퍼센트에서 마이너스 5퍼센트 사이라면 나는 플러스 2퍼센트 성장을 선택할 것이다. 인력을 몇 사람 배치하고 자본지출을 얼마나 할지는 성장률 2퍼센트 계획에 따라야 한다. 그러나 행동을 취하기 전에 미리 생각해 둘 것이 있다. 즉 성장률 2퍼센트에 입각해 인재를 모으고 자본을 지출했다가 최종 성장률이 마이너스 5퍼센트까지 내려간다면, 자본지출을 어떤 식으로 할지, 그리고 패배를 감당할 수 있을 지에 대해서도 생각해 둬야 한다.

Q : 그러니까 패배할 준비를 하라는 말인가?

A : 최악의 상황에 대비하라는 얘기다. 리더가 그 길이 옳다고 여겨 선택했는데 나쁜 결과가 나왔다면 이를 수긍해야 한다.

기업 리더에게는 일정 범위 내에서 발생 가능한 일을 예측할 책임이 있다. 또 기업을 그 범위 내에서 가장 가능성이 좋은 길로 이끌고 갈 책임도 있다.

Q : 중간에 타협의 여지를 두거나 요행을 바라는 태도를 버려야 하나?

A : 방금 말했지만 나는 6개월, 심지어 3개월 전부터 상황이 나빠질 것을 알았다. 그러나 이렇게까지 심각하리라고는 예상하지 못했다. 그런데도 나는 지금보다 더 나쁜 상황을 예상하고 이에 대응할 방법이 있다. TSMC는 2007년 12월에 문제가 있을 것을 예감하고 당시 자본지출을 삭감했다. 2007년 자본지출은 26억 달러(한화 약 2조 9,367억 원)였는데 그해 12월에 2008년 자본지출을 약 18억 달러 수준으로 낮췄다. 18억 달러는 당시 최대로 가능하다고 판단한 금액이다. 시장이 더 나빠지더라도 TSMC는 이 18억 달러의 자본지출을 능히 감당할 수 있다.

Q : 자본지출을 삭감하면 더욱 보수적으로 변해서 극복할 노력을 포기하게 되지 않나? 상황이 그렇게 나쁘지 않은 상태라면, 동업자들은 생산을 지속적으로 확대하는데 TSMC만 감축하다가 경쟁력 악화되지 않을까?

A : 그건 여러 측면을 고려해야 하며, 이 전략이 경쟁자를 고려하지 않은 것은 아니다. 사실 우리는 2007년 말에 결정한 것을 2008년 1월에 발표했다. 그러자 경쟁자도 자본지출을 잇달아 감축했다. 이런 것까지 나의 예측 범위에 있는 일이었다.

Q : 손실 감당에 대해서도 깊은 고민이 필요한가?

A : 손실을 감당하지 못하는 데도 정의가 필요하다. 손실을 감당할 수 없다는 것은 기업의 파산을 의미한다. TSMC의 주식은 40~50 NTD이다. 만약 주가가 10 NTD로 떨어지면 감당할 수 없는 지경이 온다. 이 임계점은 당연히 판단이 필요한 지점이며, 당신이 과연 최악의 결과를 감당할 의지가 있는가에 달려 있다.

Q : 손실의 감당 가능 여부를 확인하여 미래에 대처하는 과정에서 가장 어려운 것은?

A : 이는 결코 쉽지 않다. 그러나 어려운 일은 이것 말고도 많다(웃음). 모든 사람이 감당하는 정도가 다르기 때문에 그 사이에서 균형점을 찾아야 한다. 기업의 리더는 기업을 통치하는 지도자다. 기업에 의존하는 각각 다른 그룹이 있고, 그중에는 주주도 있다. 그들의 부는 기업에 의존하며, 심지어 수입도 기업에 의존한다. 주주들은 주식을 통한 수익을 기대한다.

또 다른 그룹으로는 경영관리층이 있다. 그들은 밤낮으로 회사를 위해 심혈을 기울인다. 세 번째는 이사회다. 이밖에 직원, 고객, 공급업체, 그리고 사회도 있다. 기업의 리더는 전체 범위에서 일어날 일에 대한 사람들의 반응을 파악해야 한다. 직원의 입장에서 감당하기 어려운 일은 직업을 잃는 것이다. 이는 주주가 감당하기 어려운 일과 균형을 이뤄야 하며, 경영층에게 감당하기 어려운 일은 직급이 강등되거나 해고되는 일이 될 것이다. 이사회는 리더가 그 사이에서 균형을 잡을 수 있게 도와야 한다. 이런 것을 스테이크홀더stakeholder[11]라고 한다. 주주가 감당하기 어려운 일과 직원이 감당하기 어려운 일은 모두 다르기 때문에 기업 리더는 이에 대한 균형을 잘 맞춰야 한다.

어느 시기에나 강한 리더가 약한 리더보다 낫다

Q : 선택의 균형을 찾은 후에는 또 어떤 어려움이 있을까?

A : 리더가 자신의 팀과 함께 목표를 향해 어떻게 매진하느냐가 가장 어렵다. 이는 리더가 어떤 방향이 옳은가를 아는 것보다 어렵다.

11. 이해관계자, 기업활동으로 이해관계에 영향을 받는 기업 내·외부의 개인 또는 단체를 가리킨다.

Q : 그러니까 이런 시기에는 강한 리더가 필요한가?

A : 어느 시기에나 강한 리더는 필요하며, 이는 전부터 강조했던 말이다. 전에 한 지인이 '권위적'인 것과 '강한' 것의[12] 의미를 혼용하는 걸 봤는데, 나는 권위적인 리더가 아니라 강한 리더다. 어느 시기에나 강한 리더가 약한 리더, 심지어 중간 성향의 리더보다는 낫다고 생각한다(웃음).

하지만 나는 오늘날 기업의 생태 속에서 강한 리더라면 사람들이 자신의 말을 듣지 않을 때 상대를 설득해야 한다고 생각한다. 이러한 설득에도 각종 수단이 있으며, 언변에만 의존해서는 안 된다(웃음). 리더도 레버리지leverage를 이용해야 하며, 사람들은 리더의 언변에 무조건 넘어가지 않아야 한다.

Q : 따라서 이 시기에는 강해져야 한다는 말인가? 변화가 더욱 빨라지기 때문에?

A : 그렇다. 나는 그래야 한다고 생각한다.

Q : 현재 우리는 이번 금융위기라는 3막극의 제2막에 처해있다. 제3막, 즉 경제 회복에 대해 이야기해 볼 수 있을까? 이를 관찰할 만한 어떤 지표가 있는지?

---

12. 권위적인 리더와 강한 리더의 중요한 차이는 후자가 '다른 사람의 의견을 널리 구한다'는 데 있다.

A : 경기회복에 대한 믿음을 시사하는 두 가지의 민감한 지표가 있다. 첫째, 사람들이 중고차를 새 차로 바꾸기 시작하여 자동차 판매량이 올라간다. 두 번째는 사람들이 집을 사기 시작한다.[13]

Q : 회복하는 데 얼마나 걸릴 것으로 보는가?

A : 비교적 낙관적인 사람은 2009년 3분기에 GDP가 플러스 성장으로 돌아설 것이라고 말하며, 비관적인 관점은 2009년에도 마이너스 성장을 유지하다가 2010년이 되어야 플러스로 돌아설 것으로 전망한다. 마잉주馬英九 총통은 대만의 2009년 3분기 GDP를 플러스 성장으로 전망한다. 정말 그렇게 되면 미국의 가장 낙관적인 예측보다 더 낙관적이다.

Q : 선생은 낙관적인 편인가, 비관적인 편인가?

A : 미국 GDP가 언제 플러스 성장으로 돌아설지에 대해 나는 그들이 말한 2009년 3분기처럼 낙관적이지 않다. 하지만 가장 비관적인 전망에는 동의하지 않는다. 미국의 현 상황을 1930년대 경제 대공황과 비교하는 사람들이 많은데, 나는 이런 관점이 너무 비관적이라고 생각한다. 그때에 비해 오늘날 미국 정부와 미국인들은 경제학에 대한 이해가 깊은 편이다. 1949년 내가 미국에서

13. 미국 GDP는 2009년 3분기에 플러스로 돌아섰으며, 대만은 같은 해 4분기에 플러스 성장을 회복했다.

대학 1학년을 다닐 때 학우 중 많은 수가 경제대공황을 겪은 경험이 있었다. 그들은 1929년부터 1949년까지 10~20년간 겪은 고통을 여전히 기억하고 있었다. 중국 근대사와 비교할 때 나는 당시 미국 학우들이 겪은 고통도 별반 다르지 않다고 생각한다. 어떤 사람은 바지가 한 벌밖에 없어서 추운 날씨에도 반바지를 입어야 했으며, 옷은 형편없이 지저분한 상태였다. 매일 아침이면 저녁에 뭘 먹을지 걱정해야 했다. 한 미국 친구가 내게 해준 말을 기억한다. 그가 그토록 고통스러운 나날을 겪은 것은 그의 부모가 게을러서가 아니라 은행의 부도로 인해 저금한 돈이 전부 휴지 조각으로 변했기 때문이라고 했다. 어떤 친구는 부모가 보유한 주식 가격이 폭락했다. 당시 그들은 최악의 상황에 대비할 만한 수준이 아니었다.

Morris Chang

금융위기는 그리스 비극과 같다. 방종의 서막 이후 이어지는 비극을 피할 수 없었다는 점에서 그렇다.

경제위기는 그리스 비극처럼 늘 반복된다

Q : 선생이 경제발전 단계를 연극의 3막에 비교한 것이 재미있다. 마지막으로 그 이유를 말해줬으면 한다.

A : 처음부터 그리스 비극과 같다는 생각이 들었다. 운명이 거의 정해졌다는 것이 그리스 비극의 가장 큰 특징이다. 모든 배역이 목숨을 걸고 운명을 바꿔보려고 하지만 불가능하다. 이번 금융위기를 바라보며 가장 먼저 드는 생각도 그것이다. 이 연극의 서막은 방종의 시대이며, 따라서 비극이 불가피하다. 나 자신은 이 점을 크게 느꼈다. 아주 크게 말이다. 그리스 비극은 2000년 전에 발생했지만, 인류는 다양한 국가와 시대를 거치며 이런 비극을 반복해왔다.

Q : 유사한 연극에 배역만 다른가?

A : 그렇다!

Q : 그 전의 방종이 긴 시간을 거치는 동안 그 뒤에 있는 전체 사이클cycle은 어떻게 연출되는가?

A : 현재 부동산 거품은 빠진 셈이다. 그러나 동아시아와 중동에 집중된 거액의 저축은 다음 거품과 투자대상을 찾고 있다.

연극은 다양한 방식으로 반복되며, 부동산 거품이 일어난 것은 과학기술주의 거품이 2000년에 빠졌기 때문이다. 2000년에 TSMC ADR의 PE(주가수익률)는 한때 100배가 넘었다. 인텔의 시가총액market cap은 4천 억 달러를 넘어섰다. 2001년 과학기술 업종의 폭락에 이어 곧바로 부동산이 상승했다. 대상이 과학기술주에서 부동산으로 바뀌었을 뿐이다.

이제 부동산 거품은 사라졌으며, 투자자들은 다음 투자 대상을 물색하고 있다. 이 연극은 계속될 것이다. 하지만 이 연극의 제2막이 오래 가지 않기를 바란다. 경기가 회복되기를 기다려 다음 막의 준비가 시작될 것이기 때문이다.

슈퍼 리더의 발상법
독립적인 사고의 중요성

2005년 〈상업주간〉은 '사고思考, 깊은 사고'를 주제로 표지 스토리를 보도했다. 타이완대학 관리학원 교수 탕밍저湯明哲는 깊은 사고를 하는 인물로서 자신이 가장 존경하는 모리스 창을 꼽았다. 우리는 그가 어떻게 사고능력을 키웠는지 궁금했다. 그는 어떻게 해서 배운 것을 자신의 사상으로 체화할 수 있었을까? 그는 또 자신에 내재한 치열함과 외부에서는 볼 수 없는 활동인 사고를 어떻게 진행했을까?

이번 인터뷰에서 모리스 창은 모처럼 경영에 관한 주제에서 벗어나 사고와 학습에 관한 생각을 풀어놓았다. 사고력의 실천자로서 그가 들려주는 말에는 날카로움 속에 기지와 유머가 돋보였다.

모리스 창은 자신이 사고를 실천하는 사람일 뿐이라고 말했지만, 그는 이미 독보적인 사고체계를 세워놓았다. 그의 말을 들으면서 우리는 그의 사고의 심오함을 엿볼 수 있었다. 이하는 모리스 창이 구술한 내용을 요약한 것이다.

사고는 학습을 떠나 단독으로 존재할 수 없다

사고에 있어서 나는 이론가가 아니라 실천가이다. 나는 한 명의 실천가로서의 경험을 여러분과 나누고자 한다. 어떻게 해야 독립적 사고능력을 키울 수 있을까? 사고는 학습을 떠나 단독으로 존재할 수 없다고 생각한다. 타이완대학에서 강연할 때 나는 이렇게 말한 적이 있다. 대학생은 평생학습과 독립적으로 사고하는 능력, 습관을 길러야 한다. 독립적으로 사고할 수 있어야 평생학습의 효율이 높아지고, 평생학습의 습관이 있어야 독립적 사고의 소재가 다양해진다.

평생학습에는 계획과 규칙이 필요하다. 내가 50년 일해 온 분야는 반도체이며, 이 분야의 학습을 한 번도 멈춘 적이 없다. 경영진이 된 후에는 재무제표를 공부하고 주식의 권익을 창출해야 했으니 이는 또 하나의 시스템이다. 대만에 돌아와서는 그전의 대만 내 정치 경제에 대한 이해가 전혀 없었으므로 2년간 학습하기로 계획을 세웠다. 그 결과 나는 내게 필요한 실천을 스스로 너무 쉽게 생각했다고 농담 삼아 말하곤 한다. 2년이 지난 후에도 모르는 것이 너무 많았기 때문이다. 심지어 지금도 모르는 것이 많다!

이렇게 체계적이고 계획적이며 규칙적인 평생학습은 독립적 사고와 조화를 이뤄야 한다. 독립적 사고는 내 경험을 통해 스스로 기른 것이지만 그렇다고 해서 교육의 영향력을 부인하지는 않는다. 초기에 내게 가장 큰 영향을 끼친 분은 하버드대학 인문학 수업의 교수로 나는 그의 수업을 1년 동안 들었다. 당시 그분의 나이는 50세 전후였는데 강의 수준이 상당히 높았다. 나는 지금까지도 그분의 수업방식을 존경한다.

그 과목은 고전 명작 호머의《일리아드The Iliad》부터 시작하여 중세 작자 존 밀턴John Milton의《실낙원Paradise Lost》과 셰익스피어의 희곡에 이르기까지 원전原典으로 당시 사회를 반영했다. 그 교수는 강의 시간에 늘 우리에게 질문을 던졌다. "작품이 반영하는 사회는 어떤 상황인가?", "다른 사람의 다양한 생각에 비춰볼 때 진실한 사회란 과연 어떤 모습일까?"

이것이 학습과 독립적 사고를 병행하여 진리를 찾는다는 말이다. 이런 면에서 그 교수님은 최고의 시범을 보여줬다. 여러 자료를 통해 증명하고 역사 문헌과 저서를 객관적으로 정리하는 그분의 태도와 능력은 감탄을 자아냈고, 그 후에도 나는 그 교수님을 떠올리곤 했다.

Morris Chang

독립적으로 사고할 수 있어야 평생학습의 효율이 높아지고, 평생학습의 습관이 있어야 독립적 사고의 소재가 다양해진다.

혁신은 힘들게 생각해낸 것 또는 영감을 통한 통찰력에서 비롯한다

학교에서 배운 것이 전부는 아니다. 물론 과학과 엔지니어링 분야에서는 진리(교육)가 절대적인 측면도 있다. 나의 선생님들은 늘 "너는 독립적으로 사고할 여지가 많지 않다"고 하셨다(웃음). 물론 과학의 최고 경지에 이르면 반드시 독립적 사고를 해야 한다. 그렇지 않으면 노벨상을 탈 수 없을 테니 말이다(웃음).

그러나 역사, 경제, 법률 같은 인문 영역에서 독립적으로 사고할 공간은 매우 크다. 결론적으로 나는 하나의 습관을 길러왔다. 자연법칙을 받아들이는 것 외에 글을 읽고 다른 사람의 말을 들으면서 자연히 이런 생각을 하게 되었다. 그 사람이 한 말에는 어떤 입장이 있을까? 그가 증거로 든 사실이 과연 모두 사실일까? 이는 멈춰서 생각할 필요도 없으며, 읽으면서 생각하고, 들으면서 사고할 수 있다.

나는 대가들과의 대화에서 많은 것을 배운다. 가령 앨런 그린스펀Alan Greenspan[14], 마이클 포터Michael Porter[15], 헨리 키신저Henry Alfred Kissinger[16]와의 대화가 그러하다. 하지만 그들과 대화할 때도

14. 미국 제13대 연방준비이사회 총재, 미디어에서 "경제학자 중의 경제학자"로 일컬어진다.

15. 미국 하버드대학 기업관리학 교수로 '5가지 경쟁요인 모델(Five Forces Model)'을 제시해 '경쟁력의 대가'라는 명성을 얻었다.

16. 미국 전 국무장관으로 1973년 노벨평화상을 수상했다.

독립적 사고를 유지해야 한다. 그들이 하는 말 중 나는 대략 절반만 맞다고 생각한다. 이렇게 말할 수 있는 것은 지식 배경이 있기 때문이며, 지식이 있으면 자신 있게 대처할 수 있다. 즉 저들이 쓴 책을 나는 모두 읽어봤고, 그의 지식의 깊이와 폭에 대해서도 알고 있다. 그러니 더는 신기할 게 없다(웃음). 오히려 내가 아는 것을 저들이 모를 수도 있으며, 내 지식의 심오함을 상대는 예측할 수 없을 것이다(웃음)!

최근 한학漢學 전문가 스펜스Jonathan D.Spence와 식사를 했다. 그 자리에서 내가 가장 흥미있게 연구한 청나라 때의 강희, 옹정, 건륭 3대에 대한 대화를 나눴다. 그는 이 방면의 전문가로 10권이 넘는 책을 썼다. 그중 마지막에 발표한《현대 중국을 찾아서The Search for Modern China》는 1,000페이지에 달한다. 나는 그 책을 침대맡에 놓고 날마다 몇 장씩 읽었으며, 10년에 걸쳐서 다 읽었다.

하지만 나는 세 황제의 공적이 너무 고평가되었다고 생각한다. 특히 건륭 시대는 유럽, 미국에서 큰 사건이 일어난 시기다. 정치적으로 미국, 프랑스 혁명이 발생했고 경제적으로는 영국에서 산업혁명이 일어났다. 하지만 이때 건륭은 세계와 왕래하지 않았으니 세계관이라는 것이 전혀 없었다! 스펜서는 현대의 가치관으로 과거 사람을 평가해서는 안 된다며, 그런 평가는 지나치게 가혹하다고 말했다. 나로서는 현재의 결과로 평가할 뿐이라고 응수했다. 강희 옹정, 건륭 3대는 비록 강성한 시기였지만 낙후함의 씨앗은 이미 심어놓은 상태였다. 당시 사상적으로는 토머스 제퍼슨 Thomas Jefferson[17]이 자유, 쾌락의 추구를 논했다. 특히 쾌락은 사실 매우 획기적인 관념이었다. 설마 건륭이 쾌락의 추구를 논했겠는가? 절대 아니다! 우리는 결코 총포의 제조와 공업에서 낙후한 것이 아니라 관념이 낙후하기 시작한 것이다.

가장 이해하기 어려운 현상은 사람들이 어떤 말을 듣거나 글을 읽으면 그 내용을 믿었다가 새로운 이론이 나오면 또 그 새로운 이론을 믿는다는 것이다. 《처칠》에는 어떤 군관이 "마치 방석처럼 늘 최근에 생긴 새로운 엉덩이 자국을 달고 다녔다"는 내용이 나온다. (껄껄 웃으며) 이것이 바로 독립적으로 사고하지 않은 대표적 사례다. 줏대 없는 사람은 마치 방석처럼 그 위에 앉았던 사람의 엉덩이 자국을 늘 달고 다닌다.

Morris Chang

《처칠》에는 어떤 군관이 "마치 방석처럼 늘 최근에 생긴 새로운 엉덩이 자국을 달고 다녔다"는 내용이 나온다. 이것이 바로 독립적으로 사고하지 않은 대표적 사례다.

미국 교육은 각자의 사상에 중점을 둔다. 독립적 사고를 습관

17. 미국 3대 대통령으로 〈미국 독립선언문〉의 주요 초안을 작성했다.

으로 기르면 민주사회에 상당히 큰 도움이 될 것이다. 이에 관해 링컨은 공감이 가는 말을 했다. "당신은 장기간 일부 사람들을 속일 수 있으며 단기간 모든 사람을 속일 수는 있을 것이다. 그러나 장기간 모든 민중을 속일 수는 없다(You can fool part of the people all the time, you can fool all the people part of the time, but you can't fool all of the people all the time)." 대만이 민주적으로 되려면 상당한 수준의 독립적 사고를 해야 한다. 그렇지 않으면 언제까지나 남에게 끌려다니며 남의 엉덩이 모양을 달고 다닐 것이다.

기업을 경영하는 데 있어 독립적 사고만으로는 부족하다. 기업은 혁신해야 하며, 이는 힘들게 생각해낸 것 또는 영감을 통한 통찰력에서 비롯된다. 학문의 피라미드를 예로 들면 최저층은 자료raw data다. 사람들은 대학교육을 통해 자료를 정보information로 조직할 수 있다. 정보의 위에는 지식knowledge이 있으며, 이 과정은 개인의 내면화internalize를 거쳐 지식을 자기 것으로 만들 수 있다. 그리고 이 과정이 독립적 사고다.

누구에게나 여러 개의 지식체계 피라미드가 필요하다

하나의 지식체계는 하나의 피라미드이며, 여러 개의 피라미드를 세워야 할 수도 있다. 반도체는 매우 큰 산업으로 세계 대국의 경제 변화의 영향을 많이 받는다. 따라서 여러 개의 피라미드를 세워놓고 고심하거나 번뜩이는 영감이 떠오르는 과정을 거쳐야 통찰할 수 있다. 나는 이것이 더욱 높은 층위의 사고라 생각하며, 통찰을 거쳐야 혁신과 발명을 할 수 있다.

나는 자주 사색에 빠진다. 상당히 까다로운 문제에 직면하여 어떻게 해결할지 모를 때, 반드시 하나의 방법을 생각해내야 한다. 바둑을 둘 때 상대의 반응에는 여러 가지가 있을 수 있다. 상대가 A라는 반응을 할 때 당신은 어떻게 해야 할까? 상대의 반응이 B일 때, C일 때는? 다음 행보에도 상대는 각종 반응을 보일 것이다. 이는 매우 복잡한 분기 나무branching tree로, 머리가 잘 돌아가지 않으면 여기에 한 단계씩 써 내려갈 수 있다. 그러나 개인적 경험으로 볼 때 머릿속에 넣어두는 편이 더 나았다(웃음). 이렇게 많은 것들을 그려 놓아봤자 오히려 사고에 방해만 된다.

당신의 경쟁자가 반드시 적은 아니다. 또한 당신의 주변 환경이 때로는 경쟁자가 될 수도 있다. 회사에서 나는 늘 이런 문제를 이용해 동료가 제대로 생각했는지를 테스트하곤 했다. 동료는 마땅히 대처할 방안을 얘기하고, 나는 어떤 결과에 대해 상대가 어떻게 할 것인지 묻는다. 어떤 동료는 대답하고 어떤 동료는 해결책을 내놓지 못한다. 대답을 듣고 나는 재차 질문을 이어간다. 바둑의 고수는 결말을 볼 수 있는 사람이다. 중간 정도의 실력자도 최소한 몇 수는 내다볼 수 있다. 나는 동료들에게 몇 걸음 더 앞을 내다보라고 말한다. 생각을 많이 할수록 결정의 성공률은 높아진다.

Morris Chang

바둑의 고수는 결말을 볼 수 있는 사람이다. 중간 정도의 실력자도 최소한 몇 수는 내다볼 수 있다. 나는 동료들에게 몇 걸음 더 앞을 내다보라고 말한다. 생각을 많이 할수록 결정의 성공률은 높아진다.

하지만 힘들게 사고해도 소용없는 경우도 많다. 어렵게 사고한 후 통찰을 얻게 되는데, 이 통찰의 결과 주변 환경이 도와주지 않는다는 답이 나오기 때문이다! 따라서 통찰을 했다고 문제가 자동으로 해결되는 것은 아니다.

고뇌하며 사고할 때 당신을 안내해줄 멘토가 있는가? 나는 없다고 생각한다. 만약 있다면 나 자신도 멘토가 될 수 있다. 하지만 '나'라는 멘토가 성공적으로 이끌 것이라고는 생각하지 않는다(웃음). 정말이다! 사실 TSMC에서 나는 오랫동안 사고에 관한 주장을 펼쳤고, 20~30명을 대상으로 내 생각을 주장했다. 이렇게 해서 한 사람이라도 습관을 바꾼다면 성공한 셈이다.

나는 강연도 자주 한다. 200명, 300명을 앞에 놓고 강연하면서 속으로 생각한다. 저들 중 10명이 내 강연을 듣고 사고하는 습관을 기른다면 무척 보람 있을 거라고 말이다. 다른 특별한 방법은 없다. 당신이 이 사실을 믿고 흔쾌히 따른다면 비로소 사고의 오묘함에 들 수 있을 것이다.

시대가 변해도 변하지 않는 가치

왜 도덕인가?

2002년 미국 기업 엔론Enron이 파산을 선포하고 월드컴WorldCom의 회계 부정사건이 연일 대서특필되면서[18] 기업을 불신하는 분위기가 만연했다. 태평양 너머 미국에서 발생한 이 사건은 대만에서도 기업의 신용도를 돌아보는 계기가 되었다.

당시 〈상업주간〉의 '대만기업 성실도' 조사 결과 50퍼센트의 사람들이 상장기업의 재무제표를 믿을 수 없다고 답했다. 사람들이 가장 성실한 기업가로 선정한 인물은 바로 TSMC 이사장 모리스 창이었다.

특별 인터뷰에서 모리스 창은 TSMC가 기업 경영, 인재 고용, 심지어 장기 수익 창출에서 성실함을 실천한 비결을 구체적으로 소개했다. 그는 기업의 신용이 땅에 떨어진 현실을 개탄하면서 그럴수록 도덕성을 지켜야 훌륭한 비즈니스를 유지할 수 있다고 말했다.

"도덕성이 훌륭해야 사업이 잘 풀린다." 모리스 창은 기업이 견고한 문화를 유지한다면 경영에서 좌절에 맞닥뜨려도 무너지지 않을 거라고 주장했다. 미국에서 1980년 이전에 고도로 성실했

---

18. 엔론(Enron)은 한때 세계 최대의 전력, 천연가스 및 통신기업이었다. 그러나 2001년 구조적인 회계부정 스캔들이 터지면서 마침내 파산을 고했다. 월드컴 그룹(WorldCom Group)은 1999년~2002년 세전 순이익을 최소한 70억 달러까지 부풀렸다.

던 기업문화를 겪은 모리스 창은 연이은 기업 회계부정 사건에 통탄을 금치 못했다. 성실한 미덕이 땅에 떨어지고 부정부패가 계속 증가하는 모습을 지켜봤기 때문이다.

대만인이 가장 신뢰하는 기업가로서 모리스 창은 미국이 문제를 발견했다는 사실이 고무적이며, 고위 경영자의 '스톡옵션'을 해결하면 이 문제는 최소한 절반은 해결한 셈이라고 말했다. 대만의 경우 문제가 불거진 후에도 감추기에 급급하며, 최소한 미국보다 4~5배의 역량을 쏟아야 비로소 해결할 수 있다고 내다봤다. 이하는 인터뷰를 요약한 내용이다.

Q : TSMC의 10대 경영이념 중 제1조가 진실성integrity이다. 이는 심지어 혁신에 우선할 정도로 중요시된다. 일반적으로 혁신은 기업의 영리에 직접 반영된다고 생각된다. 하지만 진실성이 기업의 가치와 주가에 반영될 수 있을까?

A : 충분히 반영된다. 하지만 그것이 진실성을 제1조에 놓은 주요 이유는 아니다. 진실성은 문명사회의 가장 중요한 사회구조social fabric다. 한 사회, 국가, 심지어 전 세계에 진실성이 사라지거나 약화한다면 사회 전체의 안정을 확보하기 어려우며, 더 나아가 '경제성장의 극한'을 초래할 것이다. 방금 현실적인 면을 물었는데 그건 성실성 다음으로 중요하다고 본다. 과거의 문제들은 현실적인 면을 가장 중요하게 생각해서 불거진 것이다. 진실성을 소홀

히 하면 단기적으로는 큰 문제가 없더라도 장기적으로는 손해이며 이는 사회 전체에도 손해다. 내가 진실성을 최우선 순위에 둔 이유가 여기에 있다.

사회의 진실성이 사라지면 부정부패가 고개를 든다

Q : 성실함으로 부패는 막을 수 있으나 이익을 창출하지는 못하기 때문에 기업 책임자들이 현실적으로 이를 소홀히 할 수도 있겠다는 의문이 든다.

A : 성실함으로 이익을 창출할 수 있다. 훌륭한 도덕은 좋은 비즈니스로 연결되기 때문이다. 가령 고객을 성실하게 대함으로써 그들의 충성도를 강화할 수 있다. 물론 현실적인 고객들도 많지만, 고객의 충성도는 우리의 성실성을 높이 평가한 결과다. 우리 제품이 비싸다는 이유로 이탈한 고객은 몇 년 후 환경이 바뀌고 가격 차이가 없어지면 돌아올 것이며, TSMC는 이런 경험을 많이 했다.

'주가'에 대해 언급하자면, 나는 성실한 기업이 주가도 상대적으로 좋을 거라고 믿는다. 특히 경험이 있는 투자자들이 이 점을 눈여겨보기 때문에 성실한 기업은 투자의 균등성도 좋은 편이다. 현실적으로 볼 때 성실함은 고객은 물론 직원에게도 유리하지만 실제로 반영되려면 시간이 걸리기 마련이다. 이런 장기적 현상 때문에 성실성에 대해 그다지 장점이 없다는 의혹을 품게 된다. 그러나 가장 중요한 것은 현실적 측면이 아니라 사회구조다.

Q : 최근 불거진 일련의 대기업 회계부정 사건을 어떻게 생각하며, 문제점이 어디 있다고 보는가?

A : 가장 기본적 문제인 성실함이 실종되었기 때문이라고 생각한다. 현재 미국의 대다수 CEO는 40~50대가 맡고 있다. 그 나이대는 전반적인 성실성이 20~30년 전보다 떨어지는 것이 사실이다. 20~30년 전 내가 미국에 있을 때는 대기업이 롤모델이었고 소기업이 그들을 모방했으며, 성실도는 지금보다 훨씬 높았다. 20년 동안 성실도가 하락하고 부패가 늘어나는 모습을 지켜보느라 사실 가슴이 무척 아팠다.

이렇게 된 가장 큰 원인은 스톡옵션stock option의 범람이다. 미국 〈비즈니스위크〉의 최근 통계에 따르면 1980년 연소득이 가장 높았던 CEO 리 아이어코카Lee Iacocca의 연봉이 수백 만 달러였는데, 2000년에는 연소득이 가장 높은 CEO로 오라클 총재인 래리 엘리슨Larry Ellison이 7억 600만 달러를 받았다고 한다. 1980년과 비교하면 거의 100배 차이가 난다. 1980년 50대 기업 CEO의 평균 연봉은 100만 달러였고, 2000년에는 1,000만 달러로 10배의 차이가 난다. 이런 상황에서 스톡옵션은 주가를 따라가는데,

주가가 낮으면 스톡옵션은 가치가 없어진다. 물론 주가가 높지 않아도 우회적으로 돈을 버는 방법이 있지만, 결론적으로는 주가 상승이 스톡옵션으로 돈을 버는 유일한 경로다. 이것이 20년 동안 미국의 도덕 관념과 주가 관념이 변화한 모습이다.

끝까지 주식을 보유하는 사람이 절반이나 되는지 모르겠다. 이런 사람들은 많은 스톡옵션을 챙기면서도 장부를 조작하지 않으며 고의적 인플레이션을 일으키지 않는다. 문제는 이런 사람들이 점점 줄어드는 실정이다.

Morris Chang

나는 성공과 실패 여부를 경영을 가늠하는 기준으로 삼지 않는다. 실패했다고 성실함을 버려도 되는 것은 아니며, 그렇게 생각한다면 이는 잘못된 생각이다.

장부조작 방지에 있어 법률지식은 최후의 방어선이다

Q : 법률로 관리할 수 없단 말인가?

A : 미국은 반드시 배심원 결정을 거쳐야 판결을 내릴 수 있다. 그런데 배심원들은 정작 내막을 잘 모른다. 나는 회계 지식이 깊지는 않지만, 장부를 보면 시간이 걸려서 그렇지 알아볼 수는 있

다. 그러나 배심단의 회계지식 수준은 나보다 훨씬 못하다. 변호사들도 두 달이 걸려야 제대로 판단하는데 배심원들은 오죽하겠는가! 따라서 법률지식은 최후의 방어선에 불과하며, 유일하게 의존할 것이 그 방어선이어서는 곤란하다. 성실함이 첫 번째 방어선이 되어야 한다. 두 번째 방어선은 펀드 경영인, 주식 애널리스트의 발언이 될 수 있다. 그들의 결정이 투자행위로 나타나기 때문이다. 법률은 어디까지나 최후의 방어선이다.

Q: TSMC처럼 기업 경영이 건전하면 성실성을 유지할 여건이 될 것이다. 그러나 기업들이 재정 곤란에 빠지면 대부분 이를 숨기려고 한다. 어려운 때에 지조 있는 사람의 진가가 드러난다지만, 기업 CEO가 이런 상황에서 성실성을 지키기는 쉽지 않다.

A: TSMC의 경영은 나무랄 데 없다. 그러나 나는 VIS도 경영하고 있고, 그곳에서도 성실성을 지켜야 한다. 따라서 나는 성공과 실패 여부를 경영을 가늠하는 기준으로 삼지 않는다. 실패했다고 성실함을 버려도 되는 것은 아니며, 그렇게 생각한다면 이는 잘못된 것이다.

나는 성실함이 인격과 관련되는 문제라고 생각한다. 나 자신뿐 아니라 내 주변 사람들에게도 성실함은 가장 우선되는 기준이며, 그 기준에 미달하는 사람은 결코 곁에 두지 않는다. 이미 그런 사람이 내 곁에 있다면 조만간 그 사람과의 관계를 끝낼 것이다. 성실하지 않은 기업은 위험하다. 돈은 벌 수 있을지 몰라도 장기적으로는 큰 위험에 빠질 것이다.

Q: 기업의 책임자가 당신처럼 크게 성공한 인물이라면 회사에서 발언권이 강할 것이다. 이런 상황이라면 다른 동료들이 당신의 말에 감히 의혹을 제기하기 어렵지 않을까?

A: 난 당신이 말하는 그런 사람은 아닌데……(웃음). 나의 한마디가 TSMC의 도덕 기준에 들어맞는다면 영향력이 있겠지만 그렇지 않으면 아무런 무게도 없을 것이다. 이것이 바로 기업문화이며, 이는 매우 중요한 것이다. 성실하지 않은 직원은 필요 없다.

Q: 그런 직원에 대해 인사조치한 적이 있나?

A: 있다.

Q: 성실하지 않다는 이유로?

A: 그렇다.

Q: 느낌으로 알았나, 아니면 증거가 있었나?

A: 느낌만으로 그렇게 하지는 못한다. 진정한 행동에는 실질적인 증거가 있어야 한다. 하지만 그런 느낌을 받으면 상대의 행동을 더 주의 깊게 살피게 된다.

Q: 성실함을 경영이념으로 삼는 기업은 많지만 기업문화로 자리 잡기에는 아직 많은 거리가 있다. 성실함의 중요성을 알지만 많은 시간과 경비를 들여가며 실천하려 들지는 않는다.

A: 기업들이 입으로는 외치지만 현실적으로는 실천할 방법이 없다. 우리는 각 방면에서 이를 실천하고 있다. 예를 들어 무엇인가를 구매할 때 리베이트를 받은 직원을 징계한 케이스는 한두 번이 아니다. 우리 TSMC는 성실함에 대해 반드시 구체적으로 요구한다. 그리고 직원들은 이것('TSMC의 경영관리이념' 책)을 수시로 들고 다니며 자신부터 늘 모범을 보여야 한다. (경영관리이념 책을 읽으며) "같은 업계와는 합법적 범위 내에서 전력을 다해 경쟁한다. 그러나 악의를 갖고 해쳐서는 안 되며 동업자의 지적재산권을 존중해야 한다."

이건 모두 내가 쓴 것으로, 우리 회사 임원들은 다 알고 있다. 알고 있는 정도가 아니라 너무 봐서 지겨울 정도다(웃음). 가령 내가 무슨 말을 했는데 이 지침에 맞지 않으면 대번에 "아니죠. 그건 이사장님이 했던 말씀이잖아요!" 하는 항변이 돌아온다.

우리 회사 수석부사장의 직급은 39급이고 공장장은 38급이다. 한 직급 아래는 37급이며, 37급 이상은 총 100여 명이다. 37급 이상으로 승진하는 데 필요한 최우선 조건이 바로 성실성이다.

우리 회사의 한 위원회는 모두 39급으로 구성되었다. 6개월마다 회의를 열어 승진 대상의 자격을 논의하는데, 가장 먼저 고려하는 것이 바로 성실성인 것이다. 가령 한 표(위원회 구성원을 가리킴)가 괜찮다고 생각한 사람이 성실성의 기준에 못 미친다면 즉시 대상에서 제외되며, 더 고려할 필요가 없다. 일단 성실함의 관문을 통과해야 비로소 다른 조건을 고려하게 된다.

Q : 언제 이렇게 변경했나?

A : 6년 전부터 이렇게 하고 있다. 원래 우리는 비중으로 따졌는데 어느 날 생각한 바가 있어서 변경했다. 성실함을 중요한 비중의 항목에 넣을 것이 아니라 아예 선결 조건으로 못 박는 것으로 변경했다. 나는 지금까지도 이 결정이 매우 훌륭한 통찰의 결과라고 생각한다. 그것이 가장 중요하기 때문이다.

Q : 당신이 만난 성공한 기업가들은 모두 성실함의 덕목을 갖추고 있었나?

A : 그건 성공의 정의에 달려있다. 2년 전만 해도 월드컴을 성공한 기업으로 생각하지 않았나? 통속적인 성공의 정의에 따른 나의 대답(answer to your question)은 "아니다(No)"이다. 나는 결코 그들에게 성실함이 있다고 생각하지 않는다. 진정한 성공을 이룬 기업은 매우 드물며, 진정으로 성공한 CEO에게는 성실함이 있다.

이상적인 이사회는 감사위원회, 보수위원회를 설치해야 한다

Q : 어떤 사람을 진정으로 성공한 기업가라고 생각하나?

A : 장기간 영속적으로 경영하며 수익률이 장기적으로 성장해야 한다. 뛰어나게 높지 않아도 평균을 웃도는 성장을 유지하며, 기업의 평판 reputation 도 좋아야 한다. 벼락부자 같은 이미지는 곤란하다. 장기적으로 성공한 기업은 몇 년에 걸친 좌절에 맞닥뜨려도 회복할 수 있다. 내가 25년간 TI에서 일했지만 그 회사의 성실성은 한 번도 흔들리지 않았다. 1980년대 전반에 걸쳐 상업적 성공을 거두지 못하고 오히려 적자를 봤지만, 이 회사의 성실성은 최악의 시기에도 변함이 없었다.

Q: 선생은 살아오면서 성실함의 측면에서 어떤 사람, 또는 어떤 상황이 가장 깊은 인상을 남겼나?

A: 성공한 기업을 제대로 이끌어가려면 여러 가지 요소를 갖춰야 한다. 나는 TI에 있을 때 이사장 해거티를 평생 롤모델로 삼았다. 내가 그를 처음 만났을 때는 이미 30대였다. 지금까지도 그는 가장 훌륭한 롤모델이다. 그에게는 성실함은 물론이고 다른 능력도 있다. 특히 혁신이나 사업을 보는 안목이 뛰어나다. 이런 요소가 있어야 지속 가능한 경영을 할 수 있다.

Q: 2001년 S&P는 아시아 태평양지역 100대 기업을 대상으로 '기업 투명도 조사'를 진행했다. 총점 10점에 평균점수 5점 이상을 받은 기업은 76개였으며, TSMC의 점수는 4점에 불과했다. 이와 함께 대만기업의 평균 점수는 아시아 지역 최저를 기록했다. 이 결과를 어떻게 보는가?

A: 이런 결과는 대만의 법적 규제와 연관이 있다. 나는 대만의 범주를 벗어나고자 많은 노력을 했다. 대만의 이사회 중 절대다수는 고무도장을 사용하고 있으며, 이른바 감사위원회audit committee도 없다. 이런 상황에서 기업의 투명도 요구를 증명할 방법이 없다. 나는 S&P의 조사를 자세히 살펴보지는 않았다. 그러나 CSFBCredit Suisse First Boston의 조사에서는 우리의 기업통치가 아시아 전역에서 2위를 차지한 것을 발견했다.

S&P의 입장을 이해한다. 그들은 우리 이사회에 감사위원회가 없다는 것을 문제 삼았을 것이다. 최근 들어서야 두 명의 독립 이사, 한 명의 독립 감사를 세웠으니, 그들의 기준에는 도달할 수 없는 것이다. S&P의 기준에 맞추려면 독립 이사가 최소한 절반 이상이어야 하며, 경영팀으로부터 독립되고 대주주로부터 독립되어야 한다. 나는 그들의 생각이 정확하다고 생각한다.[19] 하지만 우리에게는 감사위원회가 없다. 대만에서 법적 지위가 인정되지 않

---

19. TSMC 이사회는 2002년과 2003년에 감사위원회와 보수위원회를 설치했으며, 모두 독립 이사가 위원 및 회장직을 맡았다. 이사회의 독립 이사는 2011년 이사 정원의 절반을 넘어섰다.

기 때문이다. 이에 해당하는 자리는 감사가 차지하고 있다. 대만의 감사는 특별히 하는 일이 없으며 독자적으로 행사한다. 제대로 된 제도에서 감사는 집단이어야 하며, 독자적으로 행사하지 않고 함께 토론해야 한다. 제대로 된 제도라면 이사회 안에 감사위원회와 보수위원회가 반드시 있어야 한다. 법적인 지위가 없어도 추진해볼 생각이다.

Q : 언제쯤 진행할 생각인가? 금년에 볼 수 있을까?

A : (고개를 끄덕이며) 당연히 볼 수 있을 것이다.

Q : 기업통치를 전문적으로 연구한 푸런대학輔仁大學 예인화葉銀華 교수는 이 조사와 관련하여 TSMC의 독립 이사가 3분의 1은 되어야 한다고 제안했다. 그의 생각에 동의하는가?

A : 그 생각에 나도 동의한다. 그러나 대만의 전통을 감안할 때 두 명의 독립이사를 세운 것만으로도 대단하다(크게 웃음)! 하지만 나는 그 수를 더 늘릴 생각이다.

Q : 대만의 기업환경에서는 확실히 쉽지 않은 일이다.

A : 이런 일에는 시간이 필요하다. HP 설립자의 아들은 10여 명의 후계자를 대표하는 유일한 이사다. 그러나 그들의 주식은 총 17퍼센트이다. 만약 12명으로 구성된 이사회가 있다면 대만에서

최소한 3명의 이사를 낼 수 있으며 4명도 가능하다. 이는 미국식 계산이며, S&P는 미국의 관념으로 판단한 것이다. 나는 이 점을 옳다고 생각한다. 우리는 현재 독립 이사가 2명이며, 이 2명도 몇 년의 노력 끝에 탄생한 것이다. 그런 점에서 우리에게 4점만 줬다는 것은 상당히 가혹하다고 생각한다.

스톡옵션의 비용화로 장부조작 문제의 절반은 해결할 수 있다

Q : 미국 기업은 이렇게 좋은 쪽으로 경영하는 상황에서도 장부조작 사건이 계속 일어나고 있다. 이런 사건을 해결하기란 정말 쉽지 않다.

A : 나도 쉽지 않다고 생각한다. 하지만 미국의 경우 스톡옵션을 해결한다면 장부조작이 최소한 절반으로 줄어들 것이다. 스톡옵션 문제는 사실 상당히 단순하다. 스톡옵션을 비용expense으로 전환하면 해결된다. 물론 어려움은 따를 것이며, 그것이 어렵다면 차선책을 강구해야 한다. 즉 완전히 비용으로 잡지 않고 스톡옵션을 규제하는 것이다.

Q : 대만의 문제는 그렇게 단순하지 않을 텐데?

A : (고개를 가로저으며) 대만의 문제는 그렇게 단순하지 않다. 대

만의 개혁은 훨씬 복잡하다. 따라서 개혁하지 않으면 '성장의 극한'에 걸릴 것이다.

Q : 마음이 무겁다. 기업통치를 도입하면 대만 기업의 문제를 해결할 수 있을까?

A : 문제의 일부만 해결할 수 있을 것이다. 기업통치는 제도의 개혁이며, 그 밖에도 극한은 별도의 요소다. 우리는 미국의 사례를 그대로 좇아가는 형국이다. 미국의 도덕성이 추락하면 우리도 그 뒤를 따른다. 미국에서 한 층의 개혁을 필요로 하면 우리에겐 최소한 네 개, 다섯 개 층의 개혁이 필요하다.

Q : 선생처럼 기업통치를 중요시하는 인사는 대만의 기업환경에서 외롭지lonely 않나?

A : 때로는 외로울 때도 있다. 나는 항상 어느 정도 그런 감정을 느낀다. 외로운Lonely 것이 좋은 느낌은 아니다. 하지만 자신의 가치관을 잃어버리는 것보다는 훨씬 낫다.

Taiwan-Semiconductor

Manufacturing-Company

제3장

TSMC를 세계 1위로 만든 12가지 비법

모리스 창은 1998년 자오퉁대학 경영대학원에 '경영관리'과정을 개설하고 자신의 실전경험을 전수했다. 엄격한 심사를 거쳐 선발된 100명의 수강생이 그의 강의를 들었다. 자오퉁대학 기업관리 석사과정EMBA 학생 40명 외에 타이완대학, 칭화대학, 자오퉁대학의 박사과정과 과학단지의 고급 경영인들이었다.

모리스 창은 수강생들의 출석상황을 중요시했으며, 이 수업을 고급 경영인들의 일상적 부분이자 기업문화의 일환으로 여겼다. 따라서 수업 시작 전 때때로 출석을 부르고 중간관리들의 질문을 유도하거나 질문에 반문하기도 했다.

모리스 창 교수의 수업 분위기는 가벼웠으나 그렇다고 쉽게 생각하면 오산이다. 그는 첫 수업에서 20편의 필독 논문 리스트를 제시했다. 한 자오퉁대학 재학생은 그의 수업에 임할 때 압박감을 느꼈으며 부담 없이 들을 수 있는 수업은 아니라고 하였다.

1998년 9월부터 1999년 1월까지, 그는 TSMC 경영실전부터 반도체 산업 발전과 세계 경제 구도까지 두루 설명했으며, 중간중간 개인적인 시사 평론까지 곁들이며 심경의 변화를 드러내기도 했다. 〈상업주간〉 기자가 전 과정의 수업을 듣고 이를 정리했다.

이 12강의 수업에서 모리스 창은 기업 리더와 기업통치에 관한 이론을 설파했을 뿐 아니라 자신이 TSMC를 30년간 이끌며 쌓은 성과를 투영하기도 했다. 이 수업을 통해 모리스 창의 "오도일이관지吳道一以貫之(나의 도는 하나로 꿰뚫는 것이다. 공자의 말–역주)"의 굳은 신념, 그리고 이러한 자신의 신념을 실천하는 노력을 엿볼 수 있었다.

비법 1

기업에서 가장 중요한 세 가지

비전, 문화, 전략

모리스 창은 제1강에서 '세계적 기업가'를 주제로 강의를 진행했다. 특히 인텔의 앤드루 그로브 총재의 경영관을 소개했으며, 한국과 대만 반도체 기업의 서로 다른 재무구조로 인해 서로 다른 경제 비전과 우열 구도가 형성되었다고 주장했다. 또한 세계적 기업의 가치관과 전략, 기업문화에 관해 설명했다. 이하는 〈상업주간〉이 정리한 수업노트다.

기술 제공자 VS. 최종 고객 제공자

본격적인 수업에 들어가기에 앞서 모리스 창은 학생들에게 미안한 마음을 전했다. 그는 TSMC에서 강의할 때는 아무런 준비를 하지 않았다고 했다. 그러나 모든 주제를 오랫동안 생각했기 때문에 강의에서 풍부한 내용을 다룰 수 있었으며, TSMC 직원들도 자신의 강의에 만족했으리라 판단했다. 그러나 이번 수업은 처음이기 때문에 다소 두서없이 진행되더라도 이해를 바란다는 것이다.

먼저 그는 인텔 이사장 앤드루 그로브에 대해 언급했다. 인텔은 현재(1998년) 세계 최대의 반도체 기업이며 앤드루 그로브는 설립자 중 한 명이다. 다른 두 명의 설립자보다 나이는 어리지만, 오늘날 인텔의 성과가 있기까지 앤드루 그로브의 기여도가 크다.

앤드루 그로브가 1998년 4월 대만을 방문했을 때, 모리스 창은 신문에서 그가 한 말을 읽었다. "대만의 하이테크산업은 기술 제공자technology provider가 될지 최종 고객 제공자end-consumer provider가 될지 선택해야 한다." 모리스 창은 그의 말이 시사하는 부분이 많다고 생각했다. 신문을 다 읽은 후 모리스 창은 앤드루 그로브가 무슨 말을 하는지를 알 수 있었다. 두 사람은 오래전부터 알고 지낸 사이기도 했다.

'기술 제공자'란 어떤 개념일까? 대만의 PC산업에서 메인보드를 예로 들어보자. PC 본체를 제조하는 데는 일정한 기술이 필요하다. 기술이 있으면 제품이나 서비스를 제공할 수 있으며, 그 하위 스트림의 제조업과 협력하거나 OEM위탁생산을 통해 제품을 최종 소비자의 손에 전달할 수 있다. 웨이퍼 팹의 경우는 서비스를 제공하는 것으로, 반도체 회사, 컴퓨터 회사에 제품을 전달하여 최종 고객의 손에 제품을 전달한다.

그렇다면 '최종 고객 제공자'란 무엇일까? 그 의미는 매우 심오하므로 고객의 수요가 무엇인지부터 되짚어 보아야 한다. 즉 최종 고객 제공자는 "기술발전에만 주력하지 않고 최종 고객이 무엇을 필요로 하는지를 생각한다." 또한, 고객의 수요 정보를 기술발전 부서에 전달한 후, 기술발전 부서가 최종 고객의 수요에 따른 기술을 연구한다.

앤드루 그로브의 이런 생각과 관련하여 앞으로 '세계적 기업'에 대한 그의 주장을 자주 들을 수 있을 것이다. 그는 "최종 고객의 수요에 입각하여 기술을 연구하면 당신의 시야가 무척 넓어질 것"이라고 말한다. 인텔과 마이크로소프트는 현재(1998년) 글로벌 IT 분야의 주도권을 쥔 기업이다. 이들은 많은 시간을 들여 최종 고객 제공자가 될 방법을 연구한다. 물론 지금은 두 가지를 동시에 추진하고 있으며, 그중에서도 특히 전략구상에 더 많은 시간을 들여 광범위한 품질개발과 투자를 진행한다. 그들은 최종 고객의 니즈를 만족시킬 수 있는 기술들이 많이 쏟아져서 제품에 적용되기를 기대한다. 가령 오늘날의 멀티미디어, 화상회의 원격교육 등은 최신 애플리케이션 트렌드Application trend라고 할 수 있다.

오늘날 글로벌 IT산업은 불경기에 직면했으며, 이는 PC 기반의 애플리케이션이 포화상태에 놓인 데서 비롯된다. 새로운 애플리케이션을 출시하지 않으면 PC 산업은 더욱 침체될 것이다. 실제로 1998년에 그런 조짐이 보였다. 글로벌 PC 산업의 성장률은 약 11~12퍼센트이다. 이를 가격으로 환산하면 성장률 제로라고 할 수 있다. 평균 가격이 10퍼센트나 내렸기 때문이다. 모리스 창은 그해에 복잡한 요인이 있었다고 지적했다. 가령 아시아 금융위기로 인한 시장 위축을 들 수 있다. 하지만 이런 요인을 배제하더라도 성장률이 낮으며, 애플리케이션 트렌드가 포화상태에 빠진 것을 주된 원인으로 봐야 한다.

앤드루 그로브는 인텔 CEO 자리에서 사임하고 자신은 이사장직에 있으면서 일상 업무를 후계자에게 인계하겠다고 결심했다. 그는 인텔 내부에 어떻게 하면 최종 고객 제공자가 되는지를 전문적으로 연구하는 부서를 설립하기로 했다. 그는 4월에 대만 매체를 통해 이런 말을 했다. "대만은 PC 위주의 산업을 주로 하고 있으며 운명을 결정짓는 성과는 PC 산업과 연관된다. 따라서 PC의 애플리케이션 확장에 협력해야 한다."

앤드루 그로브는 "200달러짜리 제품을 만드느라 고심하지 말 것"을 강조했다. 대만 제조업자들은 저가 제품에 주력하는 경향이 있어서, 200달러짜리 제품을 원하는 사람이 있다면 당장 이에 호응해서 그런 제품을 만들어 낼 것이다. 그러나 200달러 제품을 만들어내는 것보다는 애플리케이션을 확대할 방안을 생각해야 한다. 그래야 시장 수요가 이에 따라 커질 것이다. 이는 시간이 걸리는 작업이지만 인텔은 이런 작업을 3년째 해오고 있다. 인텔 자체적으로 추진하는 것 외에도 다른 기업에 투자하거나 M&A를 진행해서라도 새로운 애플리케이션의 가능성에 주력하고 있다.

모리스 창은 앤드루 그로브가 언론에 자신의 생각을 발표한 다음 날 그와 만났다. 이 자리에서 그는 앤드루 그로브가 한 말이 위와 같은 의미였냐고 물었고, 앤드루 그로브는 이렇게 대답했다. "맞다. 업계는 PC 시장 확장에 힘써야 한다. 확장하지 않으면 영향력이 점점 하락할 것이다."

Morris Chang ______

우리는 기술발전에만 주력하지 않고 최종고객이 무엇을 필요로 하는지를 생각해야 한다. 최종고객의 수요에 입각하여 기술을 연구하면 당신의 시야가 무척 넓어질 것이다.

기업 재무구조가 다른 한국과 대만 기업의 우위와 열세

모리스 창은 대만과 한국의 기업을 예로 들어 우위와 열세가 다르다고 주장한다. 대만기업은 자본이 약 65퍼센트이며, 나머지 35퍼센트는 은행 대출이다. 한국기업의 자본 비중은 정반대로, 주주권익이 약 20퍼센트, 부채 약 80퍼센트로 구성되는데, 이 정도만 해도 양호한 편이고 15:85의 비율이 일반적이다.

그의 설명에 따르면 주식은 주주들로부터 직접 모집하지만 이런 일이 잦으면 주식가치가 떨어져서 주주들의 환영을 받지 못한다. 따라서 주주권익의 증가는 대부분 잉여분을 증자로 돌려서 충당하며, 돈을 벌어도 주주들에게 배당할 돈이 없기 때문에 주식배당으로 충당한다. 이렇게 하다 보니 회사가 존재하는 한 주주권익은 점점 커진다.

D램을 생산하는 웨이퍼 팹의 경우, 1원의 자본을 투자하면 약 2원의 매출을 올릴 수 있다. 영업이익을 더 늘리고 싶으면 기업

규모를 확장해야 한다. 다시 말해 회사의 자산을 늘려야 한다. 기업이 규모를 20퍼센트 확장하면 1원의 자본에 0.2원을 추가하는 것과 같으며, 상술한 비율로 주주권익과 은행 대출을 배분할 경우, 대만 주주의 자본은 0.13원이 늘어나고 은행으로부터 0.07원을 더 대출받아야 한다. 한국 주주들은 0.04원을 더 투자해야 하고, 기업은 은행으로부터 0.16원을 더 대출받아야 한다.

대만기업은 주주권익 비율이 높아지면 한국기업보다 더 많은 잉여분이 있어야 기업 확장 목표에 도달할 수 있다. 위에서도 말했듯이 주주들의 주머니에서 계속 돈이 나가야 한다면 주주들이 달가워할 리가 없다. 따라서 잉여분을 증자로 돌려야 한다. 대만기업이 투자를 0.13원 늘리려면 2원의 매출에서 0.13원만 더 벌어들이면 20퍼센트를 확장할 수 있다. 대만 기업은 수익을 많이 올리지 않아도 기업 규모를 확장하는 데 부담이 없다는 얘기다.

은행 대출이자도 고려해야 한다. 금리 연 5퍼센트로 계산하더라도 대만 기업이 0.0175원의 이자를 낸다면 한국은 0.04원을 이자로 지급해야 한다. 수익을 10퍼센트 올린다고 가설할 때, 대만과 한국 기업의 수익이 모두 0.2원이다. 여기서 이자를 제하면 대만의 순수입은 0.1825원, 한국은 0.16원이다. 잉여분 전체를 증자로 돌릴 경우, 30퍼센트를 확장할 수 있다(0.13원을 벌면 20퍼센트를 확장할 수 있으므로, 0.1825원을 벌면 30퍼센트를 확장할 수 있다). 한국 기업은 주주의 지분 비율이 낮아서 규모를 대략 80퍼센트 확장할 수 있다 0.04원을 벌면 20퍼센트 확장할 수 있는데 0.16원을 벌었으니 80퍼센트 확장이 가능하다. 따라서 경기가 좋을 때는 한국 기업의 규모 확장 속도가 대만보다 빠르다. 사실 그렇게 하면 좋을 것이 없다는 것을 알면서도 간혹 한국 기업이 부러울 때가 있다.

하지만 경기가 나쁠 때 이런 구조는 한국 기업에 치명적이다. 예를 들어보자. 최근 몇 년간 반도체 산업 경기가 좋지 않았다. 회사가 돈을 벌지 못해서 수익률이 제로라고 가설할 때, 대만 기업은 이자 비용을 공제하고 0.0175원의 적자가 날 것이다. 이때 손실 부분은 주주권익에서 보완해야 한다. 대만기업의 주주권익은 0.78원(0.6원+0.13원)이 될 것이다. 모리스 창은 새로운 용어 '캐피털 번capital burn, 자본 소진'을 창시하고, 대만기업의 자본이 44.6년(45년에 육박한다)간 연소burning할 수 있다고 주장했다.

같은 이치로 생각할 때, 한국 기업은 수익률이 제로일 때도 여전히 0.04원의 이자 비용을 지급해야 하며, 주주권익은 0.24원(0.2원+0.04원)에 불과하다. 기업자본이 연소할 수 있는 기간이 6년에 불과한 것이다. 수익률을 마이너스 10퍼센트로 가정할 때, 대만 기업은 '자본 소진' 기간이 대략 3년인데 반해 한국 기업이 생존할 수 있는 기간은 1년에 불과하다.

그는 이것이 결코 극단적인 사례가 아니며, 현재 일어나고 있는 사실이라고 말했다. 이때 한국 기업들은 이자를 지급하기 위해

은행에 계속 손을 벌리거나 해외에서 자금을 도입하는 수밖에 없으므로 수익은 온데간데없다. 이는 거품경제를 초래하는 원인이기도 하다. 기업 경영 측면에서 볼 때 한국의 기업형태는 결코 안정적이지 못하다. 은행이 계속 돈을 빌려주지 않는 한 기업 규모를 또 20퍼센트 확장해야 한다.

사실 한국 정부는 이미 그렇게 하고 있다. 삼성, 현대 같은 대기업이 쓰러지는 것을 한국 정부가 원치 않기 때문이다. 따라서 정부가 은행에 계속 대출을 내보내도록 압박함으로써 한국 기업의 걱정을 덜어주고 있다. 그러나 경제체제가 전반적으로 왜곡됨에 따라 마지막에는 은행도 돈이 마를 것이며, 돈은 국가가 비축한 외환과 국민 저축으로 충당하거나 외국은행에서 대출하는 수밖에 없다. 그 결과 한국은 외채 비율이 높아져서 은행의 도산이라는 도미노 효과를 초래할 것이다.

모리스 창은 대만 기업의 게임 규칙은 유럽 선진국들과 같으나, 한국은 '운동장'이 다른 나라보다 높다고 지적한다. 이렇게 '기울어진 운동장'이 이번 위기를 통해 평평한 운동장으로 바뀐다면 오히려 좋은 일이다. 요즘 들어 한국 기업의 재무구조가 어느 정도 개선되었지만 크게 달라지지는 않았으며, 게임은 아직도 진행 중이다.

세계적 기업의 기반: 비전, 가치관, 전략

이날 모리스 창이 다룬 또 하나의 주제는 세계적 기업의 비전vision이었다. 그는 비전을 제시한 가장 훌륭한 사례로 미국의 독립선언을 들었다. 200년 전에 작성된 것임에도 독립선언의 멀리 내다보는 안목은 지금까지도 사람들의 경탄을 자아낸다. 가령 최근 30년간 사람들이 유독 강조하는 자주와 자유의 사상은 일찍이 독립선언에서 제창하던 것이다.

독립선언은 한두 마디로 국가의 목표를 완벽하게 제시하고 있으므로 기업의 비전과 관련하여 배울 점이 많다. 비전은 아주 짧은 말로 제시해야 하며, 삼민주의三民主義(쑨원이 제창한 민족·민권·민생사상–역주)를 전부 욱여넣어서는 안 된다. 미국의 경우 루스벨트 대통령은 사회복지제도 건설에 주력했으나 비전을 제시하지는 않았다. 아이젠하워 대통령 때도 비전 얘기는 없었으나 여전히 국민의 사랑을 받았다.

케네디 대통령 이후 미국의 대통령들은 어김없이 비전을 제시해오고 있다. 케네디의 취임선언은 독립선언과 마찬가지로 비전을 제시했으며, 화려하고 짜임새 있는 문장력을 자랑했다. 레이건 대통령은 훗날 역사에서 평균 이상의 성과를 낸 대통령으로 평가될 것이다. 그의 신앙은 매우 간결하면서도 견고했다. 그는 '반공'이라는 한 마디로 전국의 민중에게 공동의 목표를 제시했다. 부시 대통령은 비전의 중요성을 크게 고려하지 않았다. 정세가 악화되는 조짐이 있으면 그제야 한 가지 비전을 제시했다. 그러나 너무 때늦은 비전의 제시로 인해 사람들은 부시를 '비전 없는 대통령'으로 여겼다. 현재 대통령 클린턴도 많은 비전을 제시하고 있다.

기업도 국가와 마찬가지다. 수십 년 전에는 기업도 비전을 제시하지 않았다. 기업 리더는 비전을 제시하지 않으면서도 기업을 훌륭하게 이끌었다. 그러나 오늘날 비전의 제시는 반드시 필요하다. 기업의 리더는 기업의 목표를 정확히 알아야 한다. 이를 몰라서 직원의 질문에 제대로 답을 못한다면, 직원은 자신이 목표도 없는 회사에서 일한다는 느낌을 받을 것이다.

모리스 창은 IBM이 몇 년 전 직면한 '내부 폭발inplore, 'explore'의 상대적인 개념' 문제를 예로 들었다. 회사 내부와 직원들이 큰 문제에 봉착했을 때 당시 IBM 총재로 부임한 루이스 거스트너Louis Gerstner는 기자의 질문에 "현재 IBM에는 비전이 필요하지 않다"며 호언장담했다. 이런 내용이 보도되자 평론가들과 주식 애널리스트들은 루이스 거스트너가 비전의 관념을 낮게 평가했다며 일제히 집중포화를 퍼부었다. 결국 루이스 거스트너는 자신의 실수를 공개적으로 사과했고, 한두 달 뒤에는 IBM의 비전을 제시했다. 그 후 그는 점점 노련한 경영 성과를 보여줬고, 오늘날 IBM의 성과를 이루는 데 크게 기여했으며, 이는 그가 제시한 비전과 큰 관련이 있다.

그러나 모리스 창은 비전이 기업 경영에 유용한 것은 사실이지만 그렇게 중요한 것은 아니라고 지적했다. "중요한 포인트는 전체 직원이 공감하느냐에 있다. 직원들이 중요하지 않다고 생각하면 그런 것이다. 이것이 첫 번째 중요한 요소다. 두 번째 요소는 비전을 제시하고 그로 말미암아 직원의 행동이 변화하는지 살펴봐야 한다. 행위를 하는 자가 힘을 기울여야 비전은 비로소 중요한 것으로 변한다."

따라서 한 기업의 총재나 책임자는 직원들이 장기적이라고 여길 수 있는 차원 높은 목표를 생각해야 한다. 최소한 10년, 20년은 내다볼 수 있는 목표여야 한다. 비전은 직원이 생각하는 목표보다 한 단계 더 높고 심오해야 하며, 회사의 고위층과 말단직원이 똑같이 흥미를 느낄 수 있어야 한다. 그러나 기업이 비전을 '모든 사람이 부자 되는' 목표로 세워서는 아니 된다. 모리스 창은 그렇게 되면 구조조정의 효과가 없어진다고 지적했다.

모리스 창이 생각하는 비전은 이런 것이다. "기업에는 세 가지의 중요한 기초가 있어야 한다. 기업 비전이 첫 번째 기초라면, 두 번째는 기업 가치관(즉 기업문화)이다. 최소한 30년, 40년, 심지어 더 긴 시간 동안 변하지 않아야 하는 가치관이다. 세 번째 기초는 기업전략으로, 기간은 비전보다 약간 짧아도 된다. 그러나 매년 바뀌지는 않아야 한다. 괜찮은 전략 하나만 있다면 5년 동안 바꾸지 않아도 된다."

Morris Chang

기업에는 세 가지의 중요한 기초가 있어야 한다. 첫째는 기업 비전이고 둘째는 기업 가치관이며 셋째는 기업전략이다.

그는 기업문화가 기업의 가장 중요한 기초라고 주장하며 다음과 같은 말로 기업문화를 묘사했다. "어떤 기업에 건강하고 훌륭한 기업문화가 있다면 설사 시련이 닥쳐도 빠른 시일 내에 재기할 것이다. 안정적이고 견고한 기업문화가 없다면 똑같은 시련에 직면해도 재기할 수 없다."

모리스 창은 자신이 25년간 근무했던 TI의 사례도 들었다. 이 회사는 견고한 기업문화를 보유하고 있었다. 도중에 약 10년간 극심한 부진을 겪기도 했으나 여전히 중요하고 실력 있는 회사로 건재하고 있다. 여기에는 견고하고 건강한 기업문화가 일등공신 노릇을 했다. HP도 몇 차례의 부침을 겪었으나 그때마다 다시 일어섰다. 그러나 그렇지 못한 기업도 있다. 왕안 컴퓨터王安電腦는 강력한 기업문화가 없었으며, 그 결과 한 번 부진을 겪자 다시는 재기하지 못했다.

기업문화란 무엇일까? 모리스 창은 가장 중요한 역할을 기업의 총재가 아닌 설립자가 해야 한다고 주장했다. 가령 HP, TI, IBM의 기업문화는 설립자가 수립한 것이며, 그들이 성공한 후 세상을 떠나더라도 그의 부고에는 기업을 설립했다는 내용이 반드시 들어간다. 그의 가장 큰 성과는 그 회사의 기업문화를 수립한 것이며, 이를 오늘날까지 지속하며 기업을 성공으로 이끌었다는 것이다.

기업 총재의 임무는 기업문화를 지속하는 데 있다. 모리스 창은 수강생들에게 장차 기업을 세울 기회가 있다면 기업문화를 반드시 수립하라고 당부했다. 처음부터 고객을 찾아 나서고 상장할 기회만 엿보느라 급급해서는 안 된다. 그렇게 했다가는 나중에 죽어서 부고란에 적을 성과가 아무것도 없을 것이다. TSMC에서 모리스 창이 인재를 기용하는 조건은 TSMC의 기업문화에 공감해야 한다는 것이었다. 그는 능력이 아무리 뛰어나도 TSMC의 기업문화에 공감하지 않는 사람은 조만간 문제를 일으키기 쉽다고 생각했다. 다만 기업문화에는 상당한 포용력이 있어야 사람들이 공감할 수 있다.

비법 2

리더에게 꼭 필요한 습관
관찰, 학습, 분석과 도전

제2강에서 모리스 창은 '관념'이라는 주제를 이끌어 냈다. 그는 이번 강의에서는 기업관리의 이념을 다룰 것이라고 말했다. 기업경영은 물리나 기계처럼 한번 배우면 문제를 해결할 수 있는 것이 아니고, 배운 것을 누구에게나 활용할 수 있는 것도 아니다. 기업경영이라는 학문은 느리지만 늘 변화하는 분야이기 때문에 관찰하고 학습하는 습성을 길러야 한다.

가령 20세기부터 기업관리는 최초에는 시간연구time study였다가 최근 50년 동안 중앙집권centralize, 지방분권decentralize으로 주제가 바뀌었다. 1970년대에는 일본의 관리제도에 대한 연구가 시작되면서 단체정신team approach을 중요시했다. 사실 모든 조직에는 각자의 모델이 있으며, 중앙집권이니 지방분권이니, 또는 단체조직이니 하는 것을 무조건 모든 기업에 적용할 수는 없다.

관찰과 읽기를 통해 학습하며 사고는 특히 중요하다

기업이 정책을 결정할 때 사람들은 모든 구성원이 결정에 참여하는 방식을 가장 민주적이라고 여긴다. 그러나 관리학의 대가

피터 드러커Peter Ferdinand Drucker[20]는 이런 생각에 의혹을 제기했다. 가령 배가 곧 침몰하게 생겼는데 선장이 그 마당에 회의를 열어 해결방안을 강구할 여유가 있을까? 그게 옳은 방법일까? 급한 상황에서 선장은 사람들이 취할 행동을 지시할 수 있을 것이다. 따라서 경영관리는 다양한 상황에 한 가지 방법으로 대응할 수 없는 것이며, 같은 기업이라고 해서 같은 방법으로 대응해서도 안 된다.

우리가 지식을 학습할 때 주변에서 한 숟가락씩 일일이 떠먹여줄 수 없듯 경영관리도 마찬가지라고 모리스 창은 주장했다. "여러분에게 당부하는 것은 관찰, 학습, 사고, 시도의 습관을 기르라는 것이다. 이는 경영 관리자가 평생 추구해야 하는 일이기도 하다. 이 교실에 있는 100명의 수강생 중 10명이나 15명이 이런 습관을 기를 수 있다면 나는 그것으로 족하다."

모리스 창은 수강생들이 자신의 수업에 대해 범위가 너무 크고 추상적이므로 경영관리와 무관하다고 여길 수도 있다며 우려했다. 그러나 자신이 경영관리에 종사한 30년 동안 그의 관심사는 점점 광범위해졌다. 정치, 경제, 문화를 포함한 분야는 모두 경영관리학에 속하며 수시로 자아 혁신을 해야 한다고 주장했다. 그는 모든 사람이 사고하는 습관을 길러야 한다고 촉구했다. 생각하

---

20. 현대 관리학의 아버지. 무수한 저서를 발표하여 목표관리, 고객지향 등 관념을 제시했다. '지식노동자'라는 말을 창조했으며 지식경제 시대의 도래를 예견하기도 했다.

고, 생각하며, 또 생각해야 한다. IBM이 '싱크think'라는 구호를 내건 것도 이런 의미에서였다. 모리스 창은 앤드루 그로브가 자신에게 최종 소비 수요의 제공자가 될 것을 제안했다고 전하면서, "한국의 과도한 투자로부터 미국이 자국 시장을 보호하기 위해 규제책으로 내놓은 것이 반덤핑법이었다. 대만 시장이 충분히 커지면 한국을 덤핑혐의로 제소할 수도 있다."라고 했다.

이밖에 클린턴 사건[21]도 언급했는데, 이 사건은 경영관리 측면에서 이해할 필요가 있다. 가령 클린턴 관련 뉴스는 언뜻 보면 경영관리와 관련이 없는 것 같다. 그러나 사실 이는 인간 가치관 변화를 보여주는 사건으로, 사건 추이의 변화에 상관없이 사회 가치관의 변화를 초래한 중대한 사건임이 분명하다.

모리스 창은 자신이 학창 시절 듣던 과목은 대부분 이공계 과목이었으나 오늘날까지 인상 깊게 남아있는 인물은 하버드대학 1학년 때 선택과목으로 들었던 인문학Humanity 교수였다고 술회했다. 그는 이 과목을 듣는 것이 무척 힘들었다. 18세에 중국을 떠나 미국으로 유학을 간 모리스 창은 영어도 아직 서툴렀다. 그런 자신에게 그 교수는 첫 수업에서 호머의 《일리아드》 서사시를 소개한 것이다. 이 작품은 마치 중국의 《시경詩經》에 비견할 수 있다. 겨우 중국어 몇 마디를 익힌 외국인에게 시경을 읽어 보라고

21. 1998년 미국의 당시 대통령 빌 클린턴(Bill Clinton)과 백악관 실습생 르윈스키(Monica Lewinsky)의 성추문 사건을 가리킨다.

한다면 얼마나 힘들겠는가! 모리스 창은 《일리아드》를 공부한 후 이어서 로마의 각종 시, 존 밀턴의 《실낙원》, 조너선 스위프트 Jonathan Swift의 《걸리버여행기》 등을 공부했다.

그 교수는 B.C 400~500년 전의 그리스 문화부터 얘기를 시작했다. 이는 서양문화의 변천사 중 각 시대의 대표작들이었다. 그 교수의 모습이 지금까지도 모리스 창의 눈에 선하다. 그가 강의하는 모습은 열정적이고 멋졌다. 온갖 분야를 섭렵하며 2천 년 전 서양문화의 변천사를 전혀 힘들이지 않고 마치 주머니에서 물건을 꺼내듯 가볍게 다뤘다. 그 인문학 교수야말로 살아있는 학문을 하는 사람이었다. 후에 모리스 창은 경영관리가 살아있는 학문이라 느낄 때마다 이 교수를 자주 떠올리곤 했다.

모리스 창은 수강생들의 지혜로운 삶을 계발한다는 의미에서 사고의 중요성을 강조했다. 사고의 단계는 관찰, 읽기, 학습과 사고를 말하며, 모리스 창은 업무에 관찰을 활용하는 것이 약 3분의 2 정도이며, 업무 외의 사물에 대한 관찰은 3분의 1이라고 말했다. 업무와 관련한 읽기는 5분의 1을, 업무 외의 남는 시간에는 읽기가 5분의 4를 차지한다. 그는 "학습은 관찰에 읽기를 더한 결과이며, 사고는 가장 중요하다."라고 주장했다. 업무와 관련한 사고가 그의 생활에서 차치하는 부분은 많지 않았다. 그가 진행하는 사고의 대부분은 업무 이외의 분야였다. "나는 세계적 기업이란 계속 학습하고 사고하는 기업이라고 생각한다."

Morris Chang

세계적 기업이란 계속 학습하고 사고하는 기업이다.

TSMC의 10대 경영이념

모리스 창은 1996년 TSMC에 "우리의 관리원칙을 기반으로 세계 최고의 디지털 웨이퍼 팹을 만들자."라는 비전을 제시한 바 있다. 최근 그는 TSMC에 새로운 비전을 다음과 같이 제시했다. "세계적으로 가장 명망이 높은 최고의 서비스를 지향하는 전문 웨이퍼 팹으로 거듭나 고객에게 전면적이고 전체적인 이익을 제공하며, 이를 통해 최고의 수익을 창출하는 기업이 되자."

기업문화 측면에서 볼 때 TSMC에는 해외 대기업 출신의 중간관리자들이 많다. 모리스 창은 TSMC에서 강연할 때 사원들에게 과거 근무했던 대기업의 기업문화가 어떠했는지 물었다. 그 결과 다음과 같은 대답이 돌아왔다. IBM은 개인을 존중하고 탁월함을 추구하며 깊이 생각한 후 행동한다. HP는 개인과 인성을 지향하며, 창업가 정신을 존중한다. 인텔은 결과를 중시하고 건설적 갈등과 탁월함을 추구하며, 평등과 규율을 중요하게 여긴다. 그중 건설적 갈등은 인텔의 유명한 문화다. 텍사스 인스트루먼트TI는 성실함과 실질적 성과를 추구한다.

모리스 창은 TI 재직 시절 함께 일했던 동료에 대해서도 이야기했다. 그는 영업팀의 책임자였다가 나중에 인텔로 옮겼고, 두 사람은 지금까지도 가까운 사이로 지내고 있다. TI에도 '건설적 갈등'을 중시하는 기업문화가 있는데, 그 동료는 TI에 있을 때보다 인텔의 토론 분위기가 훨씬 치열해서 놀랐다고 모리스 창에게 토로했다.

어느 날 그 동료가 부하직원들을 소집하여 회의를 열고 당시 현안을 논의했다. 그는 약 10분에서 15분을 할애하여 직원들에게 이런저런 당부를 했다. 아무도 그의 발언을 방해하지 않았다. 그러나 그가 말을 끝내고 나자 10초에서 20초간 정적이 흘렀다. 이윽고 한 부하직원이 입을 열었다. "Jack, you are full of shit(잭, 정말 형편없는 말만 늘어놓는군요)." 이런 말을 들은 동료는 큰 충격을 받았으나 얼마 후 이런 문화가 인텔에서는 아주 보편적이라는 사실을 알게 되었다. 시도 때도 없이 상사가 부하에게, 부하는 상사에게, 또는 동급의 직원 사이에서도 이런 일이 벌어진다. 그러나 그들의 논쟁은 결코 인신공격이 아니라 어디까지나 건설적이다. 인텔은 엄격한 규율로도 유명하다. 지금도 직원들은 출근할 때 출근 명부에 사인해야 한다. 주차장에 간부 전용구역이 따로 없어서 늦게 오는 사람은 먼 곳에 주차해야 한다.

기업문화와 관련하여 모리스 창은 TSMC에서 10대 경영이념을 제시한 바 있다. 내용은 대체로 다음과 같다. 직업도덕을 견지한다. 웨이퍼 팹 본업에 집중한다. 국제화 시각으로 전 세계를 바라본다. 지속 가능한 경영을 추구한다. 고객은 우리의 파트너이고 품질은 우리의 원칙이다. 혁신을 격려한다. 도전적이고 즐거운 업무환경을 조성한다. 개방식 관리로 직원과 주주의 권리를 함께 도모하며 사회에 이바지한다. 모리스 창은 TSMC에서는 간부에 대한 승진 심사를 할 때 실적track record과 함께 그 사람이 기업의 경영이념에 공감하고 실천할 수 있는지를 본다고 말했다.

유선형 조직은 상호 참여할 수 있는 개방적인 환경이다

이어서 그는 조직에 관해 언급했다. 일반적인 기업조직은 성장한 이후 피라미드식 구조를 형성한다. 이 구조의 단점은 하부조직에서 상부조직으로 정보를 전달할 때 몇 단계를 거치기 때문에 최고위층이 그 정보를 들을 때는 시간이 많이 지체되어 효용가치가 있는 정보는 10분의 1만 남아있게 된다는 점이다. 지금은 이메일이 있어서 정보 전달 효과가 예전보다는 개선되었다. 피라미드식 구조에는 단점이 하나 더 있다. 즉 대만에서는 세 사람 중 한 사람이 간부가 되는데 간부의 부가가치가 매우 낮다. 기업의 직급 수가 많을수록 간부의 부가가치는 낮아진다.

모리스 창은 20년 동안 수평 조직을 선호하여 10여 명이 한 사람에게 보고하는 형식을 취했다. 이 밖에도 '유선형 조직'을 통해 동일 직급 간에 서로 관여할 수 있게 했다. 이러한 상호 참여 방식의 관리를 통해 많은 문제를 동일 직급 간에 해결할 수 있으며, 사장은 너무 많은 일에 관여하지 않고 더 많은 시간을 미래의 일을 구상하는 데 사용할 수 있다. 조직 내에서 발생하는 모든 일을 상사에 보고하여 해결한다면 많은 시간이 낭비될 것이다.

"기업의 이사장은 시간의 75퍼센트를 미래에 대한 사고에 사용해야 한다. 사장은 50퍼센트의 시간을 이 방면에 사용해야 하며, 직급이 동일한 간부의 업무는 상호 대체할 수 있어야 한다." 모리스 창은 이것이 이론이 아니라 이미 존재하는 성공사례라고 강조한다. 그가 TI에 근무할 때 모든 직원이 공동의 경쟁자에 함께 대응하며 열심히 일했다. 5년 동안 이런 분위기에서 일했으며, 그는 이런 유선형 조직이 성공적으로 운영되면 관리 효과가 더 좋아질 것을 확신한다.

Morris Chang

기업의 이사장은 시간의 75퍼센트를 미래에 대한 사고에 사용해야 한다. 사장은 50퍼센트의 시간을 이 방면에 사용해야 하며, 직급이 동일한 간부의 업무는 상호 대체할 수 있어야 한다.

비법 3

불필요한 단계를 줄여라

피라미드형 조직과 유선형 조직

제2강에서 모리스 창은 유선형 조직의 개념을 피라미드 구조와 대비하여 설명했다. 큰 기업에는 통상 7단계의 조직구조가 있으며, 공장 직원, 작업원까지 합쳐 10단계까지 되는 기업도 있다. 또 특별한 추진준비단Task Force도 있을 수 있으나, 대체로 7단계에서 10단계가 일반적인 조직의 범위다. 그는 이런 조직에서 정보가 위에서 아래로 상당히 느리게 흘러간다고 지적했다. 이번 강의는 이 주제를 연속으로 다루며 더 많은 내용이 소개된다.

직원은 자신의 부가가치가 무엇인지 스스로 물어야 한다

유동형 조직을 채택하면 사장 아래에 공정, 연구개발, 마케팅, 생산 등을 담당하는 부사장이 있어서 상호 유동적으로 관리할 수 있다. TSMC도 이 체제를 택하고 있으며, 부사장급에서 60퍼센트에서 70퍼센트는 이런 관리를 시행한다. 이렇게 하면 기업의 주요 인원은 상호 대체할 수 있다. 세계적 기업이 전문성을 요구한다지만 부사장급을 박사나 노벨상 수상자가 맡는 경우는 거의 없다. 높은 스펙을 지닌 제너럴리스트는 한 가지 직무에만 매달리지 않으며, 부사장급은 사장에게는 소중한 자산으로, 상호 대체가 가능해야 사장이 과중한 업무에 시달리지 않으며, 사장에게 무슨 일이 생기면 그 직위는 쉽게 대체될 수 있다.

가령 TSMC에서는 1997년에 사장이 사임한 후 모리스 창이 그의 자리를 대체하는 데 아무런 문제가 없었다. 사장의 사임이 있기 전부터 TSMC는 유선형 관리를 해왔기 때문이다. 모리스 창은 TI에서 25년 동안 일했으며, 그중 황금기는 바로 유선형 조직으로 관리하던 시기다. 그는 이 관리를 매우 성공적으로 평가하고 다른 기업에도 적극적으로 추천했다.

그는 예를 들어가며 이 제도를 설명했다. 한 작업원이 팔에 화상을 입었다고 가정하자. 상부에서는 그 사실을 전혀 모를 수도 있으며, 작업원이 사망이라도 해야 상부에 보고가 될 것이다. 작은 화상이라면 작업반장이 처리하거나 팀장에게까지는 보고가 되겠지만, 팀장은 상부에 이를 보고하지 않고 지나치는 일이 잦다. 마치 여러 겹의 필터로 걸러내듯 상부로 전달되는 속도가 느려질 수밖에 없다.

모리스 창은 정보사회의 가장 큰 혁신이 제록스Xerox 복사기의 발명에서 시작되었다고 주장했다. 자신은 학창 시절에 타이핑으로 공문 비망록을 작성해 용돈을 벌기도 했는데, 그 당시 복사지carbon copy는 지우개로 수정하면 보기 흉했다. 결국 한 부를 더 복사해야 하니 번거로움이 컸다. 정보유통이 지금처럼 순조롭지 않았을 때라 제록스의 등장은 큰 도움이 되었다.

그는 팀장이 임원이나 동일 직급에 보고서를 보낼 때 팩스를 사용할 수도 있지만 이메일이 훨씬 편리하다고 말했다. 상사가 원하면 부하직원의 이메일을 볼 수 있겠지만 그것은 훔쳐보는 걸 의미한다. 모리스 창의 지인 한 명은 부하직원 간에 주고받은 이메일을 살펴보기도 했다. 그러나 1998년 대만의 대다수 기업 대표들은 PC나 이메일을 사용할 줄 모르며, 조직 내 정보가 걸러지는 상황은 여전히 존재한다.

이어서 모리스 창은 피라미드형 조직의 두 번째 단점을 이야기하면서 그것이 각급 간부의 부가가치와 관련된다고 지적했다. 직원은 자신의 부가가치가 무엇인지 스스로 물어야 한다. 직원의 부가가치는 조직과 연관된다. 많은 기업에서 중간급 간부는 때로는 별 소용없는 도구에 지나지 않는다. 과거의 공적을 봐서, 게다가 나이도 많아져서 승진시켰지만 그 사람의 부가가치에는 별다른 것이 없다. 모리스 창은 부하직원이 직무에 충실하다면 다른 사람이 그들을 관리할 필요가 없다고 생각한다. 꽤 잘 나가는 회사에서도 상사 한 사람이 겨우 두 명의 부하직원을 관리하는 상황은 여전했으며, TSMC도 그중 하나였다.

모리스 창은 이런 간부들의 부가가치를 과연 어디에서 찾아야 하느냐고 물었지만 늘 이런 식의 대답이 돌아왔다. "이 사람은 잠재력이 많다. 다만 경험이 없으니 당분간 도와줄 사람을 배정해줘야 한다." 얼마나 도와줘야 할까? 그 대답은 "대체로 1년이면 된다"는 것이었다. 1년이 지난 후 도움을 주기 위해 배정되었던 그 직원은 어떻게 되었을까? 빈자리가 없어서 그 자리에 그대로 남아있는 건 아닐까? 결국 "당분간 도와준다"는 말은 처음부터 핑계에 불과했고 조직은 그 상태로 굳어 버린다. 모리스 창은 말한다. "오늘날 자주 언급되는 조직혁신re-engineering은 불필요한 자리를 없애는 것으로, 이는 기업 경영에서 상당히 중요하다."

이상적인 구조는 1명의 상급자가 7명의 직원을 관리하는 것이다

조직의 직급이 많으면 상급자 한 사람에 겨우 2~3명의 부하직원이 배정된다. 이는 직원을 훈련하는 이상적인 방법이 아니다. 모리스 창은 이상적인 방식을 소개하며 수영 훈련을 예로 들었다. 수영을 할 수 있으나 아직 장거리 수영 경험이 없는 10명이 있다. 관리자는 그들을 바다에 빠뜨리고 스스로 1킬로미터를 헤엄쳐 나오게 한다. 물론 만일에 대비하여 구조요원이 모터보트를 타고 대기 중이다. 하지만 수영을 잘하는 사람을 투입하여 그들 옆에서 손을 잡아주는 일은 없다. 모리스 창은 직원 훈련의 가장 이상적인 방법은 직원에게 직무를 부여하는 동시에 책임도 부여하는 것이라고 주장했다. 상급자 한 명이 약 7~8명의 직원을 관리하는 구조가 가장 이상적이며, 이때 상급자는 수영 훈련 시 배에 타고 대기하는 구조요원에 비유할 수 있다.

이러한 조직혁신에서는 불필요한 직급layer을 없애버려야 한다. 평소 집안을 깨끗하게 정리해 두면 평소에 지저분한 상태로 두고 1년에 한 번 정리하는 것보다 훨씬 효과적인 것과 같은 이치다. 어떤 대기업은 고속 성장기에 조직이 너무 방대해져서 직급이 단번에 10단계로 늘어나자, 이사회가 이를 5단계로 줄이라고 지시했다. 그는 이렇게 해서 성공한 사례를 여러 번 들었다. 사실 대기업이 조직을 5단계로 줄이는 것은 하늘의 별따기보다 어렵다. 또한 어렵게 강행해도 얼마 지나지 않아 다시 한 단계가 늘어나고, 1년 후에는 어느새 6단계, 7단계로 직급이 늘어나 있기 일쑤다.

상사 한 명이 약 7~8명의 부하직원을 관리하는 구조가 적당하다. 그런데 상급자에게는 감독 외에 어떤 책임이 있을까? 설마 행정관리의 책임만 져도 되는 걸까? 조직을 운영할 때 관리 감독만 담당한다면 그 사람의 부가가치는 낮을 수밖에 없다. 관리자의 가치에는 자신이 관리하는 7~8명을 포함하여 다른 팀과 소통하고 협조하는 것까지도 포함한다. 그러나 이것만 기업 성장의 주요 역량으로 삼을 수는 없으며, 관리자라면 부하직원에게 새로운 방향을 제시해야 한다. "중간관리자는 새로운 발전방향을 모색하여 부하직원이 이를 실천하게 함으로써 조직을 위한 가치를 창조해야 한다. 이것이 곧 혁신의 정신이다." 모리스 창은 이것이 곧 성장의 주요 역량임을 강조했다.

실적이 이력서 경력보다 중요하다

모리스 창은 이력서를 쓰는 것과 관련해 충고를 건넸다. 그가 받아보는 이력서는 늘 이런 내용으로 채워져 있다. "1996년~1998년 모 회사 영업 담당 부매니저로 일하면서 100명을 관리함. 회사 영업액은 10억 NTD에서 20억 NTD으로 증가함." 이런 식으로 이력서는 천편일률적이다.

그러나 가장 중요한 것을 보지 못한다. 모리스 창은 "당신이 어떤 일을 했느냐?"를 강조하며, 이것이 비로소 부가가치라고 말한다. 100명을 관리하고 영업액이 20억 NTD로 늘었다는 내용은 보는 사람에게 깊은 인상을 주지 못한다. 그러나 이런 사람들마저 서류전형에서 탈락시킨다면 면접까지 올라올 사람이 한 명도 없을지도 모른다.

이력서의 이런 문제는 미국 대통령 선거에서도 제기되었다. 당시 부시와 마이클 두카키스Michael Stanley Dukakis가 공화당의 당내 후보 지명을 놓고 경선에 나섰을 때 부시는 자신이 CIA 국장, 유엔 대사, 중국 주재원, 상원의원과 하원의원 등을 역임했음을 내세웠다. 그러나 그가 한 일은 무엇이란 말인가? 이는 매우 중요한 문제로 사람을 채용하는 사람은 반드시 이를 물어야 한다. 이력서의 경력resume과 실적record은 다르다. 경력이 당신이 종사했던 직위를 소개하는 것이라면 실적은 당신이 어떤 일을 해냈는지를 소개하는 것이다. 따라서 마이클 듀카키스는 당시 부시에게 경력이 있다면 자신에게는 실적이 있다고 말했다. 모리스 창은 실적이 한 개인의 능력과 반드시 관련되는 것은 아니라고 말한다. 실적은 경기가 좋을 때는 자연스럽게 따라 올라갈 수 있으며 회사의 건전성도 실적에 영향을 미칠 수 있다.

Morris Chang ———

중간 관리자는 새로운 발전방향을 모색하여 부하직원이
이를 실천하게 함으로써 조직을 위해 가치를 창조해야 한다.
이것이 곧 혁신의 정신이다.

비법 4

권력을 추구하기 전에 먼저 책임질 각오부터 하라

제3강에서 유동형 조직 개념을 다룬 데 이어, 제4강에서는 '책임과 리더'를 다룬다. 그는 여기서 책임의 귀속 관념을 언급했다. 대만 사회와 직장에서는 이런 관념을 2011년부터 중시하기 시작했으니 모리스 창의 관념이 얼마나 앞선 구도였는지를 알 수 있다. 그는 책임 귀속의 의의를 설명하면서 부서의 상급자가 단순히 여러 사람의 의견을 취합해 정책을 결정하는 것은 무책임하며, 책임의 귀속 문제는 상당히 중요하다고 강조했다.

사장은 부사장의 결정을 존중해야 한다

모리스 창은 유선형 조직의 특징은 모든 사람이 다른 사람의 일에 관여하는 데 있으며, 인재를 양성하는 훌륭한 기회라고 주장했다. 인재는 다양한 위치에서 상호 교체할 수 있으며, 무엇보다 책임 귀속의 문제가 중요하다. 기업 부서의 부사장을 예로 들어보자. R&D 부서의 부사장은 업무 부서에 관심을 가질 수 있고, 생산 부서의 부사장도 업무 부서에 관심을 가질 수 있다. 그러나 자기 부서의 책임은 여전히 업무 담당 부사장의 몫이다.

때로는 사장이 업무 담당 부사장과 어떤 결정을 두고 의견이 다를 수도 있다. 그러나 최후의 결정권은 업무 담당 부사장에게 있다. 이러한 책임의 귀속을 영어로는 'accountability'라고 한다. 조직윤리에서 가장 중요한 특징은 바로 책임의 귀속에 있다.

어떤 정책을 최종적으로 결정할 때는 책임 소재를 분명히 해야 한다. 만약 사장이 상당히 강한 직감으로 자신의 구상을 이행하려고 하고, 업무 담당 부사장도 자신의 의견을 고집한다면 이는 사장의 입장에서 큰 시험대에 오른 셈이다. 해결 방법은 서로 설득하거나 사장이 물러서서 지켜보는 수밖에 없다. 사장은 부사장의 결정을 존중해야 한다. 그렇지 않으면 부사장이 일을 추진할 수 없다. 그러나 부사장이 기업문화에 어긋나는 제안을 내놓을 경우, 그때는 더 이상의 소통이나 고려가 필요 없다.

모리스 창은 이러한 책임과 관련하여 흔히 범하는 착각을 지적했다. 즉 많은 중간관리자들은 어느 계층을 막론하고 결정 과정에서 동료나 지인의 의견을 중시한다. 그들은 다수가 찬성하는 의견이 가장 안전하고 리스크가 없는 결정이라고 여기며, 다수를 존중하는 행동을 중심으로 생각한다는 것이다. 당사자는 이런 결정이 나중에 옳다고 판명이 되면 모두 기뻐할 것이라고 믿는다. 또 잘못되더라도 최소한 모두 같은 의견이었다고 생각한다. 모리스 창은 이렇게 주장했다. "결정의 책임은 반드시 본인이 져야 한다. 왜냐하면, 당신이 의견을 구한 사람이 잘못을 인정하는 일은 거의 없기 때문이다."

그는 한 기업이 다른 기업을 인수 합병했으나 그 후 경영이 부진한 상황을 가정했다. 이때 기자가 당시 결정에 참여했던 사람들에게 질문하면 대부분 “내가 언제 인수 합병에 동의했던가요?”라고 발뺌하기 일쑤다. 그나마 양심이 있으면 “나는 사실 입장을 유보했다”고 하는 사람도 있을 것이다. 반대로 그 회사를 인수 합병한 후 경영실적이 좋다고 가정해보자. 이때 모든 사람들, 심지어 당시 그 의견에 반대했던 사람들조차 “난 인수합병에 적극적으로 찬성했다”고 할 것이다. 이런 현상은 무척이나 현실적이다. 모리스 창은 시간을 들여 많은 사람의 동의를 얻느라 애쓰느니 그 결정이 가져올 결과를 생각하는 편이 낫다고 지적한다.

먼저 책임을 부여해야 조금씩 영향력을 만들어낼 수 있다

‘책임 귀속’의 뒤에는 권한과 책임의 부여가 있다. 모리스 창은 사람들이 권한 부여를 자주 언급하지만 사실 더 중요한 것은 책임의 부여라고 지적했다. 권한을 부여받은 사람이 책임을 망각한다면 권한을 받을 자격이 없다. 어떤 기업이 라틴 아메리카에 자회사를 설립한다고 가정해보자. 사장이 개인적으로 선발한 사람에게 자회사 관리를 맡기려고 한다면, 업무 담당 부사장은 기분이 좋지 않을 것이다. 자신이 권한을 부여받지 않았기 때문이다. 모리스 창은 이런 문제는 사장이 책임을 부여받지 않아서 발생한다고 분석했다.

모리스 창은 권한 부여의 역량을 중력에 비유했다(Power is like

gravity). 이런 역량은 그냥 생기는 것이 아니다. 관리자에게는 먼저 책임을 부여해야 이러한 권한의 역량을 발휘할 수 있다. 관리자로 발탁된다고 해서 당장 권한이 생기는 것은 아니다. 부하의 존중을 받아야 권한이 생기고, 나아가 권한을 부여받을 수 있다. 모리스 창은 젊은이들에게 적극적 책임을 독려했다. 책임이 권리보다 앞서면 권리는 자연스럽게 따라오며, 권리부터 챙기고 책임을 뒷전에 두거나, 권리와 책임을 동시에 생각하면 둘 다 잃을 수도 있다고 지적했다.

Morris Chang

책임이 앞선다면 권리는 여기에 자연스럽게 따라온다.
그러나 권리부터 챙기고 책임은 뒷전에 두거나,
권리와 책임을 동시에 생각하면 둘 다 잃을 수도 있다.

수업이 끝나고 학생들의 질문이 이어졌다. 이때도 모리스 창은 기업의 대다수 권리는 불문율과 같아서 권한을 부여받은 자가 가장 중요한 영향력을 갖는다고 말했다. 그러나 중간 관리자가 명문화된 권리를 갖는 데는 한계가 있다. 대부분 몇 장의 공문서와 서류상의 승인, 또는 계약서, 재무상의 서명에 그치며, 불문율의 권리가 곧 영향력이다. 즉 많은 사람이 원하는 권리라는 것이 실제로는 영향력을 가리킨다.

리더의 가장 중요한 역할: 방향 제시

리더에 관한 토론을 시작할 때 모리스 창은 먼저 리더에 대한 자기 생각을 펼쳤다. 성공한 기업가들이 말하길, 성공한 리더에게 가장 중요한 업무는 직원의 격려자motivater나 조력자enabler가 되는 것이다.

인텔의 설립자 중 한 명인 로버트 노이스Robert Noyce는 이와 같은 생각을 피력했다. 그에게는 유능한 부하직원이 있어서 그 자신은 골프나 치며 지낼 수 있었다고 한다. 그러나 리더에 관한 이러한 정의는 리더가 격려자로서의 역할을 실천하지 않으면 단순히 그를 응원하는 문구에 불과할 것이다. 훌륭한 조력자는 당신의 비서도 충분히 할 수 있는 역할이다.

리더는 부하직원을 격려해야 한다. 하지만 무조건 격려하기보다는 어떤 일을 어떤 식으로 할지 방향을 제시해야 한다. 단순한 격려자에 머문다면 부하직원이 열심히 해도 제자리걸음일 뿐이다. 모리스 창은 리더의 가장 중요한 역할이 "방향을 알고, 포인트를 찾아내서 큰 문제의 해결 방법을 생각해내는 것"이며, 이는 훌륭한 리더를 검증하는 중요한 조건이기도 하다고 덧붙였다.

그러나 리더가 제시하는 방향을 아무도 따르지 않으면 리더라고 할 수도 없으니 가장 큰 비극이다. 이때 제시한 방향이 정확하면 일시적인 비극으로 끝나지만, 그 리더는 다른 회사로 옮겨갈 수도 있다. 상사의 격려를 받지 못한다는 이유로 부하직원이 그 말에 따르지 않는다면, 이는 부하직원이 어리석은 것이다. 상사가 제시하는 방향이 옳다고 생각하면 격려에 인색한 상사라도 부하직원은 그를 따를 것이다.

성공한 리더: 강하되 권위적이지 않다

모리스 창은 모든 리더가 사랑받는 것은 아니라고 지적했다. 대만에는 요 몇 년 새에 '다라오大老'라고 불리우는 성공한 기업가들이 많이 등장했다. 그들이 모두 사랑받는 것은 아니지만 존경의 대상이기는 하다. 사람들의 사랑을 받고 인기 있는 것과 존경받는 것은 다르다. 다라오가 존경받는 것은 문제에 대한 투철한 이해와 정확한 결정 덕이다. 리더가 존경도 받고 사랑도 받기 위한 유일한 방법은 모든 사람을 설득하는 것이지만, 그것은 굉장히 피곤하고 어려운 일이다. 회의를 열어 사람들을 설득하고 공감을 얻어야 한다. 설득당한 사람들은 마침내 고개를 끄덕일 것이다. 그러나 사실은 하도 시달려서 지친 나머지 "알았으니 좋을 대로 하세요." 해버리는 것이다.

Morris Chang

성공한 리더들이 모두 사랑받는 것은 아니지만
존경의 대상이 되기도 한다. 사람들의 사랑을 받고
인기 있는 것과 존경받는 것은 다르다.

이번 강의 마지막 주제는 '권위적인 리더와 강한 리더'였다. 모리스 창은 영어로 권위적인 리더는 'authoritarian leadership'으로, 강한 리더는 'strong leadership'으로 해석했다. 그에게는 포드 자동차 유럽지역 업무를 담당했던 친구가 있는데, 그 친구의 사장은 헨리 포드 2세였다. 한번은 그 친구와 포드 2세가 어떤 업무를 둘러싼 이견으로 공방을 벌이고 있던 중 포드 2세가 "회사 문 앞에 누구 이름이 쓰여있는지 나가서 보고 와요."라고 했다. 이런 식으로 "내 의견에 동의하지 않을 거면 썩 나가!" 하며 으름장을 놓는 사람은 권위적인 리더다.

반면 강한 리더는 큰 결정에는 강한 주관을 갖고 다른 사람의 의견을 늘 경청한다. 방향성과 전략성 이외의 결정에는 유연하게 따르며 권위적인 태도를 보이지 않는다. 또한 많은 시간을 들여 모든 사람을 설득하지도 않는다. 모리스 창은 자신이 강한 리더를 선호한다고 밝히면서 성공한 리더는 반드시 강한 리더라고 믿는다고 했다. 기업의 방향을 이끌어가는 리더가 주관이 없으면 곤란하기 때문이다.

비법 5

새로운 시장을 개척하라

세일즈와 마케팅, 권력 집중과 분산 방법

이번 강의 주제는 조직의 기능에 관한 것이다. 모리스 창은 영어 세일즈Sales를 '판매이행'으로, 마케팅Marketing을 '판매전략'으로 해석하고 이 둘의 역할과 기능을 심도있게 설명했다.

그는 조직 내 다양한 기능 부서를 간략하게 소개했다. 세일즈/마케팅, 공정, R&D, 생산기획, 정보과학기술, 인력자원, 재무, 행정, 법무 등을 포함한 기능조직이 있지만, 그 내용을 하나하나 소개하는 것을 생략하고 그중 세일즈/마케팅 부서를 중심으로 소개했다. 그는 사람들이 '세일즈와 '마케팅' 제대로 이해하지 못하고 뭉뚱그려서 '판매'로 해석한다고 지적했다. 사실 이런 번역은 타당하지 않으며 둘은 완전히 다른 업무로, 'Sales'는 '판매이행'으로, 'Marketing'은 '판매전략'으로 번역해야 한다는 것이다.

조직기능: 'Sales'는 '판매이행'이고 'Marketing'은 '판매전략'이다

마케팅의 가장 중요한 첫걸음은 시장이 어디에 있는지를 알아보는 것이다. 따라서 지혜로운 마케터는 잠재된 시장을 찾아낸다. 그는 자신이 이사장직을 맡았던 와이즈테크놀로지

[22]를 언급했다.

와이즈테크놀로지는 훌륭한 아이디어를 갖고 있었으나 대기업 위주의 고객 확장에는 어려움을 겪었다. 이에 따라 와이즈의 마케팅 요원은 잠재된 시장을 찾아 나서야 했다. 즉 설득하기 쉬운 소비자를 찾아내는 것이다. 이는 가장 힘들면서도 창의력이 필요한 작업이었는데, 최대의 이익은 아이디어를 낸 사람에게 돌아가게 되어 있었다. 모리스 창은 TSMC가 웨이퍼 팹 사업을 추진한 창의성도 이런 사례에 속한다고 소개했다.

이밖에 마케팅 요원은 시장에서 어떤 제품, 어떤 신기술을 필요로 하는지 결정해야 하며, 제품의 전략적 가격strategic pricing도 정해야 한다. 누군가는 제조 원가에 일정 비율을 더하면 그것이 가격이라고 주장하기도 한다. 그러나 이는 매우 평범한 원가 지향적 가격cost-based price이다. 가격을 정하는 좋은 방법은 가치 지향적 가격value-based price이다.

모리스 창은 세일즈가 회사의 기존 고객을 응대하는 방법이라면, 마케팅은 새로운 황무지 시장을 개척하는 것이라고 구분했다. 그는 마케팅 전략을 세울 때 어떤 고객군을 먼저 개발할지 결정해야 한다고 덧붙였다. 마케팅과 비교할 때, 세일즈는 고객과 고용주의 윈윈을 추구하며, 활력이 넘친다. 좋은 세일즈맨은 활력이

---

22. 모리스 창은 한 때 와이즈테크놀로지 이사장으로 있었으며, 후임으로는 장안핑(張安平)이 임명되었다. 이 회사는 그 후 델(Dell)에 합병되어 델 와이즈(Dell Wyse)로 사명이 변경되었다.

넘쳐야 한다. 모리스 창은 성공한 세일즈를 열심히 뛰는 것으로 묘사하면서, 이에 비해 마케팅은 활동적인 것보다는 정적인 사고형이라고 말했다. 세일즈에 종사하는 사람이 절반 이상의 시간을 고객과 함께할 수 없다면 좋은 세일즈맨이 아니다. 세일즈에도 기동성 판매 가격tactical pricing을 정할 책임이 있으며, 현장에서 고객의 상황에 따라 가격을 더하거나 내릴 수 있다.

Morris Chang

세일즈란 회사의 기존 고객을 응대하는 방법이며, 마케팅은 새로운 황무지 시장을 개척하는 것이다. 마케팅 전략을 세울 때는 어떤 고객군을 먼저 개발할지 결정해야 한다.

기업조직의 중앙집권 VS. 지방분권

중앙집권과 지방분권에 대해 설명하면서 모리스 창은 자신의 TI 시절을 예로 들었다. 중앙집권 제도는 주로 사장 아래에 각 공정, 생산 연구개발, 세일즈 부서가 있고 각 부서는 부사장이 책임자로 있다. 일단 큰 사건이 발생하면 전면적인 부분을 해결할 사람이 없기 때문에 사장에게 문의해야 한다. 이런 제도를 나쁘다고 할 수는 없다. 현재 세계적으로 수많은 대형 기업들이 이런 체제를 채택하고 있으며 매출액 200~300억 달러에 달하는 대기업 보잉사도 이 체제를 채택하고 있다.

지방분권의 구조는 사장 아래에 여러 제품사업군을 설치하고 각 사업군의 매니저는 작은 기업의 사장처럼 자신의 휘하에 각각 공정, 생산, 제품 판매전략 등 부문을 두는 것이다. 그러나 기업의 인력자원, 재무, 선진기술의 연구개발은 독립되어 사장의 휘하에 있다. 이런 체제는 언뜻 보면 사장의 부담이 가벼워 보인다.

모리스 창은 1964년 자신이 스탠퍼드대학 박사학위를 취득한 후 몇 달 만에 처음으로 제품사업군을 책임지는 사장의 위치에 올랐던 일을 회고했다. 그는 그 일을 하며 좋은 기억이 많았다. 당시는 TI의 전성기라고 할 수 있어서 모든 조직이 잘 갖춰져 있었다. 그는 언젠가 자신이 회고록의 후반부를 쓴다면 이 시절 이야기부터 써 내려갈 생각임을 밝혔다.

TI 제품사업부에서 좋은 추억도 많았지만 10여 년이 지난 후 이 기업의 조직도 변했다고 모리스 창은 회상했다. 이 회사는 웨이퍼 팹을 독립시키면서 테스트와 조립 부서도 아시아로 이전했다. 회사 내부에 20여 종의 제품사업군이 있었는데, 그의 업무는 대부분 자원을 수집하고 다른 부서와 소통하고 협력하는 것이었다. 가령 웨이퍼 제조부서가 제품의 우선순위를 확보하려면 조립 부서에 작업을 서두를 것을 촉구해야 한다. 그러나 다른 부서도 시간에 쫓기는 상황이었다. 때로는 웨이퍼 팹의 수율yield(결함이 없는 합격품의 비율–역주)이 떨어져 제품 원가 상승을 초래하기도 했다. 이런 손실을 누가 책임질 것인가도 문제였다. 따라서 그가 일하는 부서는 진정한 원가 지향 가격정책을 취할 수 없었으며, 분기마다 웨이퍼 팹의 원가를 반영해 가격을 수정해야 했다.

중앙집권 조직은 반응이 느리고 융통성이 떨어지는 단점이 있다. 이에 비하면 유선형 관리방식은 일종의 솔루션이다. 조직에 활력 넘치는 사장이 있으면 중앙집권의 불편함을 개선할 수 있을 것이다. 종합적으로 볼 때, 중앙집권의 장점은 자원을 집중적으로 관리하여 수시로 조정이 가능한 것이며, 반응이 느리다는 것은 단점이다. 지방분권은 반응은 빠르지만 협력에 시간이 걸린다. 이하 학생들과의 Q&A를 소개한다.

Q : 저가 컴퓨터 붐은 어떻게 시작되었는가?

A: 시장 점유율이 낮은 메이커들이 가격전으로 승부하며 저가 컴퓨터 붐이 시작되었다. 특히 어드벤스 마이크로 디바이스AMD, Advanced Micro Devices와 내셔널 세미컨덕터NS, National Semiconductor 두 업체가 이를 선도했다. 1996년에 NS 총재와 만났는데, 당시 그는 한 대에 200달러의 PC를 출시할 예정이며, 그렇게 되면 매년 6억 대를 팔 수 있을 것으로 내다봤다. NS 총재는 연간 판매 1억 대 수준인 PC 시장이 몇 배 커질 것이라고 예상했다. 그러나 그는 PC 1억 대의 시장은 단가가 1,000억 달러 이상이며, 이는 6억 대의 저가 컴퓨터를 팔아 거둬들이는 매출액보다 높다는 사실은 미처 생각하지 못했다.

1999년에 반도체 매출은 전반적인 상승세가 확실하지만 평균 판매가의 하락분을 상쇄하면 연간 매출 하락세를 면할 수 없고, PC 제조업체의 수입도 감소할 것이다. 그러나 AMD와 NS가 시장점유율을 높이기 위해 내세운 저가공세는 가격혁명이라고 할 수 있다. 1998년에 인텔은 저가 프로세서 시장에 뛰어드는 것을 원치 않았지만 금년은 상황이 좋지 않으므로 대응 전략을 강구해야 할 것이다.

Q : 원가지향 가격 VS. 가치지향 가격은 어떤 면이 다른가?

A: 인텔의 펜티엄 프로세서Pentium Processor에 가치지향 가격을 채택했으며, 제품의 이윤은 70퍼센트에 달한다. 일반적인 원가지향 가격을 택했다면 이윤은 기껏해야 40퍼센트에 불과했을 것이다. 가치지향 가격의 제품은 출시 물량에 따라 가격을 정하게 된다. 펜티엄 외에 웨이퍼 팹의 가격도 가치지향 가격에 속한다. 가치지향 가격 제품이 이윤이 높고 시장의 경쟁도 높은 것은 어쩔 수 없다. 제품의 가치지향 가격을 유지하려면 반드시 진입장벽을 높여야 한다.

인텔이 프로세서에 뛰어든 지도 35년이나 되었으며, 본격적인 성장 시기는 대략 10년 정도다. 그들은 진입장벽을 아주 높이 쌓아 올렸다. 하나는 지적재산권 부분에서 법적 구속력을 이용한 진입장벽이며, 두 번째는 기술과 생산효율의 최정점이라는 장벽이다. 그러나 경쟁 상황은 매년 변하고 있다. 특히 기술 단층을 맞닥뜨릴 때는 전환점이 출현하기도 한다. 따라서 인텔과 프로세서 시장의 사례를 통해 아무리 높은 진입장벽을 구축해도 영원하지 않다는 사실을 알 수 있다.

Q : 대만의 과학기술산업은 대부분 OEM이나 ODM 성격을 띠고 있다. 이런 특성의 기업은 마케팅 인력이 적은 편인가?

A: OEM이나 ODM을 위주로 하는 업체의 경우, 마케팅 분량이 적은 편이다. OEM을 주로하는 기업에는 마케팅 수요가 전혀 없으며, ODM 기업은 어느 정도 마케팅 인원을 운영하고 있다. 이들은 제품의 설계가 고객의 수요에 부합한지에 대해 고객들과 논의한다. 그러나 내가 생각하는 대만의 과학기술산업은 5년, 10년 후 더는 OEM이나 ODM 위주의 구조여서는 안 된다. 대만이 장차 '과학기술의 섬'이 된 후에도 여전히 OEM이나 ODM의 회사로 넘친다면 문제가 있다.

비법 6

리더라면 갖추어야 할 말센스
이사회와 CEO 간 소통의 중요성

이번 강의 주제는 '이사회의 운영'이었다. 모리스 창은 이사회와 CEO는 깊은 공감대와 원활한 소통을 통해 협조하는 한편 상호 견제도 필요하다고 주장했다. 이사회에서 CEO의 임면권을 쥐고 있어야 양측의 건강한 관계를 발전시킬 수 있으며, 이를 통해 적절한 긴장감을 유지할 수 있다. 이어서 소통의 중요성으로 주제를 확대하고, 소통기술을 길러야 직장에서 자신의 학문과 재능의 효용가치를 최대한 발휘할 수 있다고 당부했다.

모리스 창은 양측이 소통할 때 상대의 이야기를 받아들이는 청자의 역할도 화자의 역할만큼이나 중요하다고 강조했다. 자신이 훌륭한 자문을 받을 수 있었던 것도 청자의 역할을 잘 해낸 덕분이라고 분석했다.

이사회에 CEO 임면권이 있어야 건강한 관계로 발전할 수 있다

모리스 창은 먼저 그 자리에 있는 재학생(즉 직업 경험이 없는)들에게 그들이 알고 있는 이사회의 기능이 무엇인지 물었다. 한 학생이 "경영방침을 정하고 중요한 임원을 임명하거나 해임한다."라고 대답하자, 모리스 창이 "교과서에 적힌 대로 정확한 대답"이라고 해서 한바탕 웃음바다가 되었다. 이번에는 다른 학생이 나서서 "경영인이 개인 가치의 최대화와 기업 가치의 최대화를 혼동하지 않는지 감독한다."라고 대답했다.

모리스 창은 학생들에게 "기업에 이사회가 없다면 어떻게 될까?" 하고 묻고는, "그렇게 되면 기업의 수장은 독재자로 변할 것"이라고 스스로 답했다. 물론 좋은 독재자도 있다. 가령 싱가포르 전 대통령 리콴유李光耀는 개방적 성향의 독재자다. 국가의 독재자의 경우, 설사 그가 완전히 미쳐버려도 누군가가 이를 막을 수 있을 것이다. 그러나 기업의 CEO가 지나친 독재 성향을 띠고 제멋대로 한다면 기업은 개인의 사리사욕을 채우는 도구로 변해버릴 것이다. 전에는 훌륭한 성과를 내며 곧잘 하던 사람도 어느 날 갑자기 비이성적인 성향으로 변할 수 있다. 이때 견제할 역량이 나타나지 않으면 기업에 매우 불리하며, 실제 이런 사례도 많다.

이사회와 CEO의 관계는 상호보완적이어야 하며, 적대적인 관계나 지나치게 밀착된 관계도 피해야 한다. 이상적인 이사회가 매우 드문 이유이기도 하다. 이사회와 CEO의 이상적인 관계에는 반드시 긴장감tension이 있어야 한다. 이사회가 CEO를 어느 정도 지지할 수 있으며, CEO에게 이사회는 잘못을 솔직하게 충고해주는 친구와 같은 존재다. 그러나 이사회의 최후의 보루는 CEO의 직위를 임명하고 해고할 수 있다는 것이다.

Morris Chang

이사회와 CEO의 관계는 상호보완적이어야 하며, 적대적인 관계나 지나치게 밀착된 관계도 피해야 한다.

CEO는 이사회를 존경하는 자문으로 대해야 한다. 그러면서도 자신의 주관을 갖고 강한 리더의 역할을 발휘해야 한다. 강한 리더의 모델과 관련하여, 모리스 창은 지난 시간에 언급했던 "다른 사람의 의견을 경청하는" 미덕을 다시 한 번 강조했다. 많은 사람이 반대하는 일이라면 CEO 본인도 입장을 전환할 줄 알아야 한다. 요컨대 CEO와 이사회의 관계는 담담하기가 물과 같은 군자의 우정이며, 온종일 식사나 같이하며 옛일을 회상하는 관계는 아니다.

모리스 창은 이사회의 직무에 관해 설명했다. 이사회의 첫 번째 직무는 기업의 운영 방향 전반을 감독하되 세부적 결정에는 관여하지 않는다. 일반적으로 이사회는 3개월에 한 번씩 열리며, TSMC도 그렇게 하고 있다. 그러나 매달 한 번씩 개최하는 이사회도 있다. 두 번째 직무는 CEO를 임명하고 해임하는 것으로, 이러한 임면권은 이사회의 마지막 보루다. 이사회에 이런 직권이 없다면 고문들의 모임에 불과할 것이다. 따라서 임면권은 이사회와 CEO 간 건강한 관계의 출발이라고 할 수 있다.

모리스 창은 대만기업과 해외기업 이사회의 차이점도 거론했다. 가장 큰 차이는 대만에는 가족기업이 많아서 기업 오너가 이사회를 통제한다는 데 있다. 이런 현상이 반드시 나쁘다고 할 수는 없지만, 어쨌든 이사회는 기업 오너의 요구에 응해야 한다. 또 대만은 가족기업이 아니어도 대부분 대주주가 이사회를 통제한다. 서구의 이사회 구성원은 대부분 CEO가 임명하며 보수도 많지 않은 일종의 명예직이다. 이사가 이런 일을 담당하는 것은 돈을 바라서가 아니며, 모리스 창 본인도 여러 기업의 이사직을 수행한 적이 있다. 이사회 구성원들은 누구의 눈치를 볼 필요도 없으며, 이런 상황에서 이사회는 건강한 운영을 보장받는다.

서구의 대기업 주식 보유자는 모두 법인이다. 법인이나 투자기금은 기업의 경영 참여에는 별로 관심이 없다. 따라서 이사는 CEO가 임명하는 것이 보통이다. CEO에 의해 임명되었는데도 IBM이나 아메리칸 익스프레스American Express 같은 대기업 중에는 이사회가 요구하여 CEO를 해고하는 사례도 많다.

좋은 소통은 받아들이는 사람의 능력 양성부터 시작한다

이사회와 CEO간의 소통과 관련하여, 모리스 창은 승수효과multiplier effect[23]를 들어 소통의 중요성을 강조했다. 그는 아직 사회에 발을 들이지 않은 재학생들을 향해 그동안 갈고닦은 학문과

---

23. 어떤 경제 요인의 변화가 다른 경제 요인의 변화를 파생시켜 파급적인 효과를 얻는 것. 정부가 지출을 늘릴 때 지출한 금액보다 많은 수요가 창출되는 현상.

재능을 최대한 발휘하려면 소통의 기교를 발휘하라고 당부했다. "소통의 부진으로 인해 오랫동안 공부한 지식을 발휘하지 못하는 일이 없어야 한다."

모리스 창은 슬라이드를 통해 간단한 전파 모델을 소개했다. 한 '화자'가 정보를 '청자'에게 전달하면 청자는 그것을 화자에게 피드백하는 모델이었다. 모리스 창은 좋은 화자는 청자의 반응을 수시로 살피며 정보를 수정한다고 말했다. 자신의 수업도 하나의 예가 될 수 있다면서, 이 주제에 관해 한 시간 정도 강의할 예정이었으나 수강생들의 반응이 미지근한 걸 보니 45분이나 30분으로 단축해야겠다고 말했다. 물론 청자의 능력도 화자의 능력과 마찬가지로 중요하다. 모리스 창은 성공비결을 묻는 질문을 자주 받았는데, 그때마다 자신이 '청자'의 능력을 오랫동안 길러온 것이 그 비결 중 하나라고 대답했다고 한다.

"자세히 들을수록 피곤해진다." 모리스 창은 자신이 말을 할 때보다 다른 사람의 정보를 들을 때가 훨씬 피곤하다고 말했다. 이와 관련해서 자오퉁대학 관리학교수 주보융朱博湧과의 일화가 있다. 어느 날 모리스 창이 두 시간의 강의를 마치자, 주 교수가 앞으로 나와 "피곤하시죠?"라고 물었다. 모리스 창은 이런 인사는 그에 대한 모욕insult이라면서 한마디 했다. "주 교수야말로 수업을 듣느라 피곤할 텐데, 왜 내가 피곤해야 하죠?" 교실 전체가 한바탕 웃음바다가 되었고, 주 교수는 온통 곤혹스러운 표정이 되었다.

모리스 창은 청자의 능력을 테스트하는 두 가지 방법을 제시했다. 첫째, 말할 때 상대가 내 말을 중간에서 끊어버리는지 관찰한다. 다른 사람의 말을 끊는 건 예의에 어긋나는 행동일 뿐 아니라 자신에게도 불리하다. 남의 말을 중간에서 끊는 사람들은 상대가 이어서 무슨 말을 할지 자신이 안다고 생각한다. 하지만 그런 예상은 90퍼센트가 빗나간다. 모리스 창은 그런 사람에게 "내가 이 다음에 무슨 말을 할지 아느냐?" 하고 묻곤 한다. 회사 내부에서는 이런 식으로 대응하는 그도 막상 외부에 나가면 상대방의 체면을 생각해서 그냥 넘어간다.

청자의 능력을 측정하는 두 번째 방법은 이것이다. 누군가 여러 사람 앞에서 다른 사람들의 문제점을 지적하고 있다. 한참 듣다 보니 지적하는 대상에는 자신도 포함된다는 사실을 깨닫는다. 이런 순간 대부분 "어떻게 반박하지?" 하고 생각한다. 그러다 보니 다음 말이 귀에 들어오지 않고, 결국 상대가 하는 말의 내용에 소홀히 하게 된다. 따라서 좋은 청자의 자세는 정신을 집중하여 듣는 것이다. 글을 읽는 것도 정보를 받아들이는 '수신' 형식으로, '수신자'는 이때도 정신을 집중하여 겸허한 마음으로 배워야 한다.

Morris Chang

좋은 청자의 자세는 집중하여 듣는 것이다. 글을 읽는 것도 정보를 받아들이는 '수신' 형식으로, '수신자'는 이때도 정신을 집중하여 겸허한 마음으로 배워야 한다.

화자는 자신이 말을 전달하는 상대방을 먼저 이해해야 한다

'화자'와 관련하여 모리스 창은 간단한 브리핑을 예로 들어 화자가 주의할 점을 지적했다. 먼저 자신이 전달하려는 정보를 충분히 이해해야 한다. 이는 굉장히 중요한 지점으로, 화자, 즉 정보를 전달하는 사람이 이를 이해하지 못하면 소통 자체가 무용지물이다. 아무리 말주변이 좋은 판매원이라도 가장 중요한 제품의 특성을 충분히 파악하지 않으면 고객에게 그 제품을 제대로 소개할 수 없다.

화자가 주의해야 할 두 번째는 상대방을 알아야 한다는 것이다. 모리스 창은 직장생활에서 잘 모르는 사람과 소통하는 일이 많으며, 이에 따라 소통 대상의 배경과 호불호를 최대한 파악해야 한다고 주장했다. 그는 자신의 경험을 사례로 들어 설명했다. 2주 전 그는 TSMC 미국 자회사로 가서 고객을 만났으며, 그중 하루는 한 대기업의 CEO와 면담을 해야 했다. 직접 만난 적은 없었지만 몇 달 동안 수많은 비즈니스 잡지에는 그 CEO에 관한 보도, 배경과 포부를 소개하는 기사가 넘쳐났다. 모리스 창은 보도 내용을 복사하여 수행하는 임원들에게 미리 나눠줬다.

대화 상대방의 배경에 대해 기본적인 이해를 하고 만나면 소통하기가 훨씬 수월하다. 가령 상대가 기술 분야 출신이 아니라면 그에게 기술적 디테일을 설명해봐야 소귀에 경읽기다. 반면 기술에 대한 배경이 있는 상대라면 관련 내용을 대화 소재로 삼아 공감을 얻기 쉽다.

"중요한 상대일수록 소통에 시간을 많이 쏟아야 한다." 모리스 창은 이에 관한 사례를 더 들었다. TSMC는 참관을 위한 내방객들로 항상 분주하며 대외 홍보부서는 그들에게 브리핑을 해야 한다. 이때 가장 최악의 브리핑은 단순히 전달만 하고 끝내는 것이다. 참관하러 온 손님이 아프리카의 초등학생이라면 브리핑 내용이 대통령에게 하는 것과는 전혀 달라져야 한다. 같은 이치로, 회사 내의 사람들을 상대로 한 브리핑이 고객에게 하는 내용과 같다면 크게 잘못된 것이다. 이는 회사 내부에서 흔히 볼 수 있는 문제점이다.

"이야기를 듣는 대상의 전문지식을 높이 평가해서는 안 되며 그들의 일반적인 지혜를 너무 낮게 평가해서도 안 된다." 모리스 창은 잘 모르는 청자와 소통할 때의 법칙을 이렇게 설명했다. 그 중 "상대의 전문지식을 높이 평가하는 것"은 많은 엔지니어들이 흔히 범하는 실수다. 상대가 이 분야에 생소할 수 있다는 가능성을 고려하지 않은 채 그들은 자신의 전문지식을 남발하기 일쑤다.

이 밖에도 화자는 대화의 요점을 파악해야 한다. 모리스 창은 가장 지루한 브리핑은 요점 없는 내용을 나열할 때라고 지적했다.

마지막으로 그는 브리핑을 하는 중간에 수시로 체크하여 시간을 준수해야 한다고 덧붙였다.

모리스 창은 화자와 청자를 막론하고 소통의 기술은 천부적인 것이 아니며 훈련을 통해 익힐 수 있다고 강조했다. 그는 대만에서 자주 접하는 전문대 이상 학력자들을 관찰하고 화자의 관점에서 이를 평가하고, '의사 표현에 능함expressive', '전달이 분명함articulate', '언변이 막힘없이 유창함eloquent'의 세 개 등급으로 나눴다. 그 결과 '의사 표현에 능함'에 달한 비율이 중국어는 85퍼센트, 영어는 15퍼센트로 나타났다. 중국어에서 '전달이 분명함' 수준의 비율은 10퍼센트였다. 이 두 가지 등급의 의사전달 능력은 훈련으로 가능한 것이다. 중국어 전달력이 '언변이 막힘없이 유창함' 수준에 달한 사람은 극히 드물었고, 영어는 더욱 드물었다. 그러나 이 등급의 화자라면 듣는 사람이 흥미를 느낄 수 있다.

그는 얼마 전 MIT 공대에서 경제학자 폴 크루그먼Paul Robin Krugman[24]과 조지 소로스George Soros[25]를 만났다. 폴 크루그먼은 전달이 분명한 화자의 등급에 속하고, 조지 소로스는 막힘없이 유창한 언변을 구사하는 편이다. 조지 소로스 자신도 대면 수업을 할 때 "학생 전체를 노래하게 할 수 있다(I can make the class sing)"고 밝

---

24. 2008년 노벨경제학상 수상자, 미국 경제학자이자 뉴욕타임스 칼럼 기고가, 현재 뉴욕시립대학 경제학과 교수.

25. 금융인이자 투자가, 소로스 펀드 매니지먼트 대표.

힌 바 있다. 녹화영상으로 수업을 하면 이런 맛을 전혀 느낄 수 없다. 모리스 창은 학생들에게 자신의 소통 능력을 최고 수준으로 끌어올릴 수 있게 노력하라고 당부했다.

청자와 화자의 능력

좋은 청자:

- 정신을 집중하여 경청한다
- 남의 말을 도중에 끊지 않는다
- 자신을 비판하는 말을 들었을 때 '어떻게 반박하지?' 하는 생각을 하지 않는다

좋은 화자:

- 수시로 청자의 반응을 살피며 내용을 수정한다
- 정보 자체를 완전히 이해한다
- 상대방의 배경과 호불호를 최대한 알아둔다
- 상대방의 전문지식을 높이 평가하거나 그들의 일반지식을 낮게 평가하지 않는다

줄어들지 않는 투자은행의 경쟁가치를 논하다

모리스 창은 제6강에서 골드만삭스 사례에 대해서도 강의했다. 이 투자은행을 주제로 삼은 데는 세 가지 이유가 있다. 첫째,

투자은행이라는 업종에 대한 학생들의 흥미를 이끌기 위함이다. 투자은행은 수강생들이 종사하는 것과는 거리가 있는 업종이다. 미국의 유명 작가 프랜시스 스콧 피츠제럴드Francis Scott Fitzgerald Fitzgerald의 소설에 이런 구절이 있다. "자네에게 부자들의 생활을 알려주겠네. 그들은 나나 자네와는 전혀 딴판이라네(Let me tell you about the riches, they are different from you and me)."

그는 강의에서 투자은행에 대한 수강생들의 기초적 이해를 돕고자 했다. 그가 상당히 동경하는 투자은행의 특징은 고객에게 가격 인하가 없다는(no discount) 것이다. 투자은행이라는 업종이 과열될 때도 있고 동종 업계와의 경쟁도 상당히 치열하지만, 가격전이 끼어들지 않는 특징은 웨이퍼 팹 산업의 패러다임으로도 손색이 없었다. 가격 인하 없는 투자은행의 경쟁가치는 서비스 지향에 있다. 이는 모리스 창이 TSMC를 제조업에서 서비스업 모델로 전환하려는 이유이기도 하다.

골드만삭스를 토론 주제로 삼은 두 번째 이유는 미국 사회의 고소득층과 중산층의 차이가 점점 벌어지고 있으며, 이런 차이는 오늘날 자본주의에서 나타나는 큰 문제라는 점에 있다. 어떤 기업의 전문 경영인, 가령 2~3년 전 디즈니사 CEO의 1년 수입은 2억 달러에 달했다. 20년 전에는 들어보지도 못한 어마어마한 숫자다. 소득 격차 확대는 자본주의의 어두운 그림자라고 할 수 있으며, 앞으로 더욱 심해질 것이다.

세 번째 이유는 골드만삭스가 미국에서, 파트너십 방식에서 기업조직으로 변경한 마지막 은행이기 때문이다. 파트너십과 기업은 전혀 다른 성질을 띠고 있다. 파트너십 방식의 기업은 이제 거의 종적을 감췄으며, 그 과정은 역사적 의의로 존재한다. 파트너십 방식에는 그만의 장점이 있다. 이제는 변경되어 외부 사람들은 잘 모르겠지만 한때 이런 방식의 기업에 종사했던 사람들에게는 이 변화가 크게 다가올 것이다.

비법 7

직원을 전력 질주하도록 격려하는 요소

'주식배당제'와 '스톡옵션'의 인센티브 효과

모리스 창은 1998년 전국경영자대회에서 대만의 산업은 눈앞의 성과에 급급해하는 것이 문제라고 지적한 바 있다. 제7강에서 그는 과도한 성과주의를 조장하는 원인으로 주식배당제를 들었고, 이를 외국기업의 스톡옵션과 비교했다.

제7장의 주제는 인센티브incentive다. 모리스 창은 일반 심리학에 근거하여 인센티브를 두 가지로 분류했다. 그중 하나가 기본적인 생활비를 포함한 '유지 인자'로, 이는 직원을 일하게 만들 수는 있지만 모든 정신을 일에 쏟게 하지는 못한다. 유지 인자에는 적절한 근무환경, 기업 내 식당, 기숙사 설비 등도 포함된다. 나머지 한 가지는 '격려 인자'로, 성취감, 기본급 외에 부를 축적할 수 있는 금전, 단체생활의 즐거움과 '인정받기recognition'가 있다.

스톡옵션은 장기적으로 인재를 잡아두고 의욕을 북돋울 수 있다

모리스 창은 돈이 유일한 인센티브 요소임은 분명하지만, 현재 대만의 주식배당제는 단기적인 배당 효과에 그칠 뿐이라고 지적했다. '인정받기'는 말단 직원이나 중간관리자들에게 잘 통하는 요소다. 다른 직원들 앞에서 이사장이나 사장으로부터 칭찬받는 것도 격려 인자다. 이때 모리스 창은 갑자기 화제를 중단하고 학생들과 함께 그 자신이 관찰한 내용을 공유했다. "사람들은 다른 사람의 칭찬을 받을 때 저도 모르게 뒷걸음치는데 그 이유는 뭐라고 생각하나? 그건 더 큰 소리로 말해 달라는 의미다." 그의 말이 끝나자마자 장내에 웃음이 터졌다.

그는 '대우'라는 의제를 특히 강조하고, 유지 인자와 격려 인자의 두 측면으로 나눴다. 유지 인자의 대우는 기본급으로, 이는 최저의 생활비용이다. 격려 인자는 다시 단기 격려 인자와 장기 격려 인자로 나눌 수 있다. 단기 격려 인자는 1년 이내의 성과를 기준으로 배부하는 보너스 같은 것이며, 장기 격려 인자는 1년 이상, 심지어 5년, 10년에 달하기도 한다.

대만에서는 직원에 대한 인센티브가 단기적이므로 그해의 성과가 좋으면 얼마간의 보너스를 지급한다. 그러나 이런 단기적 보너스로는 장기적 성과를 격려하기에는 부족하며, 많은 사람이 단기적인 배당금만 챙기고 떠나버린다. 어떤 사람들은 장기간에 걸쳐 열심히 노력하기도 하지만 그해의 성과가 좋지 않으면 수익으로 나타나지 않으니 인센티브를 줄 수가 없다. 모리스 창은 대만의 경우 직원에 대한 장기적 격려 인자가 부족한 반면 많은 외국 기업이 채택하는 스톡옵션은 장기적인 인센티브 효과가 있다고 주장한다.

모리스 창은 스톡옵션에 대해 좀 더 자세히 설명했다. 즉 스톡옵션이란 기업이 직원에게 일정 수량의 기업 주식을 구매할 수 있는 권리를 비정기적으로 부여하는 것이며, 구매가격은 권리 부여 당일의 시가를 기준으로 하거나, 시장가격 85퍼센트 이상의 가격으로, 직원이 5년에 나눠 '베스팅vesting, 조건부 불완전주식부여'로 구입할 수 있게 하는 것이다.

베스팅으로 구입한 경우, 기업이 특정 간부에게 1만 주의 구입권한을 부여한다고 가정하면 금년에 2,000주를 구입할 수 있고, 내년에 2,000주를 더 구입할 수 있다. 이런 식으로 5년째까지 계속 구입할 수 있다. 금년의 주가가 낮은 편이라면 금년에 구입할 권리를 유보하여 주가가 상장할 때까지 기다렸다가 원래 지정한 가격으로 구입하여 고점에서 팔 수도 있다.

이 제도는 미국에서 실적이 좋은 회사에 근무하는 사람들이 부를 축적하는 주요 수단이기도 하다. 스톡옵션 제도에서 주가는 장기간 기다려야 비로소 상승한다. 또한 주가 상승은 기업 실적의 지속적 성장에 기인한다. 따라서 장시간을 투입해야 좋은 성과를 낼 수 있는 사람을 격려할 수 있으며, 직원은 장기간 근무해야 주식을 분할 취득할 수 있다. 또한 직원의 장기간 근무를 유도할 수 있고, 주주와 직원의 이익이 일치할 수 있다. 반면 대만의 주식배당제는 잉여분이 있어야 배당이 되며, 주가가 하락하면 주주가 손해를 본다. 또한 직원은 그 주식으로 배당을 받기 때문에 주주와 직원의 이익이 일치하지 않는다.

스톡옵션은 직원의 장기간 근무를 유도할 수 있으며 주주와 직원의 이익을 일치시키는 데에도 기여한다. 반면 주식배당제는 잉여분이 있어야 직원에게 이익이 되므로 주주와 직원의 이익이 일치하지 않는다.

모리스 창에 따르면 대만의 주식제도는 기본적으로 "발행하는 주식은 각 주마다 주인이 있으며", 따라서 자금은 금고주金庫株, treasury stock가 있을 수 없다. 현재 입법원이 개방 금고주 제도를 심의 중에 있으나[26] 이 제도가 생긴다고 해도 스톡옵션 문제는 해결할 수 없다.

예를 들어 미국의 한 중형기업이 매번 직원에게 제공하는 스톡옵션의 수량은 총 주식의 약 3퍼센트인데, 이 비율로 TSMC가 시장에서 매년 환매하는 주식을 직원에게 제공한다고 가정해보자. TSMC 시총은 약 5,000억 NTD이므로 매년 3퍼센트를 환매하면 150억 NTD이다. 정말 이 가격으로 환매하려면 TSMC는 신규공장도 지을 필요가 없으며 남부과학단지에 입주할 필요가 없다. 따라서 금고주만으로는 통하지 않는다.

미국 기업은 금고주의 주식을 어떻게 준비할까? 이에 대해 모

---

26. 대만 입법원은 2000년 제3독회(Third Reading)에서 개방기업이 자사 주식을 환매하는 금고주 제도를 통과시켰다.

리스 창은 중앙은행이 현금을 찍어낼 권리가 있는 것처럼 미국 기업도 주식을 더 발행할 수 있다고 전한다. 약 3~4년에 한 번씩 10퍼센트의 주식을 더 발행한다. 주주권익의 가치가 희석되지만, 주주총회의 의결을 통과하여 신규 주식을 공개 발행할 때 일부를 스톡옵션으로 유보해놓는다.

서프라이즈 선물 같은 인센티브가 가장 효과적이다

역으로 생각할 때, 대만의 제도는 주식마다 모두 소유주가 있으므로 잉여분을 증자로 전환하는 방식으로만 대체할 수 있다는 얘기다. 주식배당금은 최근 10여 년간 과학단지에서 성행하는 현상이다. 대만에는 스톡옵션이 없으므로 변칙적인 방법으로 매년 잉여분에서 일부를 떼어놓았다가 잉여분을 증자로 전환할 때 직원들에게도 증자로 전환해 준다.

가령 회사의 금년 잉여 100억 NTD이고, 그중 10퍼센트를 직원의 배당금으로 배정할 때, 액면가 10억 NTD의 주식을 직원에게 발급하며, 직원은 이때 세금을 낼 필요가 없다. 이 주식의 시가는 액면가의 몇 배이며, 팔 때는 액면가로 과세를 하므로 실제로는 직원에게 큰 혜택이 돌아간다. 이는 대만에 존재하는 혁신적인 조치로, 직원들로부터 큰 환영을 받는 것은 당연하다.

미국 대기업의 이사회에는 대부분 보수위원회Remuneration committee가 설치되어있다. 두세 명의 이사가 고급관리자의 급여와 스톡옵션 결정을 담당한다. 모리스 창은 자신도 여러 기업의 이사회에서 해당 직무를 맡은 적이 있다고 말했다. 이어서 그는 캘리포니아주 실리콘밸리의 일간지 〈새너제이 머큐리 뉴스San Jose Mercury News〉가 발표한 통계표에 근거하여 미국의 유명 과학기술 기업 고위층의 1997년도 연봉과 스톡옵션 총액을 비교했다. 이 수입 통계표를 놓고 학생들과 토론한 대상은 AMD의 이사장 제리 샌더스Jerry Sanders였다. 1997년 그의 연봉은 234만 달러였으며, 스톡옵션 매도 후 현금 총액은 1,585만 달러로 연간 총수입이 무려 1,820만 달러에 달했다. 지난 몇 년 간 AMD는 실적 악화로 적자가 발생했으나 1997년 이후 5년 동안 주가가 당시 회사의 지정가격보다 높았기 때문에 매도 시기만 잘 맞추면 큰돈을 벌 수 있었다.

모리스 창은 통계표에 있는 애플, 세계 최대 IC 설비업체 어플라이드 머티어리얼즈Applied Materials, 전자 설계 자동화 기업 EDA, Electronic Design Automation, 아반티Avant!와 케이던스 디자인 시스템Cadence Design Systems, HP, 대형 네트워크 기업 시스코 시스템즈Cisco Systems, 인텔 등 기업 임원의 연간소득을 들어 설명했다. 그 결과 일부 기업은 운영상황이 양호할 때 임원의 기본급은 높았으나 스톡옵션 매도 금액은 높지 않았으며, 심지어 제로를 기록한 해도 있었다. 규모는 작으나 성장 속도가 빠른 기업들은 임원의 연봉이 높지는 않았으나 운영실적이 주가에 반영되었으며, 결과적으로 이런 중소기업 고위 경영인이 스톡옵션 판매로 벌어들인 현금은 유명 대기업 경영인의 대우를 능가한 경우도 있었다.

모리스 창은 케이던스의 전 이사장 조셉 코스텔로Joseph Costello의 사례를 소개했다. 1997년 케이던스에서 퇴임한 조셉 코스텔로는 수중의 스톡옵션 주식을 매도해 6,600여 만 달러를 벌어들였으며, 퇴임을 앞두고 주식을 모두 팔아 적잖은 돈을 벌었다. 모리스 창은 언젠가 조셉 코스텔로의 식사 초대에 응해 웨이퍼 팹에 IC 설계 IP를 활용하는 방안에 대해 얘기를 나누던 일을 떠올렸다. 조셉 코스텔로의 말을 듣는 것은 제6강 수업에서 다뤘듯이 청자가 화자보다 훨씬 힘들었다. 조셉 코스텔로는 그 자리에서 많은 말을 했고, 모리스 창은 듣기가 힘들었지만 그 내용은 알찼다고 기억했다.

제7강이 끝나기 전 다음과 같이 질의응답 시간을 가졌다.

Q : 이사회의 임금위원회는 어떤 원칙으로 고위 간부들에 대한 대우를 분배하는가?

A: 다른 기업과 비교한 경쟁력이 중요하다. 통상적으로 고위 간부들이 이사회에 보고할 때는 CEO가 대표로 나서며, 그가 이사회에 보고한 내용은 가령 "어떤 부사장을 해고해야 한다든가, 신입사원의 수입이 기존 직원보다 얼마가 높다는 등으로, 이를 통해 고위급 임원의 대우를 조정하는 데 더 큰 경쟁력을 갖는다.

미국 기업 경영인의 스톡옵션과 수입은 지난 20년간 가장 빠른 속도로 성장했다. 20년 전 미국의 한 CEO의 평균수입은 일반 노동자 계층의 50~60배였으나 최근 그 차이는 200배로 늘어났다. CEO급의 수입 성장을 자세히 분석해보면 기본급의 증가 폭은 높지 않으며, 스톡옵션이 많은 비중을 차지한다. 미국 기업의 평직원 중 스톡옵션을 보유한 사람은 드물며, 있어도 미미한 수준이다. 현재 미국의 이공계 대학을 졸업하고 갓 취업한 엔지니어의 연봉은 약 4,000달러, 보너스는 5만 달러인데 CEO의 연간 기본급은 약 50만 달러다. 두 사람의 기본급 차이는 10배의 차이밖에 나지 않지만, CEO의 단기 보너스 배당금은 신입 엔지니어의 50배에서 100배에 이를 정도로 많다. 그러나 말단 엔지니어는 스톡옵션이 없어서 CEO와의 수입 차이는 무한대로 커진다.

미국 기업의 고위층과 말단 직원의 수입 차이가 이토록 큰 이유는 뭘까? 평직원은 지시에 따라 업무를 이행하는 데 비해, 고위 경영인은 기업에 돈을 벌어줄 전략을 구상하기 때문에 그 가치가 다를 수밖에 없다. 일반적으로 미국에서 스톡옵션의 분배는 각 직급마다 배의 차이가 난다. 가령 CEO는 COO의 두 배이며, COO는 부사장급의 두 배에 해당한다.

Q : 미국에서 비상장 기업이 주식으로 직원을 격려하는 방법에는 어떤 것이 있나?

A: 두 가지 방식이 있는데, 그중 하나는 양도제한조건부주식 RSU, Restricted Stock Unit을 발급하여 상징적 가격으로 직원이 구입하게 하는 것이다. 이러한 주식은 상장한 뒤에 실물 주식을 발급하도록 요구하거나 상장 후 곧바로 매도하는 것을 금지하는 등 조건이 붙는다. 나머지 하나는 공정가치fair value 조건의 스톡옵션인데 공정가치는 회계사가 정한 가격으로 통상적으로는 해당 기업의 순 가치다.

Morris Chang

평직원은 지시에 따라 업무를 이행하는 데 비해, 고위 경영인은 기업에 돈을 벌어줄 전략을 구상하기 때문에 그 가치가 다를 수밖에 없다.

Q : 기업에 적자가 발생할 때 이사회는 어떻게 CEO를 통제하는가?

A: 이사회는 매주 회의를 열어 CEO에게 기업관리를 촉구할 수 있다. 어떤 이사회는 한 달에 두세 차례 회의를 열기도 하며, 구성원 전체를 소집하지 않고 화상회의로도 가능하다. 해외에서는 기업의 경영상황이 악화할 때 이사회가 매월 1회 회의를 여는 일이 흔하다. 이사들은 모두 상당한 권한이 있어서, 기업 상황을 파악하기 위해 회의를 열겠다고 하면 CEO가 이를 거부할 수 없다.

다른 방식으로는 이사회가 인재를 물색하여 부사장직을 맡기고 기업의 상황 개선에 협조하게 하거나, 기업 고문을 초빙해 CEO의 경영개선에 협조하게 하는 방식이 있다. 때로는 CEO에게 기업의 사장 교체를 건의할 수도 있으며, 이런 것들은 모두 이사회가 기업을 위해 구상하는 건설적 방식이다.

Q : 특정 부사장이 사장으로 승진되고, 다른 부사장들이 이에 불복하여 집단사표를 낼 경우 어떻게 해결하나?

A: 후계자 한 명을 양성하되 어느 날 갑자기 발표하지 않고 장시간 훈련을 시킨다. 그의 직위는 다른 사람과 같으나 회사는 그를 후계자로 간주하며, 긴 시간이 흐르면서 그 인선에 반대하는 의견이 많으면 CEO의 귀에도 들어가게 된다. 후계자를 양성하는 단계에서 동일 직급의 후보군 중 이를 기다리지 못하고 사표를 쓰고 회사를 나가는 사람도 있을 것이다. 이렇게 하는 편이 갑작스럽게 집단사표를 내고 사직하는 것보다 낫다.

Q : 어떤 격려 인자를 지나치게 사용했을 때, 가령 구두로 칭찬하거나 보너스 지급이 빈번하여 무뎌진 직원들이 이를 당연시할 때, 격려 인자가 유지 인자로 하락하게 되지 않나?

A: 그래서 내가 칭찬을 많이 하지 않는다(일동 웃음). 물질은 희소하기에 소중한 법이다. 이와 관련하여 깊은 인상을 받았던 일

이 있다. TI에 입사한 지 6개월쯤 지난 후, 부사장이 크리스마스를 앞두고 나를 사무실로 불렀다. 그러더니 서프라이즈unexpected pleasure라며 1,000달러를 보너스로 주는 것이 아닌가! 지금 가치로 환산하면 대략 1만 달러에 해당하는 금액이었다. 액수가 그렇게 크지는 않았지만 나는 당시 큰 감동을 받았다. 그 후에는 훨씬 많은 보너스를 받았지만 나는 첫 보너스를 받았을 때의 감격을 평생 잊을 수 없다. 인간은 '사악한 존재'여서 습관이 되면 무뎌지기 때문에 서프라이즈로 놀라움을 안겨주는 인센티브가 가장 효과적이다. 현재 대만의 하이테크 기업이 채택하는 보너스 제도는 대부분 정기적으로 지급되며, 직원들은 습관이 되어 이를 당연시한다.

Q : 스톡옵션은 상장이나 공개 발행한 기업에서 매우 효과적이다. 그러나 많은 조직이 비영리성 단체에 속한다. 이런 조직의 직원들은 어떻게 격려해야 하나?

A: 공업연구원의 직원이 이런 비영리성 단체에 속한다. 이런 경우 인센티브 방식은 거의 성취감에 의존한다. 성취감을 안겨주고 인정해주는 격려는 얼마든지 가능하다. 그러나 금전에서 비롯된 격려 인자가 부족하고, 또 어려움이 따른다. 현대 사회에서 돈의 유혹은 무시할 수 없기 때문이다.

Q: TSMC는 설립 후 3년간은 수익이 발생하지 않았다. 이런 상황에서 직원을 어떻게 격려했나?

A: TSMC는 당시 비전이 있었다. 하지만 아무리 훌륭한 비전을 제시해도 모든 직원이 이를 신뢰한다는 보장은 없다. 그래서 몇몇은 사표를 내고 회사를 떠나기도 했다. 최소한 두세 사람은 TSMC를 떠난 것을 평생의 한으로 여긴다고 알고 있다. 당시 격려 인자는 성취감, 단체정신, 인정받기 등이었다. 미국의 경우 대기업에서 오랫동안 근무한 후 퇴직한 사람들이 자신이 다녔던 회사에 큰 자부심을 느끼며, 자신이 위대한 프로젝트에 참여했다고 생각한다. 직원들의 사명감을 기대한다. 그래야 대만 기업이 본업을 성실히 경영하여 모범이 되고, 나아가 세계적 기업으로 발돋움하여 직원들에게도 성취감을 부여할 수 있다.

'가상 웨이퍼 팹Virtual Wafer Fab' 개념을 사용하다

모리스 창은 오랫동안 알고 지낸 제리 샌더스에 관한 이야기를 꺼냈다. 십수 년 전 제리 샌더스는 "진정한 남자는 공장을 가져야 한다Real men have fabs"는 명언을 남겼다. 당시 웨이퍼 파운드리 붐이 일기 전으로, 대다수 반도체 기업은 모두 자신의 반도체 칩 공장을 운영하고 있었다. 모리스 창이 1997년에 제리 샌더스와 만났을 때 두 사람은 이 말에 대해 논했다. 제리 샌더스는 웨이퍼 파운드리 분야에 뛰어든 모리스 창의 생각이 옳았음을 인정했다. 모리스 창은 "진정한 남자는 공장을 가져야 한다"는 제리 샌더스의 말을 실천한 것이다.

제리 샌더스는 마이크로프로세서CPU와 D램을 설계하는 기업은 자체 공장을 가져야 한다고 주장한 반면 모리스 창은 D램 기업에만 자체 공장이 필요하다고 주장했다. 제리 샌더스는 CPU 제품은 설계 부문과 제조 부문의 긴밀한 협력이 필요하며, 따라서 이 두 부문이 기업 내에 동시에 설치되어야 한다고 주장했다. 이에 대해 모리스 창은 '가상 웨이퍼 팹' 개념으로 응수했다. CPU 제품 기업이 가상 웨이퍼 팹과 협력하면 동일한 기업에서 설계와 제조를 진행하는 것보다 유리하다는 것이다. 하지만 이들의 30분에 걸친 대화는 상대를 설득하지 못한 채 끝이 났다. 그래도 모리스 창은 "나는 역사가 내 편이라고 믿는다"고 강조했다.

비법 8

직원의 성장을 위해 꼭 필요한 것
성과제도 및 인재 양성

연말을 앞두고 진행된 제8강에서 모리스 창은 인사고과제도의 문제를 다뤘다. 그는 상사가 부하직원의 단점을 당사자에게 알려줘야 하며, 상사와 부하직원 간의 토론과 연구가 직원 교육의 중요한 도구라고 주장했다. 이번 강의는 교육생들의 참여가 가장 적극적이었으며, 많은 질문이 나오기도 했다.

당사자에게 솔직하게 단점을 알려라

모리스 창은 먼저 동양과 서양 문화를 막론하고 적절한 상벌이 중요하다고 운을 뗐다. 중국 문학에는 상벌의 분명함을 주장하는 요소가 많으며, 서양 오페레타 〈미카도The Mikado〉의 가사 "죄지은 자가 징벌을 받게 하라Let the punishment fit the crime"를 통해 영미문화에 깃든 상벌 관념을 엿볼 수 있다.

그러나 오늘날 기업계는 상이 차지하는 비율이 벌보다 훨씬 커서 징벌을 받는 사람은 드물고 상을 받는 사람은 넘쳐난다. 인사고과제도는 직원의 발전을 격려하기 위해 만든 제도지만 성공적으로 운용하는 사례는 많지 않다. 실패의 원인은 고과에만 집중하고 발전은 소홀히 하기 때문이다.

최근 TSMC 내부에서도 연간 고과 실적을 평가하기 시작했다. 회사에서 열린 한 회의에서 모리스 창은 10여 명의 직원이 고과제도에 관한 의견을 제시한 내용을 녹음으로 들었다. "많은 직원이 상사가 고과점수를 매기는 것이 불공평하거나 지나치게 주관적이라고 지적하며, 고과제도에 직원을 인재로 키우는 기능은 없다고 여긴다." 이에 따라 그는 고과제도는 키우고 양성하는 것에 중점을 둬야 하며, 지난날의 성과나 과실에만 집중해서는 안 된다고 지적했다.

부하의 단점을 솔직히 말해주는 상사가 드물며, 상사는 이런 기술을 훈련받아야 한다. 특히 후계자 후보군에 든 부하직원의 단점을 자세히 관찰하고 건설적인 제안을 솔직하게 제시해야 한다. 모든 사람의 업무성과는 개선할 수 있으므로 단점을 용기 있게 지적해야 한다. 모리스 창은 '지적을 꺼리는 문화'는 핑계가 될 수는 없다고 지적했다.

기업은 다른 사람을 지적하기 꺼리는 문화를 바꿔야 한다. 다른 사람을 지적할 수 있는 기업만이 발전할 수 있다. 물론 부하직원이 상사의 비판에 대해 반감을 갖고 받아들이기 힘들어 할 수 있다. 부하직원의 반감이 두려워서 고과를 검토할 때 '아주 잘하고 있음' 하는 식으로 넘어가는 상사가 많은데, 이런 회사는 발전하기 어렵다. 부하직원에게 약점을 알려주고 그중 10~20퍼센트를 고칠 수 있다면 충분히 가치 있는 일이다.

모리스 창이 30여 년간 일한 미국 기업들은 모두 고과제도를 운영하고 있었으며, 그 자신도 이 제도의 수혜자라고 할 수 있다. 그는 부하직원으로 일한 기간도 길었기 때문에 그들의 심정을 잘 이해하며, 그들이 상사의 의견을 받아들이지 않는 이유도 잘 알고 있었다.

Morris Chang

고과제도의 훌륭한 산물은 상위 10퍼센트와 하위 5퍼센트인 직원을 확인하는 과정에서 격려효과와 소통효과에 도달할 수 있다는 것이다.

미국에서 모리스 창은 10명의 상사를 겪었는데, 그중 2~3명은 단점을 말해주지 않았고, 7~8명은 솔직히 지적해줬다. 물론 그도 자존심이 강해서 때로는 상사가 자신의 단점을 지적할 때 반감이 들기도 했다. 그러나 하루 이틀이 지난 후 곰곰이 생각해보면 일리가 있는 지적이었고, 달게 받아들일 수 있었다. "세 사람이 길을 가면 그중에 반드시 나의 스승이 있다三人行必有我師, 삼인행필유아사"고 했다. 일부 상사의 말은 수긍하기 어려운 부분도 있었지만 그래도 모리스 창에게는 유의미한 지적이었다.

"고과제도의 긍정적 산물은 상위 10퍼센트와 하위 5퍼센트인 직원을 확인하는 과정에서 격려 효과와 소통 효과에 도달할 수 있다는 것이다." 모리스 창은 인사고과 성적 하위 5퍼센트인 직원에게는 합리적인 설명을 해줘야 한다고 강조했다. 언제까지나 하위 5퍼센트에 머물러 있을 수는 없으며, 매년 그 모양이라면 그것은 사장에게 문제가 있어서다.

소통 효과와 관련하여, 고과의 결과는 동일 직급이나 한 직급 위의 상사에게 알려야 한다. 이렇게 하면 인력 배치 DB를 구축할 수 있다. 여기에는 해고대상자나 승진대상자 명단도 포함된다. 해고대상자 명단은 수시로 준비해놓고 일단 결정은 보류한다. 그중 승진대상자 명단은 실적 상위 10퍼센트에 대해 좀 더 심층적인 순위를 매겨서rank order, 좀 더 확실한 승진 대상자 명단을 만든다.

기업들은 대부분 많은 교육을 하고 있다. 사내 강좌와 외부 교육은 물론이고 해외 대학에 보내 단기 연수나 장기 커리큘럼을 듣게도 한다. 모리스 창은 이런 커리큘럼의 사용처가 제한적이라고 주장한다. "이런 것들은 훈련의 중요한 도구가 아니다. 가장 중요한 훈련도구는 상사와 부하직원이 직면한 문제에 대해 함께 연구하는 것이다. 그 다음은 부하직원 스스로 행하는 학습이며, 커리큘럼에 따른 훈련은 가장 마지막이다."

Morris Chang

가장 중요한 훈련도구는 상사와 부하직원이 직면한 문제에 대해 함께 연구하는 것이다. 그 다음은 부하직원 스스로 행하는 학습이며, 커리큘럼에 따른 훈련은 가장 마지막이다.

최고의 생애계획은 평생 흥미로운 일을 하는 것이다

이어서 모리스 창은 인력자원 전문가가 제창한 '생애계획'에 대해 언급했다. 일반적으로 생애계획은 젊은이에 국한된 것으로 생각한다. 가령, "우선 엔지니어로 3년간 일하다가 MBA를 공부하고, 졸업 후 관련 직장에서 몇 년 경험을 쌓은 후에는 외국 기업에서 일하고 싶다. 부사장직을 맡을 수 있다면 더욱 좋다." 하는 식이다. 그러나 모리스 창은 이런 식의 생애계획 이론에는 찬성하지 않는다.

젊은 신입사원을 채용할 때 면접관은 대부분 과장, 부장급이 담당하며, 그들은 40대가 대부분이다. 그런데 28세 젊은이가 40세 때 부사장이 되겠다는 말을 40대 팀장이 듣고 어떻게 생각할까? 무엇보다 세상일은 쉽지 않아서 이런 계획이 실현될 가능성은 크지 않다. 다른 측면에서 볼 때, 미래의 직업부터 계획해 놓으면 눈앞의 업무에 대한 집중도가 반감되어 한껏 높여놓은 기대가 실망으로 바뀌기 쉽다. 모리스 창은 이렇게 주장한다. "가장 이상적인 생애계획이란 모든 직무에서 자신이 좋아하는 일을 하며, 최선을 다해 회사에 기여하는 것이라고 생각한다."

모리스는 20~30년 전에는 미국의 명문학교 졸업생들이 서로 자신의 생애계획을 소개하곤 했다고 회고한다. 그들에게 40세는 하나의 분수령이기 때문에 졸업 후 동창회에서 만나면 "자네 부사장 됐어?" 하고 묻는 것이 자연스러웠다.

대기업들은 여러 단계의 직급을 설치해 놓았기 때문에 부사장으로 승진하기가 쉽지 않다. 규모가 작은 중소기업에서는 부사장 되기가 쉬운 편이다. 대기업에서 근무하려면 이러한 변동에도 리스크가 있어서 고민이 더 많아진다. 사람의 직업생활은 하나의 직선으로 뻗어있지 않다. 따라서 특정 업무에서 쌓은 경험만으로 자신의 미래를 유추한다면 잘못된 생각이다. 모리스 창은 생애계획은 인력자원 부문에서 만들어낸 이론이라고 주장했다.

다음은 모리스 창과 수강생들의 질의응답에 관한 것이다.

Q : 부하 직원에게 자신의 단점을 말해주면 받아들이기가 쉽지 않은데, 이는 동서양 문화차이에서 비롯되는가?

A: 사실 직원의 수용 정도는 상사의 소통기술과도 관련이 있다. 상사의 제안은 성의 있고 건설적이어야 한다. 미국은 직원과의 소통이 비교적 수월하며, 어느 정도 수용하느냐가 관건이다. 미국에서 10명의 부하에게 단점을 지적하면 그중 대여섯 명은 받아들인다. 그러나 대만에서는 두세 명만 이를 받아들인다.

Q : 대만 공무원은 매년 고정적으로 임금이 인상된다. 이렇게 하면 고과에 있어서 격려의 효과는 떨어진다. 공무원에게는 어떤

식의 인센티브로 그들의 효율을 올릴 수 있을까?

A: 금전은 격려 인자의 일부분에 불과하다. 공무원의 급여가 높지는 않지만 특별한 성취감이나 사명감으로 격려할 수 있다. 싱가포르는 정부에서 근무하는 고급 인재들이 많으므로 그들의 방법을 참고할 수 있다. 대만 공무원의 급여를 인상하는 것도 방법이겠지만 당장은 곤란할 것이다. 공무원 수준이 천차만별이고 인적 자원은 그대로인 상황에서 급여만 서너 배 인상해봐야 아무 의미가 없다. 장기적으로 볼 때 공무원 급여는 인상되어야 하지만 시간을 두고 조정하면서 관련 조치가 따라야 한다. 급여 인상만으로 공무원의 업무효율을 끌어올리기에는 한계가 있다.

Q : 선생은 '생애계획' 이론에 반대한다고 했는데, 그렇다면 인력자원 부서는 어떤 업무를 해야 하나?

A: 인력자원부는 실질적인 인재육성제도를 구축해야 한다. TSMC는 일부 대학의 우수한 재학생을 유치하기 위해 접촉하지만 졸업 후에는 연락이 끊어지기 쉽다. 인력자원부 책임자는 그들과 연계를 유지해야 하며, TSMC는 진정한 인재를 물색해야 한다. TSMC는 국제화를 강조하여 해외의 유명 대학에서도 인재를 찾고 있으며, 현재 UC 버클리대학의 졸업생 한 명이 우리 회사에서 일하고 있다. 또 MIT 공대나 하버드대학에서도 인재를 물색하고 있다. 이 밖에도 인력자원부 책임자는 기업의 승진제도를 구

축해야 한다. 승진제도의 합리성 여부를 판단하고 승진 후보자의 능력을 평가하는 것도 인력자원부의 일이다.

Morris Chang ______

가장 이상적인 생애계획은 모든 직무에서 자신이 좋아하는 일을 하며, 최선을 다해 회사에 기여하는 것이다.

Q : 의욕을 꺾는disincentive 조치들도 있는데, 대략의 상황을 소개해줄 수 있나?

A: 통상적으로 이 방면은 비교적 기계적mechanical으로 정해져있다. 미국 기업에서는 실적이 좋지 않은 직원에게 유예기간probation period을 주는데, 일단 경고를 하고 나서 1년간 지켜본다. 이어서 6개월간의 유예기간을 추가로 준 후 최종적으로 사퇴 여부를 결정한다.

대만이 고려할 수 있는 조치로는 임금 동결, 배당금 지급하지 않기 등이 있다. 대만은 비교적 평등주의 방식을 취하고 있어서 임금 인상 폭이나 배당금 액수가 비슷하다. 그러나 지나친 평등은 지양해야 하며, 실적이 우수한 직원에게는 포상하고 근무 성적이 형편없는 직원에게는 징벌을 내려야 한다. 이런 것들도 인력자원부서가 할 일이다.

Q : 우리는 직원의 실적을 평가할 때 A, B, C, D, E의 5등급으로 나눈다. TSMC는 어떻게 하고 있나?

A: 실적을 평가할 때 최상의 그룹과 최하 그룹을 정하는 것이 가장 중요하며, 그 나머지는 하나의 큰 무리로 분류하면 된다. A, B, C의 3등급으로 나눌 수 있으며, 그중 A에 상위 5퍼센트나 10퍼센트 그룹을, C에 하위 5퍼센트나 10퍼센트를 배정하되, 그 비율이 반드시 일정하지는 않다. 중간에는 B 등급을 배치한다.

그러나 A, B, C, D, E 다섯 등급으로 분류하는 경우도 있다. TSMC 부사장급 이상 책임자들에 대한 인사고과는 내가 직접 참여할 뿐 아니라 이를 주도하기도 한다. 대다수 부사장들의 근무성적은 사장이나 집행 부사장 등에게 보고되고, 내가 직접 챙겨야 하는 경우는 몇 명에 불과하지만 나는 그들의 실적을 상당히 자세히 평가한다. 매년 실적 상위 5, 6위 안에 드는 우수한 부사장들에 관한 보고를 받고 그들에 관한 정보를 슬라이드로 보관한다. 그 밖에도 실적 순위 1위부터 25위나 30위까지는 늘 파악하고 있다. 이는 승진 후보자의 명단이기도 하며, 배당금이나 임금 인상에도 반영된다.

Q : 승진을 어떻게 해야 합리적인가? 승진을 수시로 실시하는 것과 1년 단위로 하는 것 중 어느 편이 좋은가?

A: 기업의 승진 인사는 임의적random이어야 하지만 승진 조건

은 사전에 발표되어야 한다. TSMC는 후보자의 이념과 과거의 실적을 참조한다. 팀장 이상 직급의 승진은 3~4명으로 구성된 위원회committee에서 결정한다. 그들은 함께 승진의 조건을 결정하며, 한 사람이 단독으로 결정하지 않는다. 이렇게 함으로써 '파벌정치'를 피할 수 있는데, 파벌정치란 개인적인 관계를 이용하여 직위를 얻는 것을 말한다. 그러나 이런 방식으로도 주관적 요소를 완전히 배제하기는 불가능하다. 나는 인재를 볼 때 학력이나 경력을 보지 않고 일하는 태도와 정신을 본다. 내가 원하는 것은 일에 임할수록 강해지는 사람이다. 이러한 자질은 이력서만 봐서는 알 수 없으며, 직접 알아봐야 발굴할 수 있다.

비법 9

제품마다 다른 '학습곡선'

R&D 투자, 비용과 시장경쟁

제9강의 주제는 '제품과 시장'이다. 모리스 창은 경쟁관계의 두 기업을 사례로 신제품의 학습곡선이 시장 점유율, 기업의 수익, 기업의 존망에 어떤 연쇄반응을 일으키는지 분석했다.

그는 시장점유율의 중요한 이론적 근거를 강조했다. 1960년대 후반부터 1970년대 초반에 이르는 5~6년간 각종 이론이 쏟아져 나왔다. 그러나 이런 이론들은 적절히 사용되지 않으면 상당히 위험하다.

경영자는 시장점유율이 높을 때 원가를 낮출 수 있다는 생각을 버려야 하며, 실질적인 방안을 추진해야 원가를 낮출 수 있다. 모리스 창은 학습곡선은 고속 성장하는 시장에 적용하기에 적당하다고 주장했다.

학습곡선은 원가절감과 시장점유율 확대에 도움이 된다

시장점유율의 중요성은 어디에 있을까? 이는 모리스 창이 이번 강의에서 제시한 첫 번째 문제였다. 어떤 수강생이 소프트웨어로 시장점유율을 높일 수 있고 표준의 제정을 주도할 수 있다고 대답했다. 그러자 모리스 창이 재차 물었다. "하드웨어 쪽은?" 잠

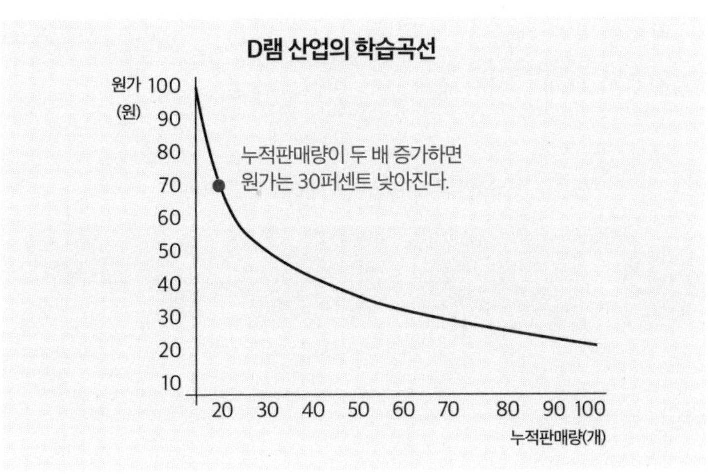

시 침묵이 흐른 후 이윽고 누군가 손을 들고 대답했다. 시장점유율은 하드웨어 기업에 있어 더 많은 수량을 판매하면 원가를 절감할 수 있다는 의미라는 대답이었다.

모리스 창은 이 대답에 상당히 만족한 듯했다. 이번 수업의 서두를 자연스럽게 열 수 있었기 때문이다. 그는 y축이 비용, x축이 누적판매량인 학습곡선learning curve(위 그림 참조)을 소개했다. 이 곡선은 한 기업이 시장에서 누적판매량이 배로 증가할 때마다 단위 원가는 30퍼센트가 감소하는 것을 보여주고 있었다. 모리스 창은 이 곡선을 '눈물겨운 곡선'으로 불러도 지나치지 않다고 말했다. 실제로 이 곡선은 D램 산업에 출현하여 많은 사람이 일자리와 부를 잃고 사업에 실패하며 눈물을 흘렸다. 그는 이 곡선을 IC 산업에도 적용할 수 있다고 주장했다.

학생들의 이해를 돕기 위해 모리스 창은 빈 슬라이드에 A, B 두 회사의 사례를 연산해서 보여 줬다(아래 표 참조).

1984년부터 1986년까지 D램 산업 혁신

연차	시장 총량	판매량		시장점유율 (퍼센트)		단위원가 (*)		시가	영업액		총이익		R&D투입		순이익 누적량	
		A	B	A	B	A	B		A	B	A	B	A	B	A	B
1	20	10	10	50	50	100	100	200	2,000	2,000	1,000	1,000	1,000	0	0	1,000
2	30	20	10	66	33	57	70	100	2,000	1,000	860	300	1,000	1,000	(140)	(700)
3	60	45	15	75	25	36	53	50	2,250	750	630	(45)	1,000	1,000	(370)	(1,045)
4	100	100	퇴출	100	퇴출	23	퇴출	50	5,000	퇴출	2,700	퇴출	1,000	퇴출	1,700	퇴출

* 설명: D램 학습곡선의 추산

1년 차: A사는 연구개발에 투자하여 순이익 제로를 기록했고, B사는 고액의 순이익을 올렸다.

첫 해에 시장 총량이 20개에 불과할 때, A, B 두 회사는 시장점유율을 절반씩 차지했으며, 시장가격은 200원이었다. 따라서 두 회사의 영업수입은 2,000원으로 동일했다. 학습곡선으로 보면 누적 판매량이 10개일 때 단위 원가는 100원이다. 따라서 A, B 두 회사의 연간 총이익은 단위순이익판매가 200에서 단위 원가 100을 뺀 숫자 100에 10을 곱한 1,000원이다.

판매량과 영업액, 총이익이 동일한 A, B 두 회사의 유일한 차이는 A사가 1,000원을 연구개발에 투입했다는 점이며, 이에 따라 연말 순이익은 제로를 기록했다. 반면 B사는 연구개발에 적극적으로 투자하지 않았기 때문에 연말 순이익이 1,000원이다. B사의 총재는 축하 연설을 하면서도 속으로는 다가올 미래를 우려했을 것이다. 기업은 연구개발에 투자해야 한다.

2년 차: A사가 시장점유율 3분의 2를 차지하는 동안 B사는 크게 퇴보했으며, 사장은 눈물을 머금고 그 자리에서 내려가야 했다.

2년째에 들어서자 시장은 50퍼센트 성장하고 시장 전체의 총량은 30개에 달했다. A사는 연구개발의 성과에 힘입어 시장의 3분의 2를 점유하며 판매량은 20개에 달했다. 작년 누적분 10개와 금년 20개를 합치면 누적량 총계 30개에 달한다. 학습곡선에 따르면, A사의 단위 원가는 57원까지 내려갔다.

작년 10개를 판매했던 B사는 금년에 여전히 10개를 판매하여 누적 판매량 20개를 나타내고 있다. 이에 따라 B사의 단위 원가는 원래의 100원에서 70원으로 감소했다. 게다가 2년째 들어 시장가격은 원래의 200원에서 100원으로 감소했다. 따라서 A사는 영업액 2,000원을 창출하면서 경쟁사보다 낮은 단위 원가로 총이익 860원에 달했다. R&D에 1,000원을 더 투입한 A사는 140원의 순손실을 냈으나 이는 A사의 이사회에서 사전에 세운 전략이었으며, 금년에도 순이익 제로였던 작년과 별 차이가 없었다. 한편 B사의 순이익은 원래의 1,000원에서 300원으로 줄어들었다. 이 회사도 뒤늦게 1,000원을 R&D에 투자하기로 하면서 연말에 순손실 700원을 기록했다. 작년에 비해 크게 악화한 수치였다. 따라서 사장은 이 사태에 책임을 지고 사퇴해야 했다. B사는 궁여지책으로 업계에서 가격전으로 승부를 보기로 하고 눈물의 가격 인하를 단행했다.

3년 차: A사는 시장점유율 3/4으로 성과가 눈에 보였으며, B사는 시장점유율을 뺏기고 시장에서 퇴출된다.

3년째가 되자 시장은 호황세를 보였다. 총량은 배로 늘어나 60에 달했다. 그러나 판매가격은 반 토막이 나서 50원을 기록했다. 작년의 절반 가격이다. A사는 연구개발에 지속적으로 투자한 덕분에 75퍼센트의 시장점유율을 차지했으며, 판매량은 45개에 달했다. A사의 누적 판매량을 보면 첫해에 10개, 2년째 20개 및 3년째 45개의 판매량을 기록하여 A사의 단위 원가를 36원으로 낮췄다.

그러나 그해 시장점유율 25퍼센트에 그친 B사의 단위 원가는 오히려 시장가격보다 3원이 높은 53원에 달했다. 제품 한 개를 팔 때마다 3원씩 손해 보는 구조였다. B사의 연간 총 영업수입은 750원에 불과했으며, 총이익은 처음으로 45원의 적자를 기록했다. 회사가 시장점유율을 잃고 매년 적자가 늘어나는 모습을 지켜보던 이사회는 결국 경쟁에서 도태되어 시장 철수를 결정했다.

4년 차: A사는 비갠 뒤 맑은 하늘, 사장은 총재로 승진했다.

4년째가 되자 A사는 시장의 맹주 지위에 등극했다. 여전히 시가 50원 수준에 그쳤지만, 학습곡선을 대입해보면 누적 판매량

175개에 도달할 때 단위 원가는 23원에 불과하다. 이로써 A사는 마침내 비갠 뒤 맑은 하늘을 보게 되었고, 연간 순이익은 무려 1,700원에 달했다. 사장은 실적을 인정받아 총재로 승진했다.

모리스 창은 이 사례가 1984년에서 1986년까지 D램 산업에서 실제로 발생했다고 말했다. 주도면밀한 계획으로 대처한 A사는 일본기업이고, 시장에서 퇴출당한 비운의 B사는 미국기업이었다. 그는 실제 상황보다 정책은 늦게 반응한다고 말했다. 미국의 반덤핑법은 1987년에 탄생했는데, 이는 미국기업이 D램 산업에서 고배를 마신 후 입법을 촉구하여 나온 결과다. 그러나 반덤핑법이라는 구제책이 너무 늦게 나왔다. 입법이 완료되었을 때 미국 D램 기업 대부분은 이미 도산해버리고 TI와 마이크론 테크놀로지Micron Technology 두 곳만 남아있었다.

D램 산업은 1984년에서 1986년까지 3년의 발전 끝에 반독점법 탄생을 촉발했으며, 몇 년 후 벌어진 제2막에서도 같은 상황이 연출되었다. 달라진 게 있다면 A사가 한국기업으로, B사가 일본기업으로 바뀐 것뿐이다. D램 산업의 제1막이 단순한 스토리로 이뤄졌다면 제2막에서는 좀 더 복잡한 양상으로 발전했다.

모리스 창은 일본이 D램 산업을 반드시 쟁탈해야 할 고지로 여기고, D램을 반도체 산업 진입의 관문으로 여긴 것은 큰 착오였다고 지적했다. 반도체 산업에서 D램의 기술발전은 로직 제품에 아무런 편의도 제공하지 않는다. "반도체 산업에서 D램은 반드시 쟁탈해야 하는 고지가 아니며, 반도체에 진입하는 관문은 더욱 아니다." 이런 말과 더불어 모리스 창은 모든 제품과 기술에 동일한 학습곡선을 적용하려는 일각의 관점이 매우 위험한 것이라고 강조했다.

그 역시 1987년 대만에 돌아왔을 때 D램을 반도체 산업 진입의 기술 드라이브로 여긴 적이 있었다. 그러나 인텔 부총재가 모리스 창을 만나 CPU의 기술이 이미 D램과는 다른 길을 가고 있으므로 병용할 수 없다고 말했다.

학습곡선은 고속성장 중인 시장에 적용하기에 적합하다

학습곡선의 몇 가지 요점에 대해 모리스 창은 이렇게 지적했다. "학습곡선은 동적인 관념으로 경제 규모와는 무관하다. 누적 판매량 증가는 단위 원가를 낮출 수 있는 기회에 불과하며, 원가가 저절로 낮아지는 것은 아니다." 시장점유율을 확보했다고 당장 원가절감이 가능한 것은 아니며, 관련 방안을 계속 추진해야 원가를 낮출 수 있다. 고속성장 중인 시장에서 학습곡선을 적용하기에 적합하다.

모리스 창은 대만이 시장점유율 확보에 주력할 산업은 웨이퍼 팹, D램, 디스플레이와 메인보드 등이라고 밝혔다. 또 시장의 구분은 매우 중요하며 제품과 기술이 다르면 학습곡선도 달라져야 한다고 주장했다. 따라서 메인보드와 디스플레이 등 산업은 학습곡선의 기울기를 다시 검토해야 한다는 것이다.

Morris Chang

학습곡선은 동적인 관념으로 경제 규모와는 무관하다. 누적 판매량 증가는 단위 원가를 낮출 수 있는 기회가 생기는 데 불과하며, 원가가 저절로 낮아지는 것은 아니다.

BCG 매트릭스를 이용해 문제 제품을 찾아낸다

기업경영학에서 유명한 BCG 매트릭스Boston Consulting Group Matrix는 모리스 창의 수업에서 더욱 역동적으로 다뤄졌다. 모리스 창 자신이 이 모형 구축에 참여한 당사자 중 한 명이기 때문이다. 그가 재직했던 TI는 BCG의 최대 고객이었다.

이 매트릭스 모형은 '시장성장률'과 '최대 경쟁자에 상대되는 점유율'에 따라 기업의 각종 사업을 '스타Star사업', '캐시카우Cash Cow사업', '물음표Question Marks사업', '개Dog사업'의 4단계로 나눈다. 첫째, 스타사업은 시장성장률이 높고 시장점유율도 우위를 차지하는 단계이다. 둘째, 캐시카우는 시장성장률은 높지 않으나 시장점유율이 절대적으로 높은 단계이다. 셋째, 시장성장률은 높으나 시장점유율 강화가 필요한 물음표 단계다. 넷째는 시장성장률과 시장점유율이 모두 낮은 '개' 사업 단계다.

기업의 상태가 모두 '스타' 단계라면 너무 많은 현금을 잠식하게 된다. 따라서 '캐시카우'처럼 돈벌이가 확실한 사업을 통해 '스타'에 필요한 자금을 부담해야 한다. 그러나 기업에 '물음표' 제품이 없다면 도전성이 사라지게 된다. 모리스 창은 "기업을 경영할 때는 어떤 제품라인 및 사업이 '개' 사업인지 정확히 인지하여 이를 제거하는 것이 중요하다."라고 주장한다. 그러면서도 대다수 기업이 비슷한 잘못을 저지르고 있는데, 즉 '물음표' 제품 및 사업을 너무 오랫동안 안고 있다가 결국 문제를 일으킨다고 덧붙였다.

모리스 창은 BCG 매트릭스 모형의 창시자 잭 웰치가 사업단위에 대해 두 가지 규정만 세운 것 같다고 지적했다. 첫 번째 규정은 특정 수익률에 도달할 것을 요구하고, 실적이 나쁘면 계속 채근한다. 두 번째 규정은 3년 연속 사업단위의 수익률이 높아질 기색이 없는 경우, 리더를 교체하거나 심지어 해고 조치를 발동하게 된다. 강력한 경영 스타일의 잭 웰치는 이로 인해 '중성자탄'이란 별명을 얻게 되었다. 여기까지 말한 모리스 창은 갑자기 뭔가 느낀 듯 "리더들 중에 사랑받는 사람은 많지 않다"는 한 마디를 덧붙였다.

비법 10

핵심우위를 장악해야 초격차도 뛰어넘을 수 있다

기존시장과 미개척시장의 경쟁전략

제10강에서는 전략과 전략계획에 대해 다루고, 기존시장과 미개척시장의 기업경쟁 사례를 소개한다. 이어서 기업의 핵심우위와 같은 자원에 대한 전략계획을 다뤘다.

모리스 창은 사람은 비전과 가치에 전략을 더하면 성공할 수 있으며, 기업도 예외가 아니라고 말했다. 에디슨이 천재는 1퍼센트의 영감과 99퍼센트의 노력으로 이뤄진다고 했듯이, 기업의 성공적인 전략계획에는 10분의 1의 영감전략 형성이 포함된다. 전략계획을 세운 후에는 동원할 수 있는 자원과 핵심우위가 어느 정도인지 살펴야 한다. 마지막으로 기나긴 이행과정이 남아있다.

서비스/기술로 포지셔닝하여 기존시장을 개척한다

기업의 경영전략은 기발해야 하며, 기존시장과 미개발시장으로 구분하여 설명할 수 있다. 맥도날드, TSMC, 페덱스FedEx 등은 기존시장을 개척한 경우다. 이 기업들은 모두 서비스/기술 포지션으로 기존시장을 개척했다.

먼저 맥도날드의 경우를 살펴보자. 1950년 맥도날드 1호점이 탄생할 때만해도 기존 햄버거시장 규모는 그다지 크지 않았다. 그러나 맥도날드는 확실한 서비스 포지셔닝으로 패스푸드 시장을 공략했으며, 커피숍이 장악한 기존 시장까지 빼앗아왔다. 현재 전 세계에는 1만 개의 맥도날드 매장이 있다. 이 밖에도 맥도날드는 각 지역의 특성을 겨냥하여 포지셔닝에 차별화를 꾀했다. 미국에서는 싼 가격의 로엔드Low-End 시장을 노린 반면, 대만과 중국 대륙에서는 미들엔드Middle-End 시장을 공략했으며, 프랜차이즈 경영방식을 통해 기존시장을 성공적으로 확충했다.

TSMC 설립 시 상황은 맥도날드 창업 당시와 비슷해서 기존의 웨이퍼 팹 시장이 크지 않았다고 모리스 창은 회고했다. 당시 웨이퍼는 모두 외국의 큰 공장에서 자체 생산했으며, 전 세계에 IC 설계기업은 20개도 안 된다. TSMC가 웨이퍼 제조를 전문으로 하는 웨이퍼 파운드리 서비스를 개척한 후 소형 IC 설계기업들이 우후죽순 생겨났다. 현재 전 세계에 600여 개의 IC 설계기업이 있으며, 일주일에 하나의 기업이 생겨나는 속도로 빠르게 늘고 있다. 미국 페덱스도 우편배달 서비스로 시장 확장에 성공했으며, 이상 세 가지 사례의 포지셔닝은 모두 높은 비전이 있어야 성공할 수 있는 경우였다.

아직 개발되지 않은 시장에 관해서는 와이즈테크놀로지를 들어 설명할 수 있다. 3년 전 1995년 오라클Oracle Corporation사와 라이징선Rising Sun, 升陽 두 회사는 네트워크 컴퓨터Network Computer 콘셉트를 제시했다. 에이서Acer 이사장 스전룽施振榮도 단말기 애플리케이션과 유사한 XC 전용 컴퓨터 관념을 제시했다. 그러나 와이즈는 아직 개발되지 않은 단말기 시장에 가장 먼저 투입된 셈이다.

Morris Chang

기업의 성공적인 전략계획에는 10분의 1의 영감전략 형성이 포함된다. 전략계획을 세운 후에는 동원할 수 있는 자원과 핵심우위가 어느 정도인지 살펴야 한다. 마지막으로 기나긴 이행과정이 남아있다.

기업은 핵심우위를 이용해 경쟁에서 이길 수 있다

"모든 앱에 PC가 필요한 것은 아니다. 매년 단말기의 유지보수 비용이나 구매 비용은 PC보다 훨씬 낮다. 와이즈는 3~4년 전부터 윈도우 단말기 제품을 출시했으며, 몇 년 전까지는 참담한 실적을 보이다가 이제는 한 달 실적 수백만 달러에 달하는 고속 성장을 구가하고 있다." 모리스 창은 이렇게 말했다.

단말기 활용이 10~20퍼센트의 PC시장을 대체할 것이라는 낙관적 예측도 있다. 그러나 그는 PC에 서버를 더하는 것만으로도 컴퓨터 기능을 갖추며, 와이즈의 윈도스 기반 단말기WBT, Windows Based Terminal로 일부 PC 애플리케이션을 대체한다면 PC 시장은 1998년 당시 약 1억 대 규모 중 5~10퍼센트만 대체해도 기업 몇 개는 충분히 생존할 수 있다고 내다봤다.

자신의 경험에 비춰볼 때 모리스 창은 핵심우위를 장악하는 것이 어렵고 성공 확률도 높지 않지만 기업은 핵심우위가 있으면 경쟁에서 이길 수 있다고 여긴다. 웨이퍼 파운드리 산업에서 수율은 비교 불가한 핵심우위로, 모리스 창은 생산과 높은 수율이라는 우위를 갖췄다. D램의 핵심우위는 주로 수율에 따라 결정된다. 수율이 높으면 생산원가를 낮출 수 있으며, 매월 수만 건을 생산하는 경제 규모가 가장 주요한 경쟁 우위는 아니다.

D램은 기존시장에 속하여 경쟁자가 많아 기업의 생존이 쉽지 않다. 모리스 창은 이렇게 말한다. "VIS의 핵심우위를 분석해보면 생산에서 우위를 갖고 있으나 설계와 기술 개척의 우위는 뒤떨어진다. 현재 VIS는 기술개발의 곤경에 봉착했지만 이를 이유로 VIS를 낮게 평가해서는 안 된다. 조금씩 전진하는 목표가 있으면 D램에서 앞선 기업으로 변신할 수 있기 때문이다."

미국, 일본 D램 기업의 우위와 열세 원인 분석

모리스 창은 핵심우위가 있으면 기업이 기존시장이나 유일한 시장에서 상대방이 미처 생각하지 못한 기발한 방법으로 승리할 수 있다고 주장한다. 그는 TI 미국 공장과 일본 공장이 1970년대에 연구 개발한 64M D램을 예로 들었다. 1970년대 TI 일본 공장에서 생산한 제품의 수율은 미국 공장보다 월등히 높았다. 그러나 원가와 수율은 반비례 관계를 형성하기 때문에, 수율이 낮다는 것은 생산원가가 높아진다는 의미이다.

성숙하지 않은 제품연구개발 초기의 제품의 경우, 미국 공장의 수율은 5~10퍼센트에 불과하나 일본 공장은 20퍼센트의 수율을 나타냈다. 일본 공장의 생산원가는 미국 공장의 절반 수준이었다. 성숙한 제품의 수율을 살펴보면 일본 공장은 60~70퍼센트의 수율을 보인 반면 미국 공장은 30~40퍼센트에 불과했다.

고급 인재와 선진 기계를 보유한 미국이 수년간 노력했음에도 일본을 따라잡지 못한 원인은 매우 복잡하다. 작업원의 자질, 이직률과 결근률, 그리고 기술요원, 작업반장, 엔지니어의 자질 및 단결정신 등의 요소가 복잡하게 맞물려 있다. 일본의 작업원은 학력이 고졸 이상으로 고른 분포를 보이며, 대졸자도 상당히 높은 비율을 차지한다. 매년 이직률은 1~2퍼센트에 그치며 직원의 결근율은 제로에 가깝다.

반면 미국의 작업원은 자질이 들쭉날쭉하고 이직률도 일본보다 훨씬 높아서 경기가 좋을 때는 연간 50퍼센트에 달하고 불경기일 때도 10퍼센트를 기록하며, 일간 결근률도 5퍼센트에 달한다. 작업원은 대략 3~4개월의 훈련기간을 거쳐야 80퍼센트의 숙련도를 갖추게 된다. 따라서 미국 인력의 높은 이직률이 제품, 수율에 미치는 영향이 매우 크다.

기술훈련은 작업원의 숙련도를 높이는 데 무척 중요하다. IC

발명자 잭 킬비Jack Kilby는 20년 전 TI의 직원식당에서 "다수의 작업원이 투입되어도 제대로 된 IC 한 개도 만들지 못했으나 고용주는 그들이 누군지 찾아내지 못했다."라고 말했다. 작업자의 훈련 부족이 기업에 얼마나 치명적인지 알 수 있는 말이다. 기술자의 숙련 여부가 반도체에 미치는 영향은 지대하다. 모리스 창은 일본이 기술자 훈련 면에서 미국을 크게 앞서며 설비 고장률down rate도 일본이 5~10퍼센트, 미국은 30~40퍼센트로 차이가 난다고 지적했다. 이에 따라 미국과 일본의 제품과 기술 수율이 크게 벌어지게 된 것이다.

또한 미국은 설비 고장률이 지나치게 높아 제품 라인의 수율이 낮고 생산 속도도 심하게 지연되었다. 일본의 생산라인은 수율이 높고 재고품 확보가 안정적이었다. 일본은 그들이 말하는 '딱 좋은Just in hand' 상태답게 생산라인에서 적체되는 물건이 없이 그때그때 처리하기 때문에 제품 수율과 출하에 심각한 영향을 미치지 않았다.

모리스 창은 작업반장과 엔지니어도 반도체 산업에서 중요한 요소라고 말했다. 작업반장과 엔지니어의 자질도 일본이 미국을 훨씬 앞섰다. 일본 작업반장은 대부분 중위권 이공대학 졸업생이 맡고 있으나 미국의 작업반장은 18세기 프랑스 시문학원을 지칭할 정도의 문과 졸업생으로, 둘의 반도체 전문수준은 천양지차다.

엔지니어의 자질을 보면 일본의 상위권 이공대 졸업생들이 생산, 연구개발 업무에 종사하기를 원하는 반면 미국의 이공대 졸업생들은 관리업무만 선호한다. 따라서 엔지니어는 대부분 비이공대 졸업생들로 채워진다. 일본인의 단결정신도 미국보다 훨씬 강하다. 이런 복잡한 원인이 작용하여 TI의 미국와 일본의 공장 수율 차이를 불러온 것이다.

Morris Chang

핵심우위에 힘입어 시장점유율을 어느 정도 차지한 후, 시장경쟁률을 더 높이기 위해서는 경쟁기업의 강점과 약점을 분석해야 한다.

수율을 높여야 생산원가를 낮출 수 있다

모리스 창은 1983년 텍사스 인스트루먼트TI를 떠났지만 그 후로도 몇 년간 이 회사의 주주로서 회사의 연보를 정기적으로 받아봤다. "1987년경 받아본 연보에서 TI 일부 공장의 수율이 일본과 필적할 정도라는 소식을 읽었다." 모리스 창은 미국공장의 설비 고장률을 낮춘 것이 가장 큰 이유라고 주장했다.

"미국은 20여 년간 직업의식이 크게 변화했으며 설비도 대부분 자동제어시스템으로 교체하면서 작업환경이 크게 개선되었다. 따라서 TSMC는 3년 전 미국에 웨이퍼텍이라는 웨이퍼 파운드리 팹을 설립하기로 했다." 대만과 일본의 우위 차이를 묻는 수강생들의 질문에 모리스 창은 이렇게 대답하면서, 대만도 일본과 유사한 핵심우위를 갖췄으나 노동자 이직률이 높은 편이라고 덧붙였다.

핵심우위에 힘입어 시장점유율을 어느 정도 차지한 후, 시장 경쟁률을 더 높이기 위해서는 경쟁기업의 강점과 약점을 분석해야 한다. 이는 기업관리학에서 자주 언급하는 SWOTStrength, Weakness, Opportunity, Threat 분석, 즉 강세와 약세, 기회와 위협의 전략분석과 유사하다.

에이서는 PC 시장에서 자체 브랜드 구축을 위해 IBM, 컴팩Compaq Computer Corporation의 강세와 약세를 분석해야 했다. 노트북 컴퓨터 업체 인벤텍Inventec은 컴팩의 OEM 파트너였는데, 시장점유율을 높이려면 당장 외국 기업과 경쟁하기보다는 자체 실력부터 길러야 했다. 유통 채널과 브랜드 지명도만 비교해도 문제가 복잡해지기 때문이다. 우선 작은 역할에 충실하면서 실력을 키우고, 수율 개선과 원가절감을 통해 경쟁 우위를 갖춰야 한다. 이 점에 있어서는 D램 산업도 마찬가지다.

비법 11

회사 창업의 5대 경쟁 우위

비용·기술·법률·서비스·브랜드

제11강에서 다룬 내용은 대략 두 가지로, 그중 하나는 회의를 효율적으로 진행하는 방법이다. 각 기업이 매일 회의에 많은 시간을 할애하고 있으며, 회의 참석자도 많다. 따라서 회의는 사실 비용을 높이는 요소로 변질되어 버렸다. 모리스 창은 90퍼센트의 기업이 너무 많은 회의를 열고 있다고 지적하면서, 이에 따라 회의 소집인이 우선 회의의 목적을 분명히 하고 효율을 제고할 책임이 있다고 주장했다.

두 번째 부분은 지난 강의에서 다룬 '전략' 주제의 연장선상으로, 기업이 구축할 수 있는 진입장벽competitive barrier에 어떤 것이 있는지 알아본다. 모리스 창은 기업전략에서 세울 수 있는 진입장벽이 몇 가지 있는데, 이중 가장 흔히 볼 수 있는 '원가' 우위는 쉽게 넘어설 수 있는 장벽이라고 주장했다.

의견을 발표하지 않는 사람은 회의에 참석할 필요가 없다

모리스 창은 평일 사내에서 열리는 회의의 성격을 세 가지로 분류했다. 첫째 소통과 전달communication을 위한 회의로, 특정 그룹에 일방적으로 정보를 알려준다. 두 번째 유형은 자문 성격의 회의로, 일부 사람이 참석자의 의견을 묻는 성격이다. 세 번째 유형은 정책을 토론하는 성격의 회의다.

첫 번째 유형인 소통과 전달을 위한 회의는 참석자 수에 제한이 없으나 의장의 역할이 매우 중요하며 참석자들도 유의하여 들어야 한다. 두 번째 유형인 자문 성격을 띤 회의는 참석자 수가 너무 많아서는 안 되며 의장의 역할은 참석자들의 중요한 의견을 이끌어내는 것이다. 참석자들도 반드시 의견을 발표할 수 있는 사람들로 채워져야 하며, 일단 자문을 받아들이면 막힘없이 발언이 이어질 수 있다. 세 번째 유형인 전략결정회의는 기업에 가장 중요하며, 참석자 수는 10명 이내로 제한된다. 진행자는 참석자의 소중한 의견을 이끌어낼 뿐 아니라 절충 능력까지 갖추고 현장에서 의견충돌이 발생할 때 적절히 조절할 수 있어야 한다. 회의에 초대된 사람들은 반드시 견해를 지닌 인사들이어야 한다. 그렇지 않으면 전체 회의가 완전히 시간 낭비에 그칠 우려가 있다. 이런 유형의 회의에 참여하는 사람들은 자신의 의견을 분명히 발표하되, 자신과 다른 의견도 받아들일 줄 알아야 한다.

모리스 창은 자신이 대만에서 수많은 자문회의에 참석하고 있으며, 개최자는 대부분 정부기관과 학자, 기업가, 관료들이 참가한다고 전했다. 이런 회의의 문제는 진행자가 모든 참석자에게 의견을 발표하도록 하는 데 있다. 10명이 10분씩 발표한다고 가정하면 두 시간이 소요된다. 실제로 이런 상황은 드물지 않다. 먼저 발표한 사람은 남은 두 시간 동안 멍청하게 앉아 있어야 하니 그야말로 무료하기 짝이 없는 일이다.

이런 상황은 진행자가 자신의 역할을 제대로 하지 않아서 초래된다. 일부 참석자는 별다른 내용도 없는 발언을 15분이나 25분간 계속하기도 한다. 유능한 진행자라면 이런 사람의 발언을 재치 있게 중단시켜야 하며, 이것이 의장의 역할이다. 회의 참석자가 말을 많이 해야 학식이 깊다는 사람들도 있는데 이는 잘못된 생각이다. 5분이면 충분히 요점을 말할 수 있다. 설사 전부 소개하지는 못하더라도 충분히 참석자들의 흥미를 이끌고 심층질문을 유도할 수 있다.

모리스 창이 오랫동안 고수해온 회의 원칙은 성공적인 회의 개최의 비결이라고 할 수 있다. 즉 의견을 발표하지 않은 사람은 굳이 참석할 필요가 없고 회의 자체도 빠른 템포로 진행해야 한다. 이상적인 것은 회의의 모든 참석자가 자발적·적극적으로 의견을 발표하는 것이다. 기업의 회의는 결코 영화 관람이 아니다. 회의에 부름을 받지 않으면 체면이 깎인다고 생각하는 기업문화가 있다. 참석한 사람들도 마치 영화를 관람하는 듯한 태도를 보이는데, 이는 바람직하지 않은 자세라고 지적했다. 그는 기업의 90퍼센트는 회의가 지나치게 많다고 지적하고, 회의 소집자가 우선 회의 개최 목적을 분명히 하면 불필요한 회의를 줄일 수 있으며, 사내회의 중 절반은 생략할 수 있다고 주장했다.

모리스 창이 오랫동안 고수해온 회의 관련 원칙은 성공적인 회의 개최의 비결이라고도 할 수 있다. 즉 의견을 발표하지 않은 사람은 굳이 참석할 필요가 없고 회의 자체도 빠른 템포로 진행해야 한다.

낮은 원가가 곧 훌륭한 경쟁 우위는 아니다

강의 두 번째 부분에서는 지난 시간에 이어 전략 문제를 다뤘다. 모리스 창은 기업전략을 세울 때 반드시 진입장벽을 구축해야 한다고 강조했다. 흔히 원가절감을 가장 먼저 떠올리는데, 이는 대만에서 잘 통하는 전략이긴 하나 그것만으로 경쟁하기에는 무리가 있다.

다른 경쟁자보다 원가비용을 10~15퍼센트만 낮추려 해도 상당한 어려움이 따르며, 그 정도 비율로는 경쟁 우위에 유리하다고 할 수 없다. 10~15퍼센트 정도는 미미한 수준인데다가 경쟁기업이 출혈을 감수하며 가격인하 전략으로 맞선다면 원가절감으로 벌 수 있는 이익은 더 줄어든다. 따라서 원가절감은 이상적인 진입장벽이라고 할 수 없다.

두 번째 진입장벽인 앞선 기술은 소수에게만 있는 경쟁력이며, 기술을 지닌 성공한 자들이 가격결정권을 가져간다. 가격결정권은 영어로 'pricing power'라고 하는데, 이는 연구전략가들이 자주 언급하는 용어로, 가격결정권을 장악할 수 있는 기업으로는 마이크로소프트, 인텔, 화이자 제약 등이 있다. 기업이 지속적으로 신제품을 출시한다면 앞선 기술도 진입장벽이 될 수 있으며, 인텔, 마이크로소프트, 화이자가 이런 기업에 속한다.

세 번째 진입장벽은 법률이며 흔히 말하는 지적재산권이 해당된다. 앞에서 언급한 세 기업도 법률을 진입장벽이 운용하는 사례이며, 이 기업들은 선진기술로 장악한 경쟁 우위를 법률로 더욱 공고히 한다. 인텔의 경우 1993년 이전에는 지적재산권을 경쟁 우위로 삼았으며, 경쟁사가 그들의 특허권을 침해하면 즉시 법원에 제소했다. 이로써 자신들의 앞선 기술이 더욱 발전할 수 있는 충분한 시간을 벌었다. 그 결과 최근 5년간 인텔의 기술은 경이로운 수준에 도달했다. 그들은 경쟁자의 기술이 자신들을 따라잡을 수 없다는 사실을 알기에 이제는 태도가 온건해져서 법률을 동원한 진입장벽을 내세우지 않는다. 그렇다고 인텔이 '무골호인'으로 변했다는 의미는 아니다.

Morris Chang

진입장벽으로서의 고객관계에서는 앞선 기술보다 그 고객과의 신뢰감이 더 중요한 요소이다.

모리스 창은 진입장벽으로 서비스를 포함한 고객관계를 들었는데, 이는 표준형 제품을 취급하는 기업에는 별로 중요하지 않다. 가령 D램, 모니터 기기, 메인보드 등을 공급하는 A사가 당장 파산한다고 하더라도 B회사에서 공급할 수 있다. 같은 제품이 공급업체만 바뀌는 셈이므로 별다른 변화가 없다.

그러나 고객관계는 서비스업과 특정 산업에 매우 중요하다. 가령 헤어살롱에서 손님이 특정 헤어 디자이너를 지정할 때는 신뢰감이 작용하기 때문에 자신의 머리를 마음 놓고 맡길 수 있다. 진입장벽으로서의 고객관계에서는 앞선 기술보다 그 고객과의 신뢰감이 더 중요한 요소이다.

은행 또한 고객 신뢰감으로 진입장벽을 삼는 업종이다. 모리스 창은 이번 학기 수업에서 진행한 골드만삭스 은행 상장안 관련 토론에서도 서비스의 중요성을 강조했다. 그는 TSMC는 고객관계를 경쟁 우위 구축 요소로 삼아왔다고 전하면서, 그러나 이러한 고객관계는 그들과 골프를 치거나 선물을 보내는 식으로 구축되는 것이 아니라고 지적했다. 진정성 있는 서비스에 마음이 움직인 고객이 그 기업의 서비스를 안심하고 받아들이게 된다.

인지도도 진입장벽의 일종이며, 특히 처음 이용하는 고객에게 매우 중요하다. 여기에는 브랜드도 포함되며, 대표적인 예가 코카콜라이다. 오래전 코카콜라 한 병이 10센트였을 때 제조 원가는 액체와 캔까지 포함해도 2센트에 불과했다. 반면 광고비가 3~4센트로 제조 원가보다 훨씬 높다. 이는 브랜드를 먼저 구축한 후 경쟁 우위를 구축하는 전략이다. 가격이 높은 일부 패션업체도 브랜드나 인지도를 통해 경쟁 우위를 구축한다.

모리스 창은 인텔의 인지도를 특히 높이 평가했다. 조사 결과 인텔은 미국인이 인정하는 5대 브랜드에 포함되는 것으로 나타났다. 사실 인텔의 제품은 일반 소비자가 쉽게 볼 수 없는데, 그런데도 이러한 인지도를 갖춘 것은 이 회사가 컴퓨터 반도체 칩으로 브랜드를 구축한 덕분이다.

전략계획팀과 일상업무팀을 분리하라

이후 강의는 전략계획에 대한 주제로 넘어왔는데, 전략적 사고와는 부분적으로 다른 내용이었다. 전략을 생각해내는 사람들은 많지 않다. 지혜로운 CEO는 전략자문회의를 열어 좋은 의견을 수렴하며, 소수의 사람들이 그중에서 전략을 추출해 낸다. 가령 인텔의 슬로건 '인텔 인사이드Intel Inside'는 인텔의 전 총재 앤드루 그로브의 아이디어다. 그러나 이를 어떻게 이행하는지는 전략계획에 속하며, 각종 자원의 운용을 결정해야 했다. 가령 인력과 재력이 얼마나 필요하고 돈을 얼마나 써야 하는지, 어떤 사람들을 동원해야 하는지가 관건이었다. 이런 절차를 거치지 않으면 아무리 좋은 아이디어가 있어도 실천에 옮기기 어렵다.

전략계획을 세우는 사람들도 SWOT 분석을 언급하곤 한다. 모리스 창은 이러한 전략계획 관련 용어는 전략을 생각하기 전에 적용해야 한다고 주장했다. 전략을 구상한 CEO에게 사람들이 나서서 기회와 위기가 어디에 있다는 식으로 알려주기란 불가능하다는 것이다. 진정한 전략계획은 이행 방안을 정하고, 추적 가능해야 하며 매월 한 차례 평가할 수 있어야 한다.

이 밖에 전략 방안으로는 약 3년에서 5년이 걸리는 비교적 장기적인 방안이 있다. 가령 인텔의 '인텔 인사이드'나 반도체 제조에서 곧 진입을 앞둔 구리 제조공정, 또는 최근 자주 거론되는 컴퓨터 밀레니엄 버그 문제 등이 이에 해당한다.

모리스 창은 전략계획 업무가 기업의 일상업무로 인해 배제되는 일이 많다고 지적한다. 가령 생산라인의 엔지니어가 동시에 전략계획도 진행하는 식인데, 만일 생산라인에 문제가 생기면 전략계획 업무를 한쪽에 미뤄놓고 우선 눈앞에 닥친 긴급한 문제부터 해결해야 한다. 따라서 전략계획을 세우는 사람들은 반드시 일상업무를 보는 사람과 구분해야 하며, 경비도 당연히 분리함으로써 일상업무로 인해 전략계획이 배제되는 일을 피해야 한다.

비법 12

세계적 기업을 경영하는 마음가짐
어려운 길을 고수하라

1999년 1월 6일은 TSMC 이사장 모리스 창이 자오퉁대학에서 마지막 수업을 하는 날이었다. 그는 마지막 수업 주제를 좀처럼 정하지 못하다가 당일 아침이 되어서야 '세계적 기업'으로 정했다고 밝혔다. 그는 우선 세계적 기업에 대한 정의를 내렸다. 그가 생각하는 세계적 기업은 먼저 그 영향력이 지역에 그치지 않고 세계적이어야 하며 일정 수준 이상의 실적을 내야 한다. 또 주주의 투자 배당률을 중시하며 상당한 성장률을 유지해야 한다. 이밖에 인지도가 있고 동종업계의 인정을 받는 것도 중요하다. 세계적 기업은 정경유착 등 특별한 관계에 의존해서 성공해서는 안 되며, 리더의 특별한 자질도 중요한 여건 중 하나다.

기업이 세계화하려면 경영 관념에 국경이 없어야 한다

세계적 기업의 조건을 정의한 모리스 창은 이어서 기업 세계화Globalization의 핵심에 관해 논했다. 그는 기업이 세계화하려면 경영 관념에 국가 구분이 없어야 한다고 주장했다. "이 조건 하나만 따져도 자칭 세계화했다는 기업들 중 많은 수가 기준에 미달한다." 기업문화 측면을 살펴볼 때 기업의 핵심문화에는 포용성이 있어야 한다. 다른 국가와 지역의 문화를 포용할 수 있어야 하며 토박이 기업문화와 충돌을 일으키지 않아야 한다.

그는 TSMC 일본지사의 제도를 예로 들었다. 대체로 일본기업은 종신고용제도를 채택하는 곳이 많다. 그런데 TSMC 일본지사의 직원들은 배당제의 대상이 아니며, 그중 3분의 1은 임시직으로 고용되었다. 이들을 정식직원으로 전환하면 회사 측이 직원들에게 많은 보장을 해줘야 하므로 종신직으로 고용하기를 꺼렸다. 설사 종신직으로 고용한다고 해도 기업의 배당제 혜택에서는 배제됐다. 이런 상황은 앞으로 개선되겠지만 향후 몇 년간 TSMC의 전체적인 상황을 지켜보고 결정해야 한다.

기업문화는 세계 각지 어디에서도 무리 없이 적용되어야 하며, 혁신과 개방식 관리가 이에 해당한다. 개방형 기업문화에서는 모든 사람에게 자기 의견을 자유자재로 말할 기회가 있고, 여러 상황에서 다른 사람의 의견을 지적할 수 있으며, 역으로 다른 사람의 지적을 흔쾌히 받아들일 수 있다. 물론 이런 기업문화가 아직 낯선 아시아 국가에서는 정착하기 쉽지 않을 것이다. 그러나 계속 추진하고 시도해야 하며, 그렇게 해도 현지의 문화와 충돌하지는 않을 것이다. 중요한 것은 심리적 장애물을 없애는 데 있다.

모리스 창은 TI 재직 시절의 일본지사도 무척 개방적인 문화를 갖고 있었다고 회고했다. 한번은 회사에서 통산성通產省 고위관리 출신 인사를 초빙하기로 했다. 50세에 가까운 이 퇴직관리는 훌륭한 의견을 제시했으며 영어 실력도 수준급이었다. 그 인사의 배경이 TI의 개방형 문화에 어울리지 않다고 우려하는 의견도 많았으나 결과적으로 그는 완벽하게 적응했다. 모리스 창은 개방형 기업문화는 초기에 적응하기 어려워도 시간이 지나면 틀림없이 뿌리를 내릴 것이라고 주장했다. 최근 그는 일본 TI에 근무하는 옛 동료와 연락을 했는데, 그 동료도 이런 기업문화를 일본에서 추진하는 데 문제가 없다고 밝혔다.

대만 기업에는 혁신과 장기적 경영 정신이 부족하다

모리스 창은 기업이 세계화하려면 바르게 경영하겠다는 도덕관념이 필요하다고 강조했다. 세계의 대다수 지역의 전통 도덕규범은 기본적으로 극히 일치한다. 그는 '공동의 언어'에 대해 언급했다. 국제화 기업에서 통역을 통한 의사전달에는 한계가 있으며, 반드시 공동의 언어를 사용해 자유자재로 소통해야 한다는 것이다. 세계로 눈을 돌려보면 사실 공용어는 영어 하나다. 그는 앞으로도 50년간은 영어가 공용어 역할을 지속할 것으로 내다봤다. 21세기는 중국인의 세기라는 말도 있지만, 중국어가 국제적으로 통용되는 언어가 되려면 최소한 50년은 지나야 한다. 국제화 능력을 갖춰야 비로소 세계적 기업으로 향한 첫걸음을 뗐다고 할 수 있다.

Morris Chang

기업의 핵심문화에는 포용성이 있어야 한다. 다른 국가와 지역의 문화를 포용할 수 있어야 하며 토박이 기업문화와 충돌을 일으키지 않아야 한다.

이어서 모리스 창은 약 30분 동안 대만기업이 노력할 방향에 대해 이야기했다. 대부분 자신이 대만으로 돌아와 10여 년간 기업을 경영하면서 느낀 내용이었다. 그는 대만 기업에 혁신이 부족하다고 지적했다. 혁신은 세계적 기업들의 공통점으로, 기술만을 지칭하는 것이 아니라 모든 면에 관련되며, 마케팅이나 행정에서도 혁신을 할 수 있다. 전문 기술의 혁신은 쉬운 일이 아니므로 많은 금액을 투자하고 기회도 포착해야 한다. 기업 내부에 대해서도 혁신을 할 수 있으며, 기술, 제품, 마케팅, 관리, 행동은 모두 혁신을 통해 개선할 수 있다. 이런 면에서 볼 때 대만 기업에는 아직 혁신이 부족하다.

그는 기업 경영에 장기적으로 경작한다는 정신이 필요하며, 대만에는 당장 결실을 보려는 기업들이 많다고 지적했다. 기업 뿐 아니라 주주들에게도 이런 정신이 부족하다. 사실 주주들의 태도는 기업에 매우 중요하다. 그들이 단기적 효과에 지나치게 집착하면 기업을 제대로 경영하기 어렵다. 그는 "이 자리에 있는 학생들이 장차 기업의 CEO를 맡게 되면 주주에 대한 책임을 져야 할 것"이라면서, CEO는 기업의 장기적 전략을 구상하는 자리인데 주주들이 단기적 성과만을 요구한다면 CEO가 제대로 일을 추진할 수 없다고 지적했다.

주주는 기업의 경영방식과 전략에 큰 영향을 미친다. 주주는 기업의 장기적 비전을 바라보고 투자하는데 경영진이 오히려 단기적 성과에 매달리는 기업도 있다. 모리스 창은 대만기업에 장기투자, 장기경영 정신이 부족하다고 지적했다.

인재 양성을 상당히 중시하는 모리스 창은 세계적 기업들은 하나같이 인재 양성을 중시하며, 직원들의 연수 참여는 그중 하나의 방식이다. 신입사원이 들어오면 상급자가 멘토 역할을 해주는 곳도 있다고 말했다. 세계적 기업의 경우, 직원을 이끌어주는 사람은 중하급, 또는 중급의 과장급인 경우가 많다. 승진 후에도 각 단계의 커리어 성장을 위해 반드시 누군가 이끌어주는 존재가 있다. 이것이 곧 인재 양성으로, 재직 교육 등을 포함한 장기투자를 하는 것이다.

에이서의 자체 브랜드 창출과 세계적 기업의 길을 지지하다

대만기업에도 국경을 뛰어넘는 경영이념이 필요하다. 물론 남보다 목표를 높게 설정하면 힘든 길을 가야 한다. 에이서의 자체 브랜드 창출도 어려운 길이었으며, 미국에서 오랫동안 적자를 보면서도 왜 포기하지 않느냐고 비난하는 사람도 있었다. 모리스 창은 에이서의 미국 경영 상황을 자세히 알지 못했지만 자체 브랜드 창출에는 전적으로 찬성했다. 세계적 기업이 되려면 그 길을 가야 한다고 생각했기 때문이다.

모리스 창은 TSMC가 어느 정도 규모는 갖췄으나 자신이 바라는 수준에는 아직 이르지 못했다고 밝혔다. 그는 세계적 기업으로 키우는 것이 사명감의 문제이며, 이는 돈이나 지위를 추구하는 것과는 다르다고 덧붙였다. 그는 매우 개인적이고 감성적인 어조로 자신이 미국에 있을 때 꽤 괜찮은 지위까지 올라갔다고 회고했다. 그는 CEO는 아니었어도 세계적 대기업의 반도체 사업부 책임자로 있었으며, 그 후 제너럴인스트루먼트General Instrument에서는 COO로 있었다. 그는 어디서 누구와 접촉하든 그들과 동등했으며 큰 존경을 받았다. 그런데 TSMC를 설립한 후 자신을 대하는 사람들의 태도가 전과는 달라진 것을 느꼈다. "왜냐하면 나는 더 이상 세계적 기업의 책임자가 아니라 낙후한 지역에서 회사를 세운 인물에 불과했기 때문이었다."

Morris Chang

남보다 목표를 높게 설정하면 힘든 길을 가야 한다.

2~3년 전까지만 해도 인정받지 못하던 모리스 창은 1~2년 전부터 비로소 국제적으로 평가받기 시작했다. 미국 〈비즈니스위

크〉로부터 25명의 우수 기업인으로 선정되었고, TSMC ADR이 뉴욕 증시에 상장되면서 미국 방송 매체와도 인터뷰를 가졌다. 대형 투자은행이 애널리스트를 TSMC에 보내기도 했다. 1년 전 뱅크오브아메리카는 그를 반도체 50년 역사상 가장 기여도가 큰 인물 중 한 명으로 선정하기도 했다. 이렇게 국제적으로 인정받은 것도 최근 1~2년의 일이다. 그러나 이 모든 것은 결코 그가 원한 목표가 아니었다.

Taiwan-Semiconductor

Manufacturing-Company

제4장

TSMC, 세계 1위 반도체 제국의 미래

30년간 성장해온 TSMC의 경영수치는 이사장 모리스 창의 대체 불가한 "반도체 대부" 지위를 보여준다. 그의 탁월한 경영능력은 2008년 금융위기에서도 빛나는 실적으로 증명되었다.

2009년 CEO로 복귀한 그는 자본지출 확장을 대대적으로 추진했으며, 제품라인 확장전략으로 애플 아이폰 프로세서의 오더를 따냈다. 그 결과 2008년 3,000억 NTD 미만이었던 TSMC의 매출은 2017년 9,770억 NTD로 늘어나 3배가 넘는 성장세를 나타냈다. 2017년 한 주당 잉여금은 13.2 NTD에 달하여 9년 동안 284퍼센트나 상승했다.

그러나 TSMC의 빛나는 경영실적과 국제적 명성에 따른 걱정이 조금씩 고개를 들었다. 모리스 창의 퇴임 후에도 TSMC는 승승장구할 수 있을까? 이렇게 성공한 경영리더의 롤모델을 과연 누가 뒤따를 것이며, 그 역할은 누가 능히 감당할 수 있을까?

2002년부터 모리스 창은 승계계획을 구체적으로 언급하기 시작했다. 2005년 1차로 CEO 자리를 승계했으나 2009년에 다시 복귀하여 지휘권을 잡았다. 그 후 2012년부터 전면적인 승계의 3

단계 계획을 본격적으로 가동했다. 승계의 단계별 중대한 결정이 있을 때마다 그는 〈상업주간〉의 독점 인터뷰에 응했다.

본 편에서는 시간 순서대로 승계구도의 중대한 전환점을 짚어본다. 인터뷰 내용은 승계에 대한 모리스 창의 구상, 세계적 기업 리더인 그가 제시하는 엄격한 요구와 사심을 배제한 후계자 양성에 관한 것이다. 또한 승계 문제에 직면하거나 이와 관련한 구조조정의 시기에 직면한 대만의 기업에 시사점을 던져준다.

반도체 대부의 완벽한 승계 일정

▸ 2002.07 인터뷰

이 인터뷰 당시 모리스 창은 이미 칠순이 넘은 나이였다. 그는 이 자리에서 TSMC 미래의 후계자 승계계획을 최초로 언급했다. 자신이 어느 날 갑자기 퇴임하지는 않을 것이며, 인텔의 승계 모델을 참조하여 단계적으로 물러날 것임을 분명히 밝혔다.

▸ 2006.06 인터뷰

2005년, 모리스 창은 TSMC CEO 자리에서 최초로 물러나 모든 스포트라이트를 차이리싱에게 넘겼다. CEO의 자리를 넘겨준 지 1년 만에 그는 본지와의 인터뷰에서 "이제 때가 되었다. 이사장, 이사까지도 맡지 않겠다."라고 단언했다.

▸ 2012.03 인터뷰

거의 3년 동안 잠잠하던 승계계획은 2012년 3월 갑자기 가동되기 시작했다. 이번에는 단일 후계자를 지정하지 않고 3명의 수석 부사장 장상이, 류더인, 웨이저자를 공동 운영장Co-COO으로 승진시켰다.

▸ 2013.12 인터뷰

대만 과학기술업계 사상 최초의 더블 CEOCo-CEO로 류더인과 웨이저자를 임명했다. 그들은 분업과 협력으로 모리스 창을 도와 TSMC를 이끌었다. 또한 그에 대해 직접 책임을 지는 방식이었다.

▸ 2017.10 인터뷰

TSMC는 2018년 주주총회가 끝난 후 류더인을 이사장으로 임명했다고 발표했다. 이로써 류더인은 정부, 사회와의 소통 등 대외 사무를 담당하는 기업 정책의 최종결정자가 된 것이다. CEO직은 웨이저자가 승계하여 연구개발, 업무와 재무, 법무를 포함한 전반적 운영을 책임지고 이사회에 보고하는 임무를 맡았다.

새로운 리더십을 세운다

2002년 모리스 창은 〈상업주간〉과의 독점 인터뷰에서 TSMC의 승계계획을 최초로 언급했다. 그는 "집단 지도체제는 좋지 않으며 직접 승계하는 편이 낫다."라고 밝혔다. 기업의 화합을 도모하고 정치적 힘겨루기를 피하기 위해 사람들에게 가장 가능한 인선을 미리 알리는 편이 낫다고 생각했다. 심지어 "만일 승계 결과가 좋지 않으면 다른 후보를 찾으면 된다"고 토로하기도 했다.

인터뷰에 응할 당시 모리스 창은 이미 칠순을 넘긴 나이였다. 그는 "노병은 죽지 않고 사라질 뿐"이라는 말로 자신의 퇴임 방식을 비유했다. 자신이 어느 날 갑자기 퇴임하지는 않을 것이며, 인텔의 승계 모델을 참조하여 서서히 단계적으로 물러날 것임을 분명히 밝혔다. 그의 발언은 어쩌면 한 번도 생각해보지 않은 퇴임과정에 대한 심리상태와 맞닿아 있는지도 모른다. 마지막 순간까지 노력하고 분투하며 창업을 지도하는 그의 심리상태 말이다.

미국 GE사의 전임 CEO 잭 웰치의 승계방식[27]은 한때 글로벌 CEO들의 큰 관심을 끌었다. 그러나 모리스 창은 잭 웰치의 승계 후보자 수가 너무 많아 내부 경쟁이 과열되었다고 지적했다.

2002년 모리스 창은 〈상업주간〉과의 인터뷰에서 TSMC의 승계

27. 미국 GE 이사장 겸 CEO 잭 웰치는 6년 5개월에 걸쳐 CEO를 선발했다. 22명의 후보들은 여러 번의 검증을 거쳤고, 해가 지날수록 후보 명단은 8명, 4명으로 좁혀졌다가 최종단계에서 3명이 경합했다. 그 결과 최종 승자는 제프리 이멀트(Jeffrey Immelt)가 되었으며, 결승에서 탈락한 나머지 두 명은 일주일 내에 짐을 챙겨 회사를 떠나야 했다.

계획을 최초로 밝혔다. 그는 자신이 갑자기 퇴진하지 않을 것이며 인텔의 공동 설립자 고든 무어Gordon Moore의 방식을 참조할 것이라고 밝혔다. 1987년 CEO직에서 내려온 고든 무어는 이사장직은 계속 유지했다. 시간이 좀 지난 후 이사장직도 넘겨줬지만 이사직은 그대로 유지했다. 2001년이 되어서야 이사직까지 내놓음으로써 승계 과정을 마치는데 무려 14년이 걸렸다.

앤드루 그로브도 마찬가지였다. 고든 무어의 후임 CEO였던 앤드루 그로브는 1998년에는 CEO직을 크레이그 배럿Craig Barrett에게 승계했으나 이사장 지위는 유지했다. 모리스 창은 이런 식의 단계적 퇴진 방식을 이상적이라고 생각했다.

그는 인텔의 후계자 승계시스템을 연구했으며 앤드루 그로브로부터 그 방식을 직접 전수받기도 했다. 그 후 모리스 창은 앤드루 그로브의 제안대로 시행했으나 모든 후계구도의 결정은 시행하기 6개월 전에야 공개했다.

제너럴인스트루먼트 이사장에게 인재 선발 방법을 배우고 앤드루 그로브에게 승계방식을 배우다

Q : 최근 〈포춘Fortune〉지에는 과거 잭 웰치가 CEO 인선을 선포

한 후 로버트 나델리Robert Nardelli[28]가 이에 반발하여 퇴사한 일화가 실렸다.

A : 잭 웰치의 승계방식이 이상적이라고 생각하지 않는다. 제임스 맥너니뿐 아니라 다른 인사들도 GE를 떠난 것으로 알고 있다. CEO의 인선에 관해 그들은 최종 후보 4~5명을 경쟁시킨다. 이렇게 할 경우 결과가 나오면 탈락자들이 회사를 떠나는 것은 말할 것도 없으려니와, 결과가 나오기 전부터 많은 마찰이 빚어진다. 이는 '정치투쟁Politics을 피한다'는 우리의 경영이념과는 배치되기 때문에 좋지 않다.

Q : 후보군의 숫자가 너무 많으면 안 된다는 말인가?

A : 잭 웰치가 후계자를 공식적으로 발표하는 시간이 그렇게 오래 걸리지는 않았지만, 후보군이 너무 방대하고 후보자 숫자가 너무 많다. 그동안 경쟁을 통해 후보자에 들기까지 이미 몇 년이 걸렸는데 발표한 후에는 더 극심한 경쟁이 시작된다. 사람들이 잭 웰치의 퇴임이 멀지 않다는 사실을 아는 순간부터 경쟁은 시작된다. 물론 TSMC는 GE와는 다르다. 우리는 GE보다 훨씬 규모가 작으므로 후보군의 규모도 훨씬 작다.

좀 넓게 생각하면 반드시 후보군을 세울 필요 없이 인재를 널리

---

28. 로버트 나델리는 2000년 CEO 선발에 탈락한 후 홈데포(Home Deport)의 CEO로 영입되었으며, 현재 크라이슬러 CEO로 있다. 최종 인선에 탈락한 또 한 명의 후보였던 GE 항공기 엔진 사장 제임스 맥너니(James McNerney)는 GE를 떠나 3M을 거쳐 보잉 사의 이사장 겸 CEO에 영입되었다.

모집한다고 생각할 수 있다. HP의 경우 이사회에서 리크루팅 위원회Recruiting Committe를 구성해 CEO를 선출했다. 전임자 류 플래트Lew Platt는 여전히 회사에 남아 근무하며, 이는 체면 깎이는 일이 아니다. 칼리 피오리나Carly Fiorina도 그가 선발했다. 이렇게 리크루팅 위원회에서 CEO를 선발하면 내부에서도 잡음이 없고 불쾌한 과정을 겪지도 않는다. 사실 리더로 최종 낙점되는 사람은 단 한 명이므로 다른 사람에게까지 굳이 알릴 필요가 없다!

Q : 인재 선발도 하나의 학문인가?

A : 나는 제너럴인스트루먼트의 사장을 역임했다. 나를 고용한 사람은 그 회사의 이사장이었는데, 면접에 관한 그의 기교는 나도 모방하게 되었다. 그는 나를 여섯 차례나 면접했으며 한 번에 최소한 한 시간이 걸렸다. 1차 면접과 2차 면접은 장장 3시간이나 걸렸으며, 면접 때마다 다른 장소와 상황에서 진행되었다. 최소한 3~4가지 상황이었다. 두 번은 사무실에서 진행되었으며, 그의 집과 컨트리 클럽, 식당에서 각각 한 차례씩 진행되었다. 이사회의 이사 두 명이 배석하는 날도 있었다.

그 이사장이 내게 한 질문에는 중복되는 것이 많았다. 각각 다른 상황에서 질문에 대처하는 나의 반응을 살피려는 의도에서였다. 이러한 면접의 기교는 충분히 배울만한 가치가 있어서 나중에 직원을 면접할 때 그대로 했다. 일반적인 면접은 한두 시간으로 결정되는

데 이런 식으로는 아무 소용이 없다고 생각한다.

내가 그 이사장으로부터 배운 것은 더 있다. 그는 나를 채용하기로 한 후 평판 조회reference check를 했는데, 미국에서 이런 일은 드물지 않다. 그런데 대부분 전화로 진행되는 반면 그는 달라스까지 날아와 내가 재직하던 TI의 대표를 만났다. 인재 선발과 관련한 그의 노하우는 훗날 나도 배워서 사용했다.

Morris Chang

승계와 관련된 일은 너무 일찍 발표해도 안 되고 너무 임박해서 발표해서도 안 된다. 너무 일찍 발표하면 장시간 레임덕 현상이 발생할 것이고, 임박해서 발표하면 사람들이 무슨 일이라도 발생했다고 여길 것이기 때문이다.

단계적으로 내려놓기 : CEO, 이사장, 이사

Q : 2002년 현재 당신은 71세다. 퇴임을 몇 년 후로 생각하고 있는가?

A : 솔직히 말해 언제 퇴임할지는 생각해보지 않았다. 퇴임 문제는 생각한 적은 있지만 몇 년 후로 정해놓지는 않았다. 조만간 퇴직은 하겠지만 시기는 나도 모른다는 의미다. 퇴임 방식에 관해서는

"노병은 죽지 않고 사라질 뿐"이라는 명언을 실천한 인텔의 모델을 참조하여 단계적으로 손을 떼는 방식을 취할 것이다.

인텔의 전임 CEO 고든 무어는 1987년 당시 CEO직에서 내려온 후에도 이사장직을 계속 유지했다. 일정 기간이 지난 후 이사장직도 넘겨줬지만 이사직은 그대로 유지했다. 2001년이 되어서야 이사 자리까지 내놓았다. 앤드루 그로브도 같은 노선을 걸었다. 고든 무어의 후임인 앤드루 그로브는 1998년에는 CEO직을 크레이그 배럿에게 승계했으나 이사장 지위는 지금도 유지하고 있다. 이런 식으로 단계적으로 퇴진하는 방식이 이상적이다.

사실 퇴임을 선포하는 시기에 대해서도 인텔의 방식을 참조했고 앤드루 그로브로부터 직접 조언을 들었다. 그때가 몇 년 전 앤드루 그로브가 CEO직을 넘겨준 당시의 일이다. 그는 내게 이렇게 말했다. "이런 일은 너무 일찍 발표해도 안 되고 너무 임박해서 발표해서도 안 되네. 너무 일찍 발표하면 장시간 레임덕 현상이 발생할 것이고, 임박해서 발표하면 사람들이 무슨 일이라도 발생했다고 여길 것이기 때문이지. 따라서 나는 생각 끝에 6개월 전쯤 발표하기로 했다네." 나는 그의 말에 일리가 있다고 생각한다.

Q : 처음에는 어떤 방식이 바람직한가? 집단 리더 체제인가?

A : 집단 리더 체제보다는 직접 승계가 효과적이라고 생각한다. 갈등을 피하려면 사실 모든 사람에게 가능한 인선 후보를 미리 알리

는 것이 좋다.

Q : 만약 승계가 제대로 되지 않으면?

A : 승계가 제대로 되지 않으면 다시 하면 된다! 솔직히 말해 나는 단번에 모든 일을 내려놓지는 않을 것이다. 그래야 부작용을 피하고 순조로운 승계를 할 수 있다.

TSMC 리더의 자질

계획을 세운 후에 행동하라

2005년 모리스 창은 CEO직을 사임하고 자신이 거의 10년간 육성해온 신임 CEO 차이리싱에게 모든 스포트라이트를 양보했다. 이로써 TSMC는 과거의 단일 수장제를 버리고 최초로 더블 수장제로 탈바꿈했다. 모리스 창은 막후에서 CEO와 함께 TSMC를 공동 운영했다. CEO직을 최초 사임한 지 만 1년이 되는 2006년 6월, 모리스 창은 〈상업주간〉의 단독 인터뷰에 응했다. 이 자리에서 그는 CEO 한 사람이 방대한 조직을 관리하려면 일부가 아닌 조직 전체를 최적화하는 집행력이 있어야 한다고 주장했다. 모리스 창은 차이리싱이 그 일을 능히 해내리라고 믿었다. 하지만 그가 2009년에 복귀하여 지휘봉을 잡으리라고는 스스로를 포함하여 어느 누구도 예상하지 못했다.

2006년 6월, 모리스 창이 CEO직을 넘겨준 지 만 1년이 되었다. 지난 1년 동안 그는 그다지 바쁘지 않게 지냈다. 신주과학단지의 본사 방문은 한 달에 세 번으로 그쳤으며, 그것도 두 시간 남짓이었다. 모든 스포트라이트를 한 몸에 받던 그였으나 이제는 자신이 10년간 양성해온 신임 후계자 차이리싱에게 무대를 넘겨준 것이다.

권력을 내주는 순간 아쉽지는 않았느냐는 질문에 그는 우아한 말투로 대답했다. "마음의 준비는 오래전에 끝냈다. 이제는 결정한 일을 실천에 옮기는 것뿐이다." 2006년 6월 1일 자욱한 담배 연기가 피어오르는 가운데 모리스 창은 타이베이의 18층 사무실에서 〈상업주간〉 기자를 맞이했다. 이하는 인터뷰 요약 내용이다.

더블 수장제와 이사회의 상호관계

Q : 후계자 양성계획은 언제부터 생각했나?

A : 신설 기업은 처음 10년간은 후계구도를 생각하기 어렵다. 나는 1997년과 1998년에 처음으로 후계자 승계 문제를 생각하게 되었다. 승계는 더블 수장제로 할 것인가 단일 수장제로 할 것인가를 생각해봐야 한다. 대만은 단일 수장제가 보편적이지만 요즘은 대만도 변하고 있다. 미국은 10년 전까지만 해도 단일 수장제, 즉 CEO제가 많았으나 최근 들어 미국도 유럽의 더블 수장제이사장과 CEO를 도입하고 있다.

Q : 더블 수장제란 무엇인가?

A : 이사장이 CEO를 겸하지 않으면 더블 수장제라고 할 수 있다. 따라서 TSMC는 과거에는 단일 수장제, 지금은 더블 수장제를 채택하고 있다. 단일 수장제에서는 모든 것을 한 사람이 관리하고 알아서 한다. 따라서 승계에서 상호관계를 논하는 것은 더블 수장제를

채택했기 때문에 가능하다.

Q : 더블 수장제에서 최종 성패는 누가 책임지나?

A : 경영의 성패는 주로 CEO나 총재president가 책임진다. 이사회는 최소한 세 가지의 중요한 책임을 진다. 첫째, 이사회는 경영인을 감독한다. 경영인에게 도덕적 문제가 없다 하여도 이러한 감독은 필요하다. 이사회의 감독을 통해 도덕적으로 훌륭한 경영인의 품행이 지속될 수 있다. 둘째, 가르치는teach 것이 아니라 코치coach하는 것이다. 농구나 축구 코치가 선수보다 잘할 필요는 없지만 선수를 훈련하는 방법은 잘 알고 있다. 셋째, 필요할 때 이사회가 CEO를 교체할 수 있다. 이런 일은 미국에서 다반사로 일어난다.

Q : 그 말은 유럽에서 성행하는 더블 수장제 기업에서는 이사회가 CEO를 교체하는 기능이 더욱 강화되었다는 의미인가?

A : 단일 수장제를 채택하는 기업에서는 리드 디렉터Lead director라는 제도가 있다. 최근 리드 디렉터가 이사장chairman 겸 CEO를 교체한 사례들이 있었다. 그러나 모든 이사회가 그럴 수 있는 것은 아니며, 리드 디렉터가 없으면 이사장 겸 CEO를 교체하기가 쉽지 않다. 그러나 유럽에서는 비교적 쉽게 교체하는데, 이는 유럽이 더블 수장제를 채택하기 때문이다.

미국에서는 이런 경우 참으로 난감하다. 즉 리드 디렉터가 이사들을 소집해 회의를 개최할 권한이 있는데, 이사장 겸 CEO가 불참해버리는 것이다. 이런 경우 리드 디렉터가 권한대로 회의를 강행하는 일은 많지 않다. 그건 반기를 드는 일이기 때문이다. 이런 문제로 인해 미국의 기업들도 더블 수장제로 바뀌고 있다.

Morris Chang

이사회는 경영인을 감독한다. 경영인에게 도덕적 문제가 없다 하여도 이러한 감독은 필요하다. 이사회의 감독을 통해 도덕적으로 훌륭한 경영인의 품행이 지속될 수 있다.

이사장은 조직 전체를 최적화해야 한다

Q : 최종적으로 차이리싱을 후계자로 지목한 이유는 무엇인가? 그가 완전한 능력을 갖추기 전에 당신은 그에게서 어떤 리더의 자질을 감지했는가?

A : 그에게는 자질이 있다. COO로 승진하기까지는 집행력을 주로 본다. 집행력은 COO와 그 이하 직급에 가장 중요하다. 후계자를 선정할 때 가장 중요한 덕목으로 집행력을 본다.

물론 잠재력도 중요하다. CEO가 되려면 추진력 외에 전략능력strategic ability도 갖춰야 한다. 여기에는 통찰력, 전략적 계획 측정

strategic planning, 전략적 비전strategic vision 등이 포함된다. 이런 것이 없으면 잘해야 현상유지에 그치는 CEO에 불과하다. 그러나 CEO로 승진하기 전에는 그런 사실을 알 도리가 없으며, 바로 이점이 후계자 승계에 도사린 리스크다. 오늘 아침에 집행력에 관한 강연을 봤는데, 여기서 강연자가 이런 말을 했다.

"The performance of an organization depends much more on how well the parts of an organization work together than on how they separately", 이 말은 "한 조직의 실적은 그들이 나눠서 큰일을 하는 것이 아니라 전체 조직의 모든 부분을 어떻게 함께 운영하느냐에 달려있다."라는 의미다. "If you optimize the performance of parts, you systematically suboptimize the performance of the whole", 차이리싱에게 연구개발, 업무, 구매, 인력자원을 모두 최적화하라고 요구한다면 그는 차선의 최적화suboptimize를 진행함으로써 전체적인 실적은 저하될 것이다. "Your job as a leader is to manage interaction with the parts, not the action of the parts", 이는 집행능력에 관한 이야기로, 하나의 조직을 관리하는 집행력은 전체 조직을 모두 최적화할 수 있는지를 보는 것이지 개별적인 최적화를 의미하지 않는다.

줄친 부분(모리스 창은 연설 원고의 요점에 줄을 그었다)은 차이리싱에게도 보여줄 작정이다. 나는 차이리싱도 할 수 있다고 생각한다.

Q : 그러니까 차이리싱이 최종 선발된 것은 집행력 때문인가?

A : 그렇다. 집행력이 관건이라고 생각한다. 정판청도 후보군에 들었는데, 그 역시 집행력이 훌륭하다. 이밖에 나이도 중요한 요소다.[29]

Q : 2002년 본지와의 인터뷰에서 선생이 후계구도를 언급했을 때 인선 범위를 넓게 잡아야 하며 외부에서도 인재를 널리 모집할 수 있다고 했다. 일례로 HP의 이사회가 '인재 발탁위원회'를 구성하여 CEO 선발 범위를 외부로까지 확대한 바 있다. 지금도 그 생각에는 변함이 없는가?

A : 그것은 각 기업의 선택사항option이다. 하지만 하나의 옵션만 있는 것은 아니다. HP의 칼리 피오리나가 회사를 떠날 때 큰돈을 챙긴 행동으로 비난을 받았지만 GE의 전 CEO 잭 웰치는 그녀를 옹호했다. 그 돈은 사전에 합의된 것이므로 당연히 챙겨야 한다는 것이다.

칼리 피오리나가 루슨트Lucent를 떠남으로써 HP의 리스크는 커졌다. 갑자기 영입되었으니 당연히 어느 정도 보상을 해야 했다. HP가 직접 후계자를 양성했다면 그 많은 돈을 쓰며 외부 사람을 영입할 필요가 없었을 것이라는 잭 웰치의 요지였다. 애초에 잘못은 HP 이사회에 있다. 후계자를 양성했으면 위로금 문제도 없었을 뿐 아니라 그토록 많은 돈을 쓰면서까지 영입할 필요도 없었을 것이다.

---

29. 편집자주 - 차이리싱은 정판청보다 7살 아래이고 모리스 창보다 스무 살 아래다.

칼리 피오리나를 영입하는 데 5,000만 달러를 썼는데 해고할 때도 2,800만 달러가 들어갔다.

후계자는 여러 핵심부서에서 경력을 쌓아야 한다

Q : 차이리싱이 CEO 후보자에서 정식 CEO가 되기까지 여러 부서를 거쳤다. 여러 부서에서 경력을 쌓는 것이 특별한 의미가 있는가?

A : TSMC는 기능 지향적이다. 업무는 업무이고 R&D는 R&D이다. 차이리싱이 특정 기능 부서에만 머문다면 그 기능만 배울 수 있을 뿐이다. TSMC에는 두 개의 심장이 있는데 하나는 운영operation이고 하나는 업무sale다. 따라서 모든 후계자는 이 두 가지 기능 훈련을 반드시 거쳐야 한다.

Q : 우선 핵심 부서를 정하고 나서 로테이션 근무를 해야 한다는 말로 이해된다. 로테이션을 하지 않으면 후계자 승계계획을 논할 수 없나?

A : 당연히 논할 수 있다. 다만 로테이션 근무제도가 있는 게 훨씬 좋다고 생각한다. 나 혼자만 그렇게 생각하는 것이 아니다. 골드만삭스에도 로테이션 근무제도가 있으며, 미국에서 유럽으로, 유럽에서

일본으로 근무지를 옮겨 다닌다. 대다수는 로테이션 근무를 하다가 나중에는 승진하지 못한다. 우리 TSMC는 나라와 나라를 옮겨 다니며 근무하는 방식이 아니라 기능 부서를 옮겨 다니는 방식이다.

Morris Chang

이는 가르치는teach 것이 아니라 코치coach하는 것이다.
농구나 축구 코치가 선수보다 잘할 필요는 없지만
선수를 훈련하는 방법은 잘 알고 있다.

Q : 선생은 TSMC의 후계자를 거의 10년간 육성했다. 처음부터 10년을 생각하고 있었나?

A : 10년이나 걸려 한 사람의 후계자를 길러낼 필요가 있다고 생각하나? 내 대답은 '아니다'이다. 솔직히 말해 대만의 후계자 문제는 무척 복잡하다. 나는 마음속으로 오랫동안 생각했고 복잡한 감정들은 오래전에 정리했다. 후계 구도를 정의해보면 CEO의 권력을 전부 후계자에게 이양할지, 아니면 그 지위와 직책만 넘겨줄지, 이것이 큰 문제다. 잭 웰치, 크레이그 배럿처럼 퇴임 후 권력을 신임 CEO에게 물려준다면 이것이 비로소 승계이며, 진정한 승계의 의미다. 직책만 넘겨주고 수렴청정을 한다면 아무 의미가 없다.

Q : 그러니까 대만의 승계는 성숙하지 않았다는 말인가?

A : 그렇다.

Q : 그건 대만 기업에 큰 위기 아닌가?

A : 맞다. 하지만 유일한 위기는 아닐 것이다(웃음).

Q : 조금 전 선생은 진정한 후계란 권력의 이양이라고 주장했다. 하지만 외부에서는 차이리싱이 어떤 일을 결정할 때 반드시 선생의 손을 거쳐야 한다는 말이 있다. 이에 동의하는가?

A : 아니다. 누가 그런 말을! (목소리가 냉엄하게 변하며) 알려둘 것이 있다. 나는 신주과학단지의 본사에 일주일에 단 하루만 간다. 내 일정표를 보면 알 것이다. 그곳에서 릭Rick, 차이리싱과 두 시간 정도 함께 이야기를 나눈다. 릭과 나의 관계는 자문받을 권리, 격려할 권리, 경고할 권리(the right to consulted, the right to encourage and the right to warn)의 세 가지라고 말할 수 있다.

매주 두 시간의 회의로 CEO를 보조하다

Q : 두 시간 동안 어떤 것을 보고하나?

A : 어떤 주는 한 시간 정도 대차대조표balance sheet, 부채dept 등 재무 관련 자료를 검토한 후, 남은 한 시간 동안 법령 감독legislation watch을 하는데, 배당금의 비용화 등을 살펴본다. 어떤 주는 두 시간 내내 릭과 전략적 의제strategic issue에 관한 얘기를 나누기도 한다. 이때는 주로 릭, 제이슨천쥔성, 陳俊聖(TSMC 기업발전처 부사장) 이 모두 참석한다. 또 두 시간 동안 릭과 얘기를 나눴고, 이밖에 자금capital을 살펴보기도 한다. 매 분기의 이사회를 2주 앞두고 이사회 어젠다를 이틀 동안 의논하기도 했다.

Q : 원래 CEO 겸 이사장이 개최하게 되어있는 회의인가?

A : 그런 회의는 아니다. 방금 말한 회의는 내가 이사장 겸 CEO로 있을 때는 정례회의agenda meeting를 제외하고는 없던 것이다. 과거 내가 이사장 겸 CEO일 때는 모든 일을 손바닥 보듯 잘 알고 있었다.

Q : 그 말은 지금은 손바닥 보듯 잘 아는 건 아니란 뜻인가?

A : 그렇다(웃음).

Q : 사임 후 1년이 지났는데, 사임 당시 서운하지는 않았나?

A : 마음의 준비를 오래전에 했으며 결단을 실천한 것뿐이다. 충동적으로 결정했다면 당연히 후회가 따를 것이다.

Q : 선생의 회의 횟수가 예전의 5분의 1로 줄었다. 업무시간도

줄었다는 의미인가?

A : 무엇을 업무로 보는지에 따라 다르다. 진지한 읽기serious reading 시간은 절대 줄지 않았다. 매일 회의하지 않고 생각할 자료도 없지만, 전략 지도를 하는 시간은 오히려 늘어났다.

Q : 10년 후 CEO 자리를 승계한다고 가정하면 새로 모색해야 하는지? TSMC의 승계제도는 어떻게 계승되나?

A : 후계자는 한 사람의 일에 그치는 것이 아니다. 차이리싱도 나 혼자 결정한 것이 아니라 이사회가 결정한 것이다. 물론 이사장이 이사회를 이끌기는 하지만 지휘하는 것은 아니다. 하나의 유산legacy으로 남겨놓으려면 제도 수립이 중요하다. 이 점에 있어 나는 최선을 다했다. 그러나 인사 업무라는 것이 사실 무척 복잡하며, 기업 경영도 마찬가지다. 관리는 사람의 일이기 때문에 하나의 공식만 따를 수는 없다. 따라서 제도를 수립하되 변화를 수용해야 한다.

TSMC 세 명의 공동 운영자 체제
돌다리도 두드리며 건너라

2005년 모리스 창이 지명한 후계자 차이리싱은 한동안 CEO의 중책을 잘해 나갔다. 그러나 4년도 되지 않아 다시 CEO에 복귀한 모리스 창은 TSMC를 또 하나의 정상에 올려놓았다. 이때 무대 중앙에서 지휘봉을 잡은 사람은 모리스 창 혼자였다.

차이리싱을 교체한 후 한동안 잠잠하던 TSMC의 승계계획은 2012년 3월 갑자기 가동을 시작했다. 이번에는 단일 후계자를 지정하지 않고 3명의 수석 부사장 장상이, 류더인, 웨이저자를 공동 운영장Co-COO으로 승진시켰다. 이튿날 〈상업주간〉이 모리스 창을 단독 인터뷰했다. 이 자리에서 그는 세 명의 Co-COO를 제정한 승계계획은 돌다리도 두드리며 건너는 신중한 단계라고 처음으로 시인했다.

TSMC에 있어서 2012년은 상당한 활약상을 보인 시기였다. TSMC는 대만에서 돈을 가장 많이 벌어들인 기업으로 연간 매출에서 최고기록을 세웠다. 그뿐만 아니라 글로벌 시각으로 볼 때 IBM, 삼성 같은 일류기업도 웨이퍼 파운드리 분야에서는 그의 적수가 아니었다. 명망으로 볼 때, 이사장 모리스 창은 민간 리더의 신분으로 대만 총통을 대표하여 몇 차례의 APEC회의에 참석한 후 그의 인지도를 따라올 자는 거의 없었다.

기업을 국가에 비유한다면 2012년 TSMC 왕국은 최고의 전성시대를 맞이했다. 팔순이 넘은 그는 시총 2조 NTD 왕국의 국왕이다. 모든 스포트라이트를 한 몸에 받는 웨이퍼 팹 왕조에도 25년 동안 해결되지 않은 난제가 있었으니, 그것은 후계자 문제였다.

사실 후계자 승계는 TSMC만 안고 있는 문제가 아니며, 대만의 다른 기업들도 해답을 찾지 못하고 있다. 대만플라스틱그룹 설립자 왕융칭王永慶도 해답을 찾지 못하고 고령의 나이에도 계속 일해야 했다. 훙하이그룹 이사장 궈타이밍郭台銘도 적당한 해답을 구하지 못해서 후계자 승계계획은 여전히 오리무중 상태다. 기업의 총수가 아무리 능력이 출중해도 언젠가는 물러나야 할 날이 온다. 기업의 기반이 오래 유지되려면 반드시 리더의 바톤을 다음 세대에 넘겨줘야 한다. 대만 최대 기업에서 리더 자리를 순조롭게 승계할 수 있다면 다른 대만 기업에도 새로운 모범사례가 될 것이다.

차이리싱을 교체한 후 한동안 잠잠하던 TSMC의 승계계획은 2012년 3월 2일 갑자기 가동을 시작했다. 이날 임시이사회는 다음 단계의 후계계획을 결정했다. 이번에는 단일 후계자를 지정하지 않고 3명의 수석 부사장 장상이, 류더인, 웨이저자를 공동 운영장으로 승진시켰다. 이들은 각각 6개월 동안 연구개발, 생산, 고객서비스의 3개 부서를 로테이션하여 근무하면서 CEO가 되기 위한 시야와 관점을 길렀다. 향후 상황을 봐서 CEO 후보로 선발될 예정이었다.

이 갑작스러운 조치는 외부의 의혹을 불러왔다. 집단체제로 가면 사공이 많은 배처럼 배가 산으로 가지는 않을까? 심지어 모리스 창의 건강에 문제가 있다고 생각하는 사람들도 있었다. 상황이 급박하니 이러한 임시 방식으로 승계계획을 발표할 거라는 추측이었다.

이런 의혹을 해소하기 위해 TSMC는 3월 5일 긴급 기자회견을 열고 모리스 창이 직접 나서서 승계 시기가 아직 오지 않았다는 입장을 밝혔다. "내게는 두 개의 바톤이 있다. 하나는 이사장의 바톤인데 나는 이를 넘기지 않을 것이다. CEO의 바톤을 넘기는 서곡은 아직 연주되지 않았다." 이어서 그는 상황이 생기면 "내가 반드시 개입할 것"이라고 세 차례나 강조해서 말했다. 기자회견을 통해 건강 문제에 대한 의혹은 풀렸으나 대만 최대 기업 TSMC의 후계 구도에 대한 의혹으로 가득했다.

〈상업주간〉 취재팀은 TSMC가 후계자 승계계획을 가동한 다음 날 신주공업단지 12공장에 있는 TSMC 본사를 찾았다. 원래 모리스 창의 사무실과 비스듬히 마주 보는 차이리싱 사무실은 이미 둘로 나눠졌고, 신임 공동 운영장 웨이저자, 류더인이 사용할 것이라고 한다. 인터뷰에서 반도체의 대부 모리스 창은 세 명의 공동 운영자를 정한 승계계획은 돌다리도 두드리며 건너는 신중한 계획임을 처음으로 시인하며, 상황을 봐서 바뀔 수도 있다고 말했다. 그는 이러한 조치가 기업의 파벌주의를 없애겠다는 시도에서 비롯되었음을 부인하지 않았다.

개인의 강점과 약점을 참조하여 최적의 경영모델을 창출하다

Q : 이번 후계자 양성계획은 어떻게 해서 나오게 되었나?

A : 산업, 기업, 사람의 세 가지 요소를 고려했다. 현재 우리의 경쟁자는 3년 전과는 완전히 다르다. 3년 전 우리의 경쟁자는 UMC였으나 지금은 삼성이며, 인텔은 간접적인 경쟁자다. 기업의 요소를 살펴볼 때, 이 회사는 내가 설립했으며 20여 년간 운영하면서 약점과 강점을 누구보다 잘 알고 있다. 사람이라는 요소에서 볼 때, 부사장 이상 직급 20여 명의 장점과 단점을 나는 상당히 잘 알고 있다. 이러한 요소를 기반으로 가장 우수한 경영방식을 창출할 수 있다.

Q : 공동체제가 가장 좋은 통치방식이라고 생각하는 이유는? 외부에서는 사공이 많으면 배가 산으로 간다는 우려를 하는데, 이런 리스크를 어떻게 피할 생각인가?

A : 지금은 직접적인 답변을 하고 싶지 않다.

Q : 3인 공동체제는 결국 아무도 책임지지 않는다는 것인가?

A : 몇 가지 예를 들어보겠다. 현재 오라클도 하나의 공동 통치Co-president 체제이며, 또 다른 예로는 골드만삭스가 있는데 Co-CEO는 물론이고 두 사람이 한 사무실에서 일한다.

Q : 이런 공동통치 모델은 국내에서는 처음이다. 리스크는 어떤 것이 있으며 어떤 조치를 취하는가?

A : 덩샤오핑鄧小平의 말처럼 돌다리도 두드리며 건널 것이다.

Q : 강 건너편에 어떤 비전이 있나?

A : 인원수는 두세 명이면 좋겠고 한 사람이 CEO를 맡는 상황도 배제하지는 않겠다. 기자가 말한 '사공이 많으면 배가 산으로 간다'는 우려에 대해 생각을 해봤는데, 그들 위에는 이사장이 있다.

Q : TSMC는 이사장, CEO, COO를 어떻게 정의하는가?

A : TSMC에서는 이사장이 가장 높은 지위에 있다. 이사장은 대외적으로 회사를 대표하며, 대내적으로는 이사회를 주도한다. 대외적이라는 것은 모든 외부를 말하며, 고객, 주주, 사회도 외부에 해당한다. 대내적이라는 것은 이사회가 회사의 최고의결기관이다. 이사장은 회사의 절대적인 최고 권력이다.

Q : 6개월의 로테이션 기간에 세 명의 COO의 핵심 실적지표KPI는 무엇인가?

A : 세 명의 KPI는 동일하다. 이는 회사의 실적을 모두 수치화하는 것은 아니다. 그중 잉여, 세일즈 등은 우리에게 계획이 있기 때문에 수치화할 수 있다. 하지만 미래의 R&D 프로젝트의 경우 그 진도

가 우리의 예측과 같을지 또는 넘어설지는 수치화가 불가능하다.

Q : 따라서 그들의 KPI가 모두 같다는 말인가?

A : 세 사람의 KPI가 완전히 일치하지는 않을 수도 있다. 그러나 세 사람은 반드시 동일한 배당금을 받아야 한다. 이른바 KPI는 방금 한 기업의 잉여를 말했는데 그건 공동의 것이다. 이제 세 개의 블록으로 나눠서 말해보자. 한 사람의 진도가 뒤떨어지고 나머지 두 사람도 이 사실을 안다면 뒤떨어진 사람을 도와줘야 한다. 방금 말했듯이 배당은 각자 다르지 않으며, 세 사람이 같은 금액을 가져간다.

Q : 하지만 권한과 책임이 분명하지 않으면 얹혀가려는 심리가 생기는 것이 인지상정이다.

A : 그건 이렇다. 세 사람 중 한 사람이 게으름을 부린다면 인성이 문제다. 그런 일이 생기면 언젠가는 그런 사람은 COO에서 탈락하게 될 것이다.

Q : 로테이션 근무는 왜 1년이 아니고 6개월로 잡았나? 6개월로는 긴 안목의 전략계획을 세울 수 없으며, 예산, 인사의 변경은 더욱 어렵다.

A : 6개월은 대략의 기간이며 3개월이 될 수도 있고 더 길어질 수도 있다. 1년도 가능하다. 나는 내가 그런 파별을…… 해야 한다(손

으로 쳐내는 시늉을 하자 옆에 있던 정보처장 쑨유원(孫又文)이 '제거한다'라는 뜻이라고 보충 설명해준다). 인성이라는 게 그렇다. 오랫동안 한 분야를 같은 사람이 관리해왔다면 아무래도 고인 물이 되기 쉬우니 이번에는 다른 쪽에서 관리해보자는 취지다.

Q : '제후의 할거'를 막겠다는 이야기인가?

A : 그렇다.

지혜와 경험은 60세가 비로소 황금기

Q : 세 명의 COO를 훈련하고 나면 모두 60세가 넘는다. 처음부터 이 점을 고려했나?

A : 당연히 고려했다. 나는 60세가 황금시대의 시작이라고 생각한다. 60세는 사업에 있어 황금시기의 시작이다.

Q : 하지만 국제 관리연구에 따르면 CEO는 최적의 나이가 46세부터 52세까지로 나와 있다. 이때가 절정인 시기인데 최소한 10년은 일해야 할 것 아닌가?

A : 나의 황금시기는 60세부터 비로소 시작되었다.

Q : 하지만 대개 체력은 50세부터 하향세를 타지 않나?

A : 반드시 그런 것만은 아니다. 기자가 말하는 체력이 철봉 매달리기 같은 거라면 곤란하겠지만 우리가 말하는 체력은 지혜다. 경험에서 배우는 것을 포함한 지혜는 50세가 아닌 60세가 황금시대라고 생각한다.

Q : 하지만 세계적 일류기업의 CEO는 대부분 40~50대이다. 잭 웰치가 CEO에 취임했을 때 그의 나이 겨우 46세였다.

A : 그래서 그들은 퇴진turn over도 그렇게 빠르다.

Morris Chang

경험에서 배우는 것을 포함한 지혜는 50세가 아닌 60세가 황금시기라고 생각한다.

Q : 앞으로 공동 COO는 반드시 이사회 연수를 받아야 하나?

A : 그럴 필요는 없다. 심지어 CEO도 마찬가지다. 20년 전에 CEO는 이사회의 당연한 구성원이었다. 심지어 미국 기업의 70~80퍼센트는 이사장이 CEO를 겸했고 지금도 절반 정도 된다.

Q : 세 명의 COO가 필요한 것은 힘을 합쳐야 당신의 짐을 이어받을 수 있어서인가?

A : 그 말도 맞다. 하지만 내가 무슨 대단한 사람도 아니고, 다만 설립자의 후임이 된다는 것이 부담스러운 일이라 생각한다. 회사 경영이 부실하다면 모르겠지만 이 회사가 건재하다면 설립자의 그 다음을 이어받을 사람에게는 어려운 일이다.

Q : 대만의 많은 기업이 같은 문제를 안고 있다. 설립자가 일군 성과가 너무 크다보니 이를 이어받아 보전하기가 힘들다.

A : 그래서 내가 사람들이 참조할만한 모델을 만든 것이다.

Q : 앞으로 가장 큰 도전은 무엇인가? 후계자를 찾는 게 중요한 미션인가?

A : 당연히 중요하다. 하지만 1순위는 아니다. 내가 아직까지는 이사장직을 맡고 있기 때문에 가장 중요한 것은 기업을 잘 이끌어서 미래를 위한 기반을 다지는 일이다. 후계자 물색도 중요하지만 내가 기초를 잘 닦아놓으면 후계자를 찾는 것도 쉬울 것이다.

Q : TSMC는 제도가 완벽한 편이며, 독특한 비즈니스 모델을 기반으로 한다. 그런데도 부족하단 말인가?

A : 그건 아니다. 어떤 사람의 수준은 대체로 경쟁자와 비교해서 갖춰진다. 적수가 없는 경쟁 환경에서 탁월한 인물이 배출되지 않는 이유이기도 하다. 경쟁자가 변하면 TSMC에 필요한 능력도 과거에

비해 높아져야 한다.

CEO와 호흡이 맞으면 그다지 아쉽지 않을 것이다

Q : 이번 공동통치 모델의 탄생에 독립 이사는 어떤 역할을 했나?

A : 우리 이사회가 이틀간 열렸다. 어젯밤 나는 독립 이사와 업무 만찬working dinner을 가졌다. 그 자리에서 인사고과 문제들을 많이 논의했고 이사장에 대한 비판이나 제안이 있다면 그때 제기하면 된다.

Q : 그들이 어떤 지적을 한 적이 있는가?

A : 물론이다. 그들은 내게 갑작스런 심장병이나 중풍에 걸리면 어떻게 할 거냐고 물은 적이 있다. 그런 일이 생기면 CEO부터 선발하라고 대답했다. 그랬더니 누가 적임자냐고 묻더라. 그래서 그건 당연히 '당신들이 결정할 일'이라고 대답했다. 따라서 승계라는 제도는 나 혼자 생각한 것이 아니라 이사회도 중요한 역할을 했다. 특히 독립 이사들의 역할이 컸다.

Q : 이건 대만 기업의 상황과는 상당히 다르다.

A : 그렇다. 나도 안다. 대만의 독립 이사들이 어떤지 잘 알고 있다.

Q : CEO직을 정말 내려놓아야 할 때 아쉽지 않을까?

A : 조금은 아쉬울 수도 있다. 하지만 내가 이사장이면 회사의 최고 권력이다. 신임 CEO와 호흡이 맞으면 그렇게 아쉽지는 않을 것이다. 사실 이건 한 독립 이사가 내게 권고한 일이기도 하다. 그는 내게 "생의 마지막 순간, 즉 죽음을 앞두고 지난 삶을 돌아보면 TSMC를 이토록 키워놓은 일은 생각하지 않고 승계한 후임이 당신의 기대에 맞는지만 생각할 것"이라고 했다.

Morris Chang ______

적수가 없는 경쟁환경에서 탁월한 인물이 배출되지 않는 이유이기도 하다. 경쟁자가 변하면 TSMC에 필요한 능력도 과거에 비해 높아져야 한다.

Q : 훗날 세상 사람들이 당신을 어떻게 평가하기 바라는가? 한마디로 표현하면?

A : (담뱃대를 내려놓고 몸을 돌려 창밖을 바라보며 깊은 생각에 잠겼다가) 작년 IEEE전기전자엔지니어협회에서 내게 상을 수여하면서 내가 전문 웨이퍼 팹의 운영모델을 창조했으며 팹리스Fabless(팹이 없는 기업, IC 설계기업을 가리킴)의 촉매제가 되었다고 했다. 하지만 마이클 포터의 말이 더 맞다. 그는 내가 TSMC를 설립했으며 고객을 창출했다고 했다.

Q : 이사장 자리에서 내려오지 않겠다는 말을 강조했는데 언제쯤 퇴임할 예정인가?

A : 여러 가지 요소를 고려해야 한다. 내 건강이 첫째 요소이고, 다른 요소도 있다. 내가 이사장직을 더 오랫동안 맡는다면 건강이 허락하는 한 다른 일도 해보고 싶다. 가령 자서전 하권을 아직 쓰지 않았고, 여행도 좋아한다. 브리지 게임과 독서도 하고 싶다.

후계자는 나와 생각이 다르지 않을 것이다

Q : 선생의 사무실은 공동 COO의 사무실과 인접해 있다. 별도의 교류를 생각하고 있는가?

A : 나는 이미 결정을 해두었다. 세 사람 다 문호개방정책open door policy마인드를 갖고 있다. 개인적인 대화가 아니라면 말이다. 내 사무실도 마찬가지다. 심지어 밥을 먹을 때도 그렇다.

Q : 이번 인재 육성계획은 세 사람에게 적절치 않을 수도 있지 않나?

A : 세 사람이 나와 지향점이 다르다고 생각하는가? 그럴 리 없다. 내가 보증한다. 100퍼센트 보증한다.

Q : 선임 부사장 장상이는 2006년 한때 퇴직했는데 현재 그의 생각은 어떤가?

A : 장상이와 얘기를 나눠봤는데 그 역시 돌다리를 두드리며 건너는 신중파다. 그가 언제 퇴임할지는 아직까지 일정에 없다.

Q : 후계자를 찾는 것이 도전이라고 생각하는가?

A : 경쟁자가 도전이고 기술적 난제가 도전이다. 우리 회사의 물건을 사지 않으려는 고객이 도전이다. 하지만 후계자를 찾는 건 비교적 쉬운 일로, 도전은 아니다.

Q : 후임 CEO가 10년 재직하기 원하는가? 아니면 20년?

A : 확신할 수 없다. 나도 나 자신에 기한을 정해놓지 않았다. 오늘날 기업 CEO의 평균 재직기간은 5년에 불과하다. 15년 전만 해도 7년이었다. 내가 장년일 때 미국 대기업의 CEO는 최소한 10년은 재직했다.

관심이 있다면 CEO의 역사를 말해주겠다. CEO라는 용어는 미국의 산물이다. 최초의 상업적인 CEO는 미국의 개국공신 해밀턴이 19세기 초기에 제시했다. 미국 헌법에서는 미국 대통령을 Chief Executive라고 칭했는데, 해밀턴은 자신이 설립한 은행 전문 경영인에게 Officer라는 말을 덧붙여 줬고, 그것이 오늘날 CEO의 시발점이 되었다.

CEO는 과거 미국에만 있던 직책으로 가장 큰 권력을 가진다. 따라서 '집행장執行長'이라는 번역은 적절치 않다. 자칫 집행만 하는 자리로 여겨지기 때문이다. CEO와 COO의 가장 큰 차이는 CEO가 전략을 맡는 데 있으며, 집행은 COO가 담당한다.

Q : 당신의 이번 승계 결심을 1부터 100으로 수치화 한다면?

A : 그런 결심에 100이 있을 수 없다. 그러니 숫자로만 상황을 보지 말아달라.

TSMC의 새로운 리더들

2013년 10월 1일 류더인과 웨이저자는 사장 겸 공동 CEO로 승진했다. 3인 공동 통치의 집단 리더 체제는 이미 두 차례의 승계를 경험한 모리스 창에게는 잘못될 리 없는 성공적인 계획이었다. 그의 승계구도 내에서 이사장은 정부와 사회에 대해 회사를 대표하고 정책을 최종적으로 결정하며, CEO는 고객과 사업 파트너, 공급업체를 상대하며 이사회에 보고하는 리더로 자연스럽게 역할이 나뉘었다.

이번 취재에서 당시 류더인, 웨이저자 두 사람에 대해 모리스 창은 "70퍼센트는 엔지니어의 모습이고 30퍼센트만 CEO의 모습"이라고 평가했다. 그는 심지어 두 사람의 수준이 예상에 못 미칠 경우 해외에서 인재를 찾을 수도 있다는 말도 서슴지 않았다. 다행히 두 사람은 기대를 저버리지 않았다.

대만 증시에서 최대의 시총 규모를 자랑하는 거대 기업 TSMC는 본격적인 승계 절차에 돌입했다. 이사장 모리스 창은 대만 하이테크 산업 사상 최초의 공동 집행장 승계계획이라는 도전을 준비했다. 2013년 11월 CEO 승계를 공식적으로 선포하고 류더인, 웨이저자 두 사람을 Co-CEO로 영입했다. 이로써 분업과 협력을 통해 모리스 창과 함께 TSMC를 이끌며 그에게 직접 책임지는 체제를 구축했다.

모리스 창은 이번 승계계획을 3단계로 설정했고, CEO의 바톤을 물려준 것은 두 번째 단계에 불과했으며, 그는 여전히 업무를 보는

Hands on 이사장이었다.

모리스 창에 의해 "70퍼센트는 엔지니어의 모습이고 30퍼센트만 CEO의 모습"이라는 평가를 받았던 류더인과 웨이저자는 마치 이사장 결승전에 진출한 듯하며, 이들에 대해 모리스 창이 직접 심사를 맡게 되었다. 앞으로 과연 누가 최종 승자가 될 것인가? 관건은 '기식'에 달려있다. 모리스 창은 두 사람의 기식 양성 수준이 예상에 못 미칠 경우 미국에서 베이비붐 세대의 퇴임한 CEO를 영입할 수도 있다는 말도 서슴지 않았다. 세 명의 CEO가 공동 운영하면서 TSMC 이사장이라는 보좌를 놓고 각축을 벌일 것이다. 이하는 인터뷰 내용의 요약이다.

TSMC의 규모로 볼 때 리더 한 사람으로는 부족하다

Q : Co-COO 제도는 돌다리를 두드리며 건너는 신중함에서 비롯되었다고 했는데, 현재 그런 원칙이 잘 지켜지고 있나?

A : 세 명의 Co-COO가 최초는 아니지 않는가? TSMC 정도 규모를 갖춘 회사라면 리더 한 사람만으로는 부족하다. 사실 세 명의 Co-COO 이전에도 나는 집단리더 체제를 제안한 바 있다. 의견이 다른 때도 있었지만 내가 최종결정을 내리곤 했다. 이런 식으로 계속해 왔고 앞으로도 그럴 것이다.

사실상 장상이가 2009년 복귀한 후 우리는 일종의 공감대understanding를 형성했다. 그가 나와 CEO를 함께 하다 함께 퇴진할 것이라는 생각이다. 나는 금년 초부터 장상이와 함께 계획퇴임과 승계 일정을 세웠다. 두 명의 Co-CEO를 내세우는 것과 장상이의 퇴임 발표가 동시에 이뤄지기를 원치 않았다. 그렇게 하면 마치 그를 내쫓는 듯한 느낌이 들기 때문이다. 사실은 절대로 그렇지 않다.

Q : Co-CEO가 당신이 예상했던 구도 중 첫 번째 선택인가?

A : 4년 전 한 사람만으로는 안 되겠다는 생각을 했다. 지금은 승계 과정의 두 번째 단계일 뿐이다. 첫 단계는 2012년 3월의 Co-COO였고, 두 번째 단계가 지금 추진하는 두 명의 Co-CEO이다. 세 번째 단계(이사장 승계)는 10년 이내에 진행될 것이다.

Q : 하지만 TSMC는 얼마 전 정관을 변경하고 67세를 퇴직 연령으로 정한 바 있다. 현재 후임으로 정한 두 CEO의 나이가 퇴직 연령에 가깝지 않나?

A : 하지만 이사의 경우 그 규정의 제약을 받지 않는다. 그들이 아직은 이사가 아니긴 하지만 말이다.

Q : 그들을 이사회에 들일 생각인가?

A : 현재(2013년)로서는 계획이 없다.[30]

Morris Chang

CEO의 기식 1 - 경쟁자에게 우리는 두려운 존재여야 하고, 고객에게는 신뢰할 수 있는 공급업체여야 하며, 공급업체에게는 훌륭한 협력 파트너여야 한다.

Q : 두 공동 집행장은 이제 막 승계를 했는데 또 승계를 해야 하나?

A : 그렇지 않다. 현재 기업 CEO의 평균 재직기간은 5~6년에 불과하다. IBM, 인텔을 비롯한 미국의 기업들은 CEO의 62세 퇴직을 규정하고 있는데, 이 경우 해당 연령이 되기 5년, 7년 전에 CEO를 임명하는 일이 흔하다. 류더인과 웨이저자는 60세, 61세로 퇴직연령 67세까지는 6~7년이 남아있다. 그때에 이르면 나이가 60대이며 이 사직을 맡아 할 수 있으므로 이런 제한에 걸리지 않을 것이다.

Q : 앞으로 세 번째 CEO 영입을 배제하지 않고, 후보는 미국에서 찾을 수도 있다는 말인데 그 이유는?

A : 그건 대비책이다. TSMC의 현재 리더는 3명인데 향후 2명이 될 수도 있다. 나는 류더인과 웨이저자에게 큰 기대를 품고 있으며,

30. 두 사람은 2017년 TSMC 이사회에 가입했다.

CEO직에 두 명만 필요하다면 이 두 사람을 안고 갈 것이다. 대비 안은 이렇다. 세 사람이 필요하다면 이 두 명은 그대로 두고 세 번째 인사를 미국의 베이비붐 세대로 현재 퇴임한 인사 가운데서 찾을 거라는 얘기다.

Q : 어떤 상황이 발생할 때 그 대비 안을 가동하게 되나?

A : 세 번째 인물을 영입하는 것이 대비 안이며, Do Something이지 결코 무슨 일이 발생해서가 아니다. 가령 두 사람이 '기식'을 완전히 수련할 수 없는 상황도 포함한다(웃음).

Q : Co-COO가 Co-CEO로 변한 후 업무에 조정이 있나?

A : 현재 특수제조공정Specialty technology의 R&D는 이미 웨이저자가 관리하고 있다. 선진제조공정Advanced은 내가 담당하고 있는데 그건 단기적인 것이고, 향후 몇 개월이나 반년 안에 두 사람 중 한 명에게 이 업무도 이양할 예정이다. 장상이는 이전에 IP반도체 설계자산와 구매purchasing를 담당했는데 이 업무는 지금 류더인이 맡고 있다. HR은 현재 웨이저자가 관할하고 있다. 지금까지 언급한 분야는 모두 중요한 부서다.

업무에 임하는 자세의 조정도 필요한데, 이는 상당히 큰 변화이며 현재 진행 중이다. 류더인과 웨이저자는 엔지니어 출신인데 지금은 Co-CEO를 맡고 있다. 따라서 "기식"이 필요하다. 최종적으로는 10

년 이내에 기식을 수련해야 한다.

리더의 기본 덕목 '기식'을 수련하다

Q : 기식을 갖춰야 CEO가 될 수 있다는 말인데, 기식은 어떻게 수련하나?

A : CEO의 기식은 우리가 이미 세워놓은 기업을 이끄는 것이다. 경쟁자에게 우리는 두려운 존재여야 하고, 고객에게는 신뢰할 수 있는 공급업체여야 하며, 공급업체에게는 훌륭한 협력 파트너이며 주주에게는 좋은 투자 수익처여야 한다. 직원이 보는 우리는 도전성을 갖춘 양질의 일자리 공급처다. 사회적으로 볼 때 우리는 선량한 공민이다. 나는 이렇게 할 수 있어야 세계적인 기업이라고 생각한다. 미래의 리더는 이사장과 CEO 두 사람이든 세 사람이든 함께 협력하여 이러한 기업을 계속 이끌 수 있어야 한다.

Morris Chang

CEO의 기식 2 - 주주가 보는 우리는 좋은 투자수익처다.

직원이 보는 우리는 도전성을 갖춘 양질의 일자리 공급처다. 사회적으로 볼 때 우리는 선량한 공민이다.

Q : 훌륭한 CEO의 기식은 어떻게 판단하고 수련하는가?

A : 예를 들어 콘퍼런스콜에는 필기록Transcript이 있으며, 여기에는 주요 고객의 콘퍼런스콜 필기록이나 경쟁자의 필기록이 포함된다. 책임자는 요록Summary을 작성하게 되는데 나는 분기마다 10여 부를 받아 살펴보고 고객 콘퍼런스콜 필기록에 이를 첨부한다. 이렇게 함으로써 요록 작성이 잘 되었는지 평가한다. Co-CEO들에게도 반드시 요록을 작성하라고 할 것이다.

Q : 공적인 업무 외의 능력은 어떻게 기르나?

A : 영문 잡지magazine와 중문 잡지에는 동종업계나 여타 대기업에 관한 보도와 분석이 게재되는데 이를 잘 살펴봐야 한다. 〈월스트리트저널〉을 보라고 권하고 싶다. 나는 일주일에 4~5일은 〈월스트리트저널〉과 〈뉴욕타임스〉를 읽는다. 〈이코노미스트The Economist〉도 중요하다. 물론 〈상업주간〉을 포함한 대만 잡지도 읽어야 할 것이다.

Q : 의견이 맞지 않을 때도 있을 텐데 그럴 때는 어떻게 하나?

A : 그럴 때가 당연히 있다. 하지만 의견이 맞지 않아도 기껏해야 세 사람이다. 그중 두 사람이 나를 상당히 존중하니까 나는 상당한 시간을 들여 한두 번 토론을 한다. 그래도 의견이 맞지 않으면 나의 재량으로 정한다.

Q : 두 CEO는 이사회에 대해 책임을 진다. 만약 향후 어떤 상황이 생기면 두 사람 중 누가 이사장으로 책임을 져야 하나? 또 대외적으로는 누가 책임을 지나?

A : 사실 대만의 기업법과 TSMC의 기업정관에 따르면 이사장이 기업의 대표로서 회사의 모든 업무를 처리할 수 있다. 권한이 손안에 있지만 집행장에게 위임할 수도 있는 것이다. 회사에 무슨 일이 생기면 내가 책임져야 한다. 누구의 실적에서 감점할지는 상황을 봐서 정할 것이다.

실적을 수시로 체크하고 주가도 KPI에 포함한다

Q : 현재 두 명의 CEO와 정기적으로 만나는가?

A : 두 명의 CEO가 바로 옆에 있지 않은가! 하루에도 몇 번을 보고 매주 두 시간의 공식 회의도 있다. 나는 그들과 업무에 대해 수시로 의논한다. 1년이 안 되어 그들에게 배당을 해줄 것이다. 매분기마다 그들의 실적을 검토할 수도 있고 수시로 할 수도 있다.

Q : 작년 Co-COO 승계계획을 공개한 후 삼성이 금년에 세 명의 CEO를 임명했으며, 인텔도 최근 CEO를 교체했다. TSMC의 집단리더 체제 승계가 두 주요 경쟁기업의 승계계획과 다른 점이 무엇

이라고 생각하나?

A : 각자 나름의 이유가 있을 것이다. 2009년 당시 나의 계획은 3~5년 안에 CEO직을 이양하는 것이었다. 인텔은 내가 알기로는 위기에 직면해 있다. 그래서 CEO 교체가 앞당겨진 것으로 알고 있다. 삼성은 원래 계획대로 진행되었다고 본다. 아들이 후계자 자리를 넘겨받는 것이며, 이러한 계획은 아들이 태어나는 순간부터 이미 확정되었다고 생각한다.

Q : 이번 두 명의 Co-CEO를 영입했는데 주가는 그들의 KPI에 들어가나?

A : 주가는 모든 이사장과 CEO의 KPI에 속한다. 물론 더 큰 환경변수와 업계의 실적도 고려해야 한다.

Q : 이사장(모리스 창)이 TSMC를 이토록 오랫동안 이끌어 왔기에 사람들은 '모리스 프리미엄Morris Premium'이 있다고 여긴다. 이것이 정말 존재한다고 보는가?

A : 그렇게 생각하지 않는다. 모리스 프리미엄이 있을 수도 있지만 그저 말뿐인 것으로 알고 있으며, 나는 잘 모른다(웃음).

Q : 다음번 콘퍼런스콜에 출석할 예정인가?

A : 아직 결정하지 않았다. 콘퍼런스콜은 대외적인 소통에 불과

하므로 내가 나설 필요가 없기 때문이다. 심지어 Co-CEO도 나서지 않고 재무부장이 출석할 수도 있다.

Q : 하지만 사람들은 선생을 TSMC의 상징Icon으로 여기고 콘퍼런스콜에서 선생을 만나기를 기대한다.

A : 제안에 감사한다. 고려해보겠다(웃음).

새로운 조합

2017년 10월 류더인과 웨이저자에게 승계를 발표한 지 67시간이 지난 후 〈상업주간〉 취재팀은 신주과학단지의 TSMC 본사 사무실을 찾았다.

그의 사무실 벽에는 아내 장수편의 그림이 걸려있었으며, 주식 시황을 보여주는 컴퓨터 모니터가 '주가는 TSMC 이사장과 CEO의 KPI'라는 그의 말을 반영하고 있었다.

모리스 창은 언제나처럼 10평 남짓 규모의 사무실에서 침착하게 담배를 물고 TSMC 더블 수장제의 운영을 소개했으며, 자신이 1년에 네 차례나 '성장과 혁신'을 주제로 강연을 한 사실과 그 배후에 도사린 우려, 대만 과학기술산업에 대한 중국 본토의 도전에 관해 설명했다.

대만 과학기술산업에 대한 중국 본토 시장의 도전과 대만경제의 침체에 직면하여 모리스 창은 기업이 혁신도 중요하지만 성장에 더 주력해야 한다고 지적했다. 자동화를 통해 공정을 간소화하고 효율을 높임으로써 원가를 절감하고 부가가치를 제고하되, 임금을 인하해서는 안 된다고 주장했다.

이번 대화는 대만 경제에 다시 한 번 경제부흥을 창출하는 그의 비망록과 같았다. 이하는 독점 인터뷰 내용을 요약한 것이다.

TSMC의 더블 수장제는 공동통치가 아닌 분업이다

Q : 선생은 TSMC에 더블 수장제를 수립했는데 성공의 관건은 무엇인가?

A : 30년 전 미국에 있을 때는 20~30퍼센트의 기업만이 CEO와 이사장을 분리했다. 그런데 지난 30년 동안 상당히 큰 변화가 있었다. 현재 미국 S&P 500에 든 기업 중 절반 이상이 이사장과 CEO를 분리하고 있다. 사실 더블 수장제의 핵심은 두 사람이 공동통치하는 체제가 아니라 분업과 협력 체제이다.

Q : 기자회견에서 선생은 이사장이 기업정책을 결정하는 최종 책임자이며 총재는 운영을 책임진다고 하지 않았나?

A : 그렇게 단순하지 않다. 이사장은 정부, 사회에 대한 최고 대표이지만 사실 기업이 가장 자주 접하는 대상은 고객이다. 고객과 우리의 비즈니스 파트너에 대해, 그리고 공급업체에 대해 CEO는 회사의 최고 대표이다.

Q : 현 제도에서 장차 두 사람은 어떻게 분업을 하게 되는가?

A : 중요한 정책은 이사장이 최종 책임을 진다고 했는데 이는 단순한 일이 아니다. 많은 전략은 CEO가 결정한다. 우수한 기업에서

중요한 결정 항목은 자본지출이다. 우리는 1년에 100억 달러의 자본지출을 하며, 최소한 40~50건을 이사회에서 통과한다. 부사장 이상의 인사 임명도 이사회를 통과해야 한다.

이사장은 이사회를 이끌기 때문에 기업 정책의 최종 책임자라고 한다. 그러나 이사장은 온종일 CEO 관문만 바라보지 않으며, 매 분기에 한 번 이사회를 개최한다. 물론 이사장이 반대하지만 않으면 그(총재)도 따를 수밖에 없다. 만일 이사장이 반대하면 총재가 이사회에 보고하게 된다. 우리 이사회는 내가 기자회견에서 밝힌 대로 상당히 전문적이다. 특히 독립 이사의 경우는 더욱 그러하다.

Q : 건전한 이사회가 TSMC의 더블 수장제를 성공으로 이끈 관건인가?

A : 그중 한 요소일 뿐이며, 총재와 이사장의 능력과 인격character이 중요한 요소다. 건전한 이사회의 운영 여부는 최종적으로 이사장과 총재 이하 많은 사람의 능력, 인격, 노력 여하에 달려있다.

Q : 총재와 이사장의 의견이 다르면 이사회에 상소할 수 있나?

A : 좋은 기업에서 이런 일은 잘 발생하지 않는다. 총재와 이사장은 모두 상임직으로, 아침부터 저녁까지 얼굴을 맞대고 있다. 3개월에 한 번 열리는 이사회를 기다렸다가 해결할 필요가 없다. 정말 그래야 한다면 솔직히 말해 그런 회사는 경영이 제대로 안 될 것이다.

이는 대만 사람들이 습관적으로 하는 정치투쟁과는 전혀 다르다(일동 큰 웃음).

Q : 하지만 정치판의 사례로 볼 때 더블 수장제가 순조롭게 돌아가지 않는다. 그런 걱정은 없는가?

A : 우리의 더블 수장제에 대해 다들 "우우!"(두손을 높이 들어 함성을 질러 정치에 대한 군중의 흥분상태를 비유함)하면서 우려한다. 나는 국제기업을 참조했으며, 대만의 정치를 참조하지 않았다.

협약으로 중국시장과의 관계를 정의하다

Q : 중국의 굴기는 대만 과학기술 산업에 위협이라기보다 기회가 아닐까?

A : 협력이 가능하면 기회가 더 크겠지만 그건 어려운 일이다. 정치와 경제가 함께 묶여있기 때문이다.

Q : 따라서 만약 협력을 할 수 없다면?

A : 그렇다면 경쟁을 할 것이다. 경쟁에는 스트레스가 따른다.

Q : 중국시장은 물밑 경쟁이 많으며, 이른바 보이지 않는 규칙이

있다. 이런 상황을 맞닥뜨릴 시 어떻게 해결해야 하나?

A : 우리가 그쪽에 공장을 세우고 그들의 정부와 투명한 관계를 수립한다면 결코 어떤 문제가 있을 것으로 보지 않는다.

Q : 중국과 기타 시장을 같은 시장경쟁 태세로 분류할 수 있다고 보나?

A : 다르다. 사실 모든 시장이 각각 다르다. 이 세계(중국 이외)의 다른 시장이 전부 자유시장이라고 생각하지 않는다. 유럽시장은 미국시장과 약간 다르며, 중국은 더욱 다르다.

Q : 중국시장이 많이 다르기 때문에 비즈니스를 위해 도덕상의 선택의 기로에 직면할 수 있다. TSMC의 성실원칙에 대한 도전이 우려되지는 않는가?

A : 성실함은 보편적universal인 가치라고 생각한다. 누구나 성실함을 내세우지만 중요한 것은 나의 성실함과 상대의 성실함이 어떤 것인지에 대한 상호이해다. 비즈니스 관계나 어떤 관계를 맺으려면 상호 신뢰가 있어야 한다. 말로만 성실함을 부르짖어서는 안 된다. 왜냐하면 모든 사람의 성실함이 다를 수 있기 때문에 성실함에 대한 정의define를 해야 한다. 우리는 계약contract을 통해 우리와 중국시장의 관계를 정의하고자 한다. 이는 중국만 해당하는 것이 아니라 다른 시장도 마찬가지다.

임금 인하보다는 부가가치와 혁신의 업그레이드를 통해 원가를 절감해야 한다

Q : 당신은 최근 '성장과 혁신'을 주제로 1년에 4회 강연을 했다. 대만 사회에 어떤 문제가 있어서인가?

A : 차이 총통은 혁신을 상당히 중요시한다. 혁신은 물론 중요하지만 성장은 더욱 중요하다. 혁신은 원한다고 바로 되는 것이 아니기 때문이다. 혁신을 성급히 요구하다가는 오히려 일을 그르칠 수 있다.

Q : 선생이 제창하는 부가가치는 이윤의 성장을 가리키는가?

A : 성장을 기업의 영업수입 성장으로 오해하는 경우가 많다. 그보다는 부가가치가 성장해야 하며, 이것이 내 말의 요지다. 두 번째 오해는 혁신해야 성장할 수 있다는 생각인데, 인력과 자본을 많이 투입해도 성장은 가능하다. 가령 미국은 전후 베이비붐으로 인력의 증가를 가져왔으며 여성의 취업도 늘었는데, 이를 혁신이라 할 수는 없다. 이렇게 인력과 자본투입만 늘어도 성장할 수 있다.

Q : 하지만 대만의 현재 인구배당 효과는 점점 감소하고 있고 자본도 활발하지 않은데 어떻게 해야 하나?

A : 인구배당 효과는 확실히 감소하고 있으나 자본은 사실 충분

하다. 하지만 솔직히 말하자면 '오결육실伍缺六失'[31] 상태로, 혁신의 결핍은 당연히 문제가 된다. 혁신은 성장으로 가는 지름길이며 가장 지혜롭고 좋은 방법이다. 혁신이 없으면 투자 의욕도 상대적으로 낮아진다.

Q : 정부가 부가가치의 성장을 촉진하기 위해 '오결육실' 문제를 해결해야 하나?

A : '오결육실' 외에 정부 규제government regulation의 문제, 가령 금융 분야의 규제 등이 있다. 통화정책Monetary policy도 경제성장과 관련이 있다.

Q : 많은 대만기업이 원가절감을 통해 이윤을 확대하고 성장을 추구하려고 한다. 이런 상황에 대해 어떻게 생각하나?

A : 좋은 방법은 아니다. 그렇게 해서 원가 절감은 가능하나 임금 인하보다는 다른 방법을 강구해야 한다. 가령 자동화, 업무 간소화, 조직효율 제고 등을 통해 원가를 절감할 수 있으며, 부가가치를 늘리는 방법도 있다. 물론 혁신이 더 좋은 방법이다.

예를 들어 엘리자베스Elizabeth(TSMC 기업정보처 선임처장 쑨유원을 지칭)는 투자자와의 관계나 대외 관계를 맡고 있는데 그 부서의 부하직

---

31. 오결(五缺)은 물, 전기, 토지, 노동력, 인재의 부족을 말하며, 육실(六失)은 정부의 직능 유실, 사회질서의 실종, 국회 직능 실종, 경제 실조, 잃어버린 세대, 국가 실종을 가리킨다(출처 - 2015년 전국공업총회백서).

원은 8명뿐이다. 10년 전만 해도 엘리자베스는 10명이 훨씬 넘는 인원을 거느리고 일했다. 당시 우리는 100억 달러의 매출을 냈고, 지금은 300억 달러를 내고 있다. 그런데 그 부서의 인력 감소로 일인당 보수는 늘어났다.

Morris Chang

혁신은 물론 중요하지만 성장은 더욱 중요하다. 혁신은 원한다고 바로 되는 것이 아니기 때문이다. 혁신을 성급히 요구하다가는 오히려 일을 그르칠 수 있다.

무어의 법칙은 끝났으며 반도체 산업에서 새로운 비즈니스 모델을 창출하기는 어렵다

Q : 혁신이 부가가치의 성장과 관련하여 여전히 중요하다고 했는데, 그렇다면 향후 10년간 반도체 산업에는 비즈니스 모델의 혁신이 가능하다고 보는가?

A : 가능성이 크지 않다고 본다. 사실 반도체는 1952년에 태동하여 지금까지 65년이 흘렀다. 유일하게 중요하며 획기적인 비즈니스 모델의 혁신은 바로 파운드리 모델이다.

Q : 그렇다면 미래 반도체 산업에는 어떤 혁신이나 변혁이 있을

까? 가령 소재의 혁신 등을 포함해서?

A : 그런 혁신이 있을 것이며, 그동안 줄곧 있어왔다.

Q : 그렇다면 이런 것이 패러다임의 전환을 초래하나?

A : 내 생각으로는……, 아마 그렇지 않을 것이다. 20년 후라면 새로운 것들이 나오겠지만 지금으로선 미지수다.

Q : 향후 10년간 무어의 법칙이 끝나게 될까?

A : 무어의 법칙은 이미 끝났다. 무어의 법칙에는 시간의 요소가 포함되어 있다. 즉 6개월이나 2년 마다 같은 면적의 반도체 칩의 트랜지스터가 배로 늘어나는 것 등이다. 그런데 이런 것들은 이미 효과가 없다. 최근에는 두 세대를 2~3년으로 본다. 시간의 관점으로 보면 무어의 법칙은 이미 끝난 것이다. 그러나 다른 관점에서 볼 때 트랜지스터의 밀도density는 증가할 것이며 이런 측면에서 보면 10년 안에 끝나지는 않을 것이다.

에필로그

TSMC의 새로운 세 가지 도전: 3나노 공정, 중국시장, 무어의 법칙

2017년 10월 중국 난징南京 장베이신구江北新區에는 TSMC의 12인치 웨이퍼 팹이 완공을 앞두고 생산설비들이 공장으로 계속 반입되었다. 같은 시각 대만에서는 2019년부터 시험생산을 시작하는 5나노 공정의 타이난 신 공장이 조용히 착공되었다. 현재 TSMC의 글로벌 웨이퍼 팹 산업 시장점유율은 60퍼센트에 육박하여 세계 1위를 수성하고 있다. 그러나 반도체는 경쟁이 치열한 사업이기 때문에 TSMC는 한시도 긴장을 늦출 수 없는 전쟁터에 있는 셈이다.

난징과 타이난 두 현장은 TSMC의 향후 5~10년간 중요한 중국시장, 3나노 공정, 무어의 법칙, 이 세 가지의 도전을 상징한다. 이는 모리스 창이 완전히 물러나기 전에 후계자를 위해 돌파하려는 관문이기도 하다.

2017년 9월 말 비가 내리는 중국 난징. TSMC 이사장 모리스 창이 후계구도를 발표하기 일주일을 앞둔 시점이었다. 〈상업주간〉 취재팀은 창장대교長江大橋를 넘어 시내에서 차로 한 시간 거리의 창장長江 북안에 도착했다. 이 장베이신구는 과거에는 인적이 드문 곳이었으나 지금은 정부가 푸커우浦口 경제개발구로 조성하기 시작했다. 아직까지는 건물이 드문드문 있을 뿐 사방을 둘러봐도 온통 드넓은 평지였다.

단지에 들어서면 장방형 건물을 사이에 두고 우뚝 서 있는 크고 작은 우주선 모양의 TSMC 난징 12인치 팹이 가장 먼저 눈에 들어왔다. 공장지역은 현재 80퍼센트가 완공되어 마무리 공정이 시작되었다. 입구 주변에는 트럭들이 삼삼오오 정차하여 공장에 필요한 기계, 설비를 반입하고 있었다. 문밖에는 작업자들과 안전요원들이 드나드는 차들을 주의 깊게 살피며 한 점의 기밀도 유출되지 않게 삼엄한 경비를 하고 있었다.

한편 같은 시각 타이난 남부과학단지에서는 2019년부터 시험생산을 시작하는 5나노 공정의 타이난 신 공장이 화려한 기공식도 생략한 채 조용히 작업을 진행 중이었다. 사방 2~3미터의 울타리 안에서는 굴삭기, 불도저 등이 분주히 움직이고 있었다.

난징과 타이난 두 현장은 TSMC의 향후 5~10년간 중요한 중국 시장, 3나노 공정, 무어의 법칙, 이 세 가지의 도전을 상징한다. 이는 모리스 창이 완전히 물러나기 전에 후계자를 위해 돌파하고자 하는 관문이기도 하다.

상당히 낙관적인 TSMC의 국제 경쟁력

모리스 창은 8년 전 TSMC의 경쟁자는 UMC였으나, 2012년 이후에는 경쟁자가 인텔, 삼성 등 국제적 거두기업으로 바뀌었다고 전했다.

오늘날 제조공정을 살펴볼 때, TSMC가 가장 앞선 7나노 공정 양산과정을 통해 인텔을 최초로 앞지를 기회를 갖게 되며, 삼성을 약 1분기 앞서갈 것으로 보인다. "많은 사람들이 인텔을 추월하는 것이 모리스 창의 중요한 목표라고 말한다." CLSA 증권 반도체 산업 애널리스트 허우밍샤오侯明孝는 이렇게 밝혔다.

시장 측면에서 볼 때, 현재 TSMC의 글로벌 웨이퍼 팹 시장점유율은 60퍼센트에 육박하여 2위부터 5위까지의 점유율을 합친 것보다 높다. 최근 2년 동안 삼성을 제치고 애플 핸드폰 A10, A11 프로세서 전 수량을 수주했다. TSMC 고객사의 한 고위급 책임자는 TSMC가 제조공정에서 앞섰을 뿐 아니라, 자체 제품 개발을 통한 고객과의 경쟁을 기피한다는 점이 비즈니스에 더 큰 우위로 작용한다고 지적했다. "그래서 우리는 삼성에는 (생산 투입을) 맡기려고 하지 않는다."

그러나 반도체 산업은 자본집약적이고 제조공정의 세대교체가 빠른 특징으로 인해 고도로 치열한 경쟁상태에 놓여있다. 예를 들어 3년 전에는 TSMC 제조공정도 한때 삼성에 2분기 정도 뒤떨어졌으며, 이에 따라 신규 제조공정의 시장점유율이 뒤떨어진 적도 있었다. 지금은 전부 되찾아 오긴 했지만, 고도의 경쟁상태에서 한시도 긴장을 늦출 수 없는 이유다.

'포스트 모리스 창 시대'에 TSMC가 계속 승승장구할 수 있을지는 향후 10년간 세 가지 핵심 관문에 달려있다.

첫 번째 관문: 3나노 팹의 용수와 전력 수요

첫 번째 관문은 2020년 TSMC의 3나노 팹이 건설되면 막대한 용수와 전력 수요를 어떻게 확보할 것인가의 문제다. 3나노는 TSMC가 현재 선언한 가장 앞선 제조공정으로, 5년 후 TSMC의 경쟁력이 달려있는 공정이다. 그러나 공장을 세우기 전 가장 혹독한 시련은 기술적인 돌파가 아니라 용수와 전력의 안정적 공급을 확보하는 일이다.

반도체 공장은 물과 전력 사용량이 많다. TSMC의 작년 전력 사용율은 88.5억 킬로와트에 달해 신주현新竹縣 전체 사용량을 약간 밑도는 수준이다. 3나노 공정의 양산에 들어가는 해에는 전력과 수도 사용량이 지금의 두 배로 올라갈 것이다.

전력과 용수의 부족은 모리스 창이 3나노 공정의 대만 유치 여부를 결정짓는 최대 변수였다. 이에 대해 대만수도공사 이사장 궈쥔밍

郭俊銘은 작년에 모리스 창을 만나 시스템 조정 방법의 운용을 약속했다는 말을 전했다. 가령 가오슝高雄의 아궁뎬阿公店 저수지는 대만 남부의 가정용 및 일반 공업용수 공급용으로, 기타 저수지는 남부과학단지에서 사용할 수 있게 조정하겠다는 것이다. 그는 "기존의 용수 공급량으로 남부과학단지에 12인치 공장 2~3개를 더 세워도 문제가 없다."라고 자신있게 말했다.

전력 부분을 보면, 3나노 신규 공장과 그에 적용되는 EUV극자외 레이저 기술에 많은 전력이 소요되지만 과학기술부 천량지陳良基 부장은 대체 에너지를 통한 전력 공급이 점차 증가할 것으로 낙관했다. 그는 과학기술의 발전과 더불어 미래에는 EUV 이외의 대체 방안을 찾아 전력 소요량을 낮출 수 있다고 덧붙였다.

정부가 내놓은 방안의 실현 여부는 두 후계자가 향후 3년간 정부와 협조하여 가장 타당한 방안을 도출할 수 있느냐에 달려있으며, 앞으로 TSMC의 용수와 전력 소모량이 대만 환경이나 기타 산업발전과 원원할 수 있을지 지켜볼 일이다.

두 번째 관문: 중국 내 공장의 기술 비밀유지전략

두 번째 관문은 2022년 이후 번성할 중국 반도체 시장에서 어떻게 '늑대와 춤을 추는가'이다. 최근 3년간 중국 정부는 1천 억 위안(약 17조 1천 억 원)에 달하는 '대기금'을 투척하여 반도체 산업 발전을 적극적으로 추진하고 있다. 작년 중국 IC 설계산업 가치는 최초로 대만을 넘어섰으며, 대만 달러로 환산하면 약 7,600억 NTD에 달한다.

중국이 전력을 다해 굴기하는 가운데 TSMC는 재작년 난징에 12인치 팹 설립을 추진하여 현재 거의 완공단계에 도달했다. 내년부터는 양산에 들어갈 예정이다. 허우밍샤오는 중국시장이 현재 TSMC 영업수입의 8퍼센트를 차지하고 있으며, 5년 후에는 이 수치가 16퍼센트, 심지어 20퍼센트까지 올라갈 것으로 내다봤다. 기존 화웨이 하이스華爲海思 등의 고객을 제외하고도 중국은 현재 인공지능과 데이터 센터 분야에 상당히 적극적이다. 허우밍샤오는 이런 것들이 모두 TSMC에 기회가 될 것이며 "중국은 장차 중요한 성장엔진 중 하나가 될 것"이라고 덧붙였다.

중국의 비즈니스 기회를 붙잡기 위해 TSMC뿐 아니라 미국 업체 어플라이드머티어리얼즈Applied Materials, ASML, KLA 등 TSMC의 공급업체들까지 난징에 거점을 세우고 근거리에서 TSMC에 공급을 진행하기로 했다. 반도체 테스트 업체 아덴텍Ardentec, 欣銓은 아예 TSMC와 마주 보는 자리에 공장을 짓고 수주를 준비하고 있다. 난징에 진출한 대만 업체들 사이에는 10여 개의 대만 반도체 업체가 난징의 현장조사를 계획하고 있다는 말이 나돈다. 현지의 한 대만 업체 대표는 "투자금액도 수억 달러 이상"이라고 전한다.

그러나 세상에 공짜 점심이 없듯, 중국의 비즈니스 기회를 공략하는 데는 TSMC 기술의 외부 유출이 우려된다. 앞에서 언급한

TSMC 고객사의 고위층은 현재 반도체 제조공정의 난이도를 고려할 때 자연적인 인재 유출만 걱정하는 단계를 넘어섰다면서, "현재 분업이 무척 세밀하게 이뤄지기 때문에 모든 것을 다 알 수 있는 사람은 아무도 없다."라고 말한다. 그러나 최대의 불확실성은 중국의 정치 경제 환경이다. "중국 정부는 여러 가지 방식을 갖고 있어서 기술을 훔쳐갈지, 구매할지를 알 수 없다. 그들은 유연함과 강력함을 동시에 갖추고 위협과 유인책을 함께 쓴다."

두 번째는 교통 문제와 인재 교육 등이 포함된 비용 증가 요소다. 허우밍샤오는 현 단계의 난징은 산업 클러스터 효과 측면에서 신주新竹, 타이중台中, 타이난台南에 미치지 못하며, 중국의 반도체 업체에서 몇 배의 임금을 미끼로 인재를 빼내가는 일이 흔하다고 지적했다. "TSMC는 1~2년을 들여 인재를 훈련하지만 인재가 유출되면 그동안 들인 비용은 허사가 된다." 심한 경우 중국과 대만 반도체 산업이 공동으로 대가를 지불할 수도 있다.

"TSMC의 난징 공장 설립은 의의가 매우 크다. SMIC 등 기업들은 앞으로 고가 수주를 추진해야 한다." 중국 반도체 기업에서 근무하는 대만 출신의 한 고위 책임자는 이렇게 말하면서, 장차 TSMC가 제조공정의 우위에 힘입어 중국 대다수 IC 설계기업의 고가 수주를 싹쓸이할 것이라고 예측했다.

앞으로 대만 주변의 기업들도 더 많은 자원을 중국에 배치할 것이며, 자원이 제한된 대만의 입장에서 이는 경계해야 할 소식이다.

장차 중국 정부와의 소통을 통해 비즈니스 기회와 경쟁력 보전의 균형을 어떻게 이루느냐가 류더인과 웨이저자에게는 큰 과제가 될 것이다.

세 번째 관문: 물리적으로 극한에 근접한 2나노 공정

마지막 관문은 2024년에 직면할 상황으로, 무어의 법칙이 더는 작동하지 않고 반도체 제조공정은 모델의 전환을 맞이할 것이다. TSMC의 두 리더는 "방법을 제시하라(모리스 창은 두 사람에게 화선지를 누를 때 쓰는 문진文鎭을 선물했는데, 앞에는 이름과 직함이 새겨있고 뒤에는 '나출판법래拿出辦法來, 방법을 제시하라'라는 글귀가 새겨있었다—역주)"는 모리스 창의 당부를 실천할 수 있을까?

무어의 법칙으로 추론할 때, 7년 후는 2나노 제조공정이 양산에 들어갈 시기다. 그러나 2나노 제조공정은 이미 물리적 극한에 근접하여 모리스 창도 현재 성공 여부는 미지수라고 말할 정도다. 무어의 법칙이 종말을 고할 때 발생 가능한 일은 소재나 제조공정의 혁신이다. 가령 실리콘 외의 소재를 적용하여 기존의 극한을 돌파하거나, 선진 패킹기술을 도입해 제조공정상 스케일링Scaling 기술의 부족한 부분을 보완하는 것이다.

산업 패러다임의 전환 시기를 맞이하여 기술만 중요한 것이 아니라 상업적 결단력도 시험대에 올랐다. 이것이 바로 모리스 창이 두 후계자에게 끊임없이 요구하던 '기식'으로, 기업가가 그룹을 관리하는 능력이다.

이번 승계에서 모리스 창은 더블 수장제를 채택했다. 류더인은 이사장으로 임명되어 정부와 사회에 대한 소통 등 대외 업무를 담당하고 기업 정책의 최종결정자 역할을 한다. 웨이저자는 총재로 임명되어 연구개발, 업무와 재무, 법무를 포함한 제반 운영을 책임지고 이사회에 보고하는 역할을 한다. 웨이저자와 류더인은 성격이 판이하게 다른 인물이다. 유머가 넘치고 직설적인 웨이저자는《진융金庸》소설 속의 웨이샤오바오韋小寶를 가장 좋아하는데, 웨이저자의 직설적이고 활동적인 성격이 극중 웨이샤오바오를 많이 닮았다. 반면 조용하고 내성적인 성격의 류더인은 날카롭고 지적인 타입으로, 콘퍼런스콜에서 질문에 답변할 때는 언제나 세심하고 치밀하며 적절한 속도로 일을 처리한다.

"류더인은 커뮤니케이션 기교가 좋고 영어도 잘한다. 웨이저자는 푸근해서 사람들이 쉽게 접근하는 타입이다." 두 사람과 접촉한 적이 있는 TSMC 고객의 말이다. 모리스 창도 직언을 마다하지 않았다. 두 후계자는 상호보완작용을 할 거라면서 "류더인은 문제를 끝까지 파고들며 주도면밀하다. 웨이저자는 정책 결정이 빠르다. 그래서 웨이저자에게 총재를 맡기면 일을 명쾌하게 처리할 수 있으며, 류더인은 생각을 많이 하기 때문에 최종 결정을 맡았다."

앞으로 더블 수장제가 직면할 패러다임 전환 시기에 1+1=2 이상의 시너지를 발휘할지, 아니면 그저 두 마리의 말이 끄는 마차가 될

지는 지켜볼 일이다. 그러나 모리스 창은 그동안 〈상업주간〉과의 인터뷰에서 더블 수장제에 대한 자신감을 내비쳤다. 그는 오라클, 골드만삭스 등 기업의 사례를 들어 TSMC는 두 사람의 리더 체제에서 '기적을 재창조할 것'이라 믿었다.

승계 발표 기자회견에서 모리스 창은 TSMC의 미래가 "결코 구름 한 점 없는 맑은 날이 아니며, 사방에서 도전이 기다리고 있을 것"이라고 밝혔다. 서른 살의 TSMC는 어느덧 미국 S&P 500 기업의 평균수명 25세를 넘어섰다. 미래에도 10년의 기적을 또 창출하여 계속 글로벌 반도체 산업의 리더로 남을지는 두 후계자가 협력을 통해 얼마나 장애물을 잘 넘어서는가에 달려있다.

감수 정인성

서울대학교 물리학부를 졸업하고 SK하이닉스에서 검증 분야 연구원으로 근무하였다. 반도체가 한국 경제에 차지하는 중요성에 비해 우리가 가진 반도체에 대한 상식이나 정보가 부족하다는 생각에《반도체 제국의 미래》를 집필했다.

초격차를 뛰어넘는 초일류 기업의 비밀
TSMC 반도체 제국

초판 1쇄 발행 2021년 4월 22일
초판 2쇄 발행 2021년 5월 31일

지은이 상업주간
옮긴이 차혜정
감 수 정인성

펴낸이 이형도
펴낸곳 (주)이레미디어
전화 031-908-8516(편집부), 031-919-8511(주문 및 관리) | **팩스** 0303-0515-8907
주소 경기도 파주시 회동길 219, 사무동 4층
홈페이지 www.iremedia.co.kr | **이메일** ireme@iremedia.co.kr
등록 제396-2004-35호

편집 심미정, 최은미, 정슬기 | **디자인** 유어텍스트, 이유진 | **마케팅** 최민용
재무총괄 이종미 | **경영지원** 김지선

ISBN 979-11-91328-10-3 (03320)

·가격은 뒤표지에 있습니다.
·잘못된 책은 구입하신 서점에서 교환해드립니다.